お詫びと訂正

(2013. 3)

(14442-2)

　『労働審判制度の利用者調査——実証分析と提言』に関しまして，誤植がございました。ここに，深くお詫び申し上げますとともに，以下の通り訂正いたします。

＊表紙カバー裏側記載の目次
＊本文 xiii 頁記載の目次

【誤】
　第 13 章　労使審判制度と日本の労使関係システム
　　　　　——労使関係論の視点から（仁田道夫）

【正】
　第 13 章　労働審判制度と日本の労使関係システム
　　　　　——労使関係論の視点から（仁田道夫）

労働審判制度の利用者調査

実証分析と提言

Research on User Experience
of the Labor Tribunal System in Japan

菅野和夫・仁田道夫・佐藤岩夫・水町勇一郎 編著

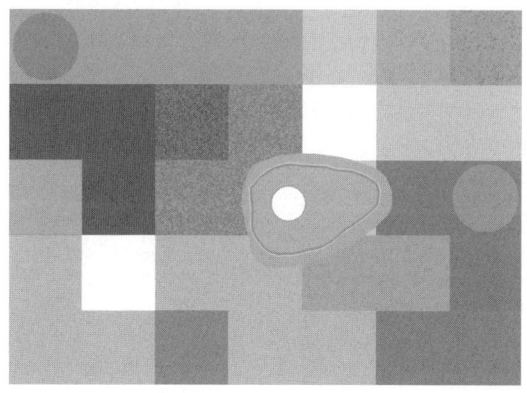

有斐閣

はしがき

　労働審判制度は，個別労働紛争の新しい解決手続として，2006年4月に導入された．その背景には，近年の日本における産業構造や競争環境の変化に伴う企業の人事労務管理の多様化・個別化，就業形態や就業意識の多様化による個別労働紛争の増加がある．この状況に対応して，2001年6月の司法制度改革審議会の意見書では，労働調停制度の導入が提案されるとともに，雇用労使関係に関する専門的な知識経験を有する者の関与する裁判制度の導入の当否，労働関係固有の訴訟手続の整備の当否の検討が要請された．これを受けて司法制度改革推進本部労働検討会で議論が重ねられ，2004年4月に労働審判法が制定，2006年4月から労働審判制度の運用が開始された．労働審判制度では，司法制度改革審議会意見書が示すねらいを実現するため，手続上，①原則として3回以内の期日での審理の終結，②労働関係に関する専門的な知識経験を有する労働審判員の関与，③審判機能と調停機能の結合，④訴訟手続との円滑な連携など，随所に，従来の裁判所の紛争解決手続とは異なる新しい試みが取り入れられている．

　広く知られているように，労働審判制度は，制度導入以降活発に利用されており，また，迅速で実効的な解決が実現されているとして，法律家および労使の団体の関係者の間では一般に高い評価を受けている．また，労働審判制度の成功は，労働紛争分野を超えて，他の民事紛争解決制度にも大きな示唆を与える可能性があり，関係者の注目を集めている．

　このように順調に出発し，関係者の関心も高い労働審判制度であるが，実際の利用者（当事者）は，この制度をどのように評価しているのであろうか．この点を明らかにするために，東京大学社会科学研究所では，2010年7月から同11月までの期間に，最高裁判所および全国の裁判所の協力を得て，労働審判制度の当事者を対象とする大規模なアンケート調査（労働審判制度利用者調

はしがき

査)を実施し，2011年10月にその結果をまとめた報告書(東京大学社会科学研究所編『労働審判制度についての意識調査基本報告書』)を公表した。

　本書は，この労働審判制度利用者調査の結果について実証的な分析をさらに深めるとともに，そこから導き出される制度的・政策的含意を具体的提言として展開する論攷を収録したものである。執筆者の顔ぶれは，労働法学の研究者，労働審判制度の実際の運用に精通した実務家のほか，法社会学・法心理学・民事訴訟法学の研究者，さらに労働経済学・労使関係論の研究者と多彩である。その多くは，労働審判制度利用者調査の準備および実施に関わった研究グループのメンバーであるが，本書の準備の過程で新たなメンバーも執筆者に加わり，本書は，理論と実務，労働研究と関連分野の研究を幅広くカバーする学際的な研究書となっている。

　本書は，全体として3部で構成される。
　第Ⅰ部「序論」では，本書全体の基礎的考察として，労働審判制度が導入された背景とその意義，労働審判制度利用者調査の概要が述べられる。
　まず，「第1章　雇用労使関係の変化と労働審判制度の意義」(菅野和夫)では，1990年代以後の雇用労使関係の変化とそれに起因する個別労働紛争の増加傾向を背景に労働審判制度が導入された経緯が，労働政策的側面および司法政策的側面の両面にわたって詳細に明らかにされる。その上で，雇用労使関係における労働審判制度の意義として，雇用労使関係の枠組みの整備，労働関係上の権利実現への寄与，労働関係への法的ルールの浸透の3点が指摘され，あわせて，今後の研究課題も確認されている。
　「第2章　労働審判制度利用者調査の概要」(佐藤岩夫)では，本書の基礎をなす労働審判制度利用者調査の概要およびその主要な結果が紹介される。調査結果からは，労働審判制度が利用者から全般的には肯定的評価を受けていること，とりわけ迅速性の評価は高いことが明らかになる一方，弁護士費用が当事者の負担となっていること，また，労働者側当事者と比べて使用者側では労働審判手続の結果の評価が系統的に低い傾向が明らかになった。

　以上を踏まえて，労働審判制度利用者調査の結果について法社会学・法心理

学・労働経済学を専門とする研究者がより掘り下げた実証分析と考察を行ったのが，第Ⅱ部「利用者からみた労働審判制度（分析編）」である。

まず，「第3章　労働審判制度利用者の動機と期待」（飯田　高）が，調査データに基づき，労働審判制度利用者の動機と期待を探る。その結果，労働者側，使用者側とも複数の動機・期待を有していることが明らかにされるとともに，精神的利益実現の動機・期待および経済的利益実現の動機・期待の関係について，労働者側では両者の相互独立性が強いのに対して，使用者側では両者が同一の方向を向いており，この違いが，調停による解決に対する労働者側，使用者側の態度の違いや結果の評価の違いに影響を及ぼしている可能性が指摘される。

労働審判制度の特徴として，しばしば，「迅速性」「専門性」「適正性」の3点が指摘される。「第4章　労働審判制度の基本的特徴の検証——迅速性・専門性・適正性」（佐藤岩夫）は，調査結果に基づき，これらの制度特徴を検証する。分析の結果，当事者は迅速性を高く評価すると同時に審理の充実をも期待していること，専門性との関連では労働審判員の手続関与および労働専門部の設置がそれぞれ効果を発揮していること，さらに，労働審判手続の多くが調停で終了することから受ける調整的・妥協的解決が主流との一般的印象に反して，当事者，特に労働者側当事者は法律上の権利・義務を踏まえた解決を重視していることなどが確認される。

労働審判手続の実際の実務では，解決金の支払いによる解決が多く，また，弁護士の代理率が高い。「第5章　金銭的側面からみた労働審判制度」（高橋陽子）は，解決金の水準とその内訳，および，弁護士が解決金に与える効果に分析を加え，労働審判の解決水準は紛争調整委員会のあっせんより高く，裁判上の和解，判決に比べて低いこと，労働審判と裁判上の和解の解決金（和解金）の多寡は解決までの期間の長さによって決まる傾向があること，労働者側の弁護士関与は解決金を引き上げる効果を持つが，事件の種類によっては解決金を引き上げる効果が小さく弁護士依頼が割高になること，などを実証的に明らかにしている。

「第6章　労働審判制度に対する当事者による評価の全体構造」（今在慶一朗）は，労働審判手続と結果に対する当事者の評価の全体的構造を分析する。その

結果によれば，当事者は，労働審判官・労働審判員および労働審判手続について公正で適切であったとの印象を持つ場合に，得られた結果を妥当であると感じる傾向がある。この知見は，手続的公正に関する既往研究の結果と一致する。また，労働者側と使用者側の比較では，前者は経験した手続の制度的な側面から結果の妥当性を評価しやすく，これに対して，後者は手続の対人的な印象から結果の妥当性を評価しやすいとの違いがあることが明らかにされる。

簡易・迅速で適正な解決を実現する労働審判手続は，民事訴訟制度改善の方向性に示唆を与える点からも注目されている。「第7章　民事訴訟利用者調査との比較」（菅原郁夫）は，労働審判制度利用者調査の結果と2006年に実施された民事訴訟制度利用者調査の結果を比較し，労働審判手続では，時間と費用の見通しのよさ，紛争発生から手続終結までの時間の短さ，迅速性と審理の充実の両立などの点で成果が上がっていることを確認する。そこから，民事訴訟の審理形態への具体的示唆として，審理時間と費用の可視化，期日準備の充実と審理のわかりやすさの実現などの有効性・必要性を指摘する。

労働審判制度利用者調査では，当事者に対するアンケート調査の補充調査として，応諾した当事者に対する追加インタビュー調査も実施した（第2章参照）。「第8章　労働審判紛争の社会的構造——問題定義の記述形式を通じて」（樫村志郎）は，このインタビュー調査の結果に基づき，個別労働紛争の開始時における当事者の問題定義のあり方を分析する。短期雇用型ケース，非短期有期型ケース，非短期継続型ケースの3類型に即して当事者の語りに精細な分析を加え，当事者による複合的で多面的な紛争の意味付けが労働審判手続利用の社会的文脈を構成している様相が解明される。

第Ⅲ部「労働審判制度のこれからを考える（提言編）」では，以上の分析結果を踏まえて，労働審判手続に精通する実務家および労働法学・民事訴訟法学・労使関係論の研究者が，多面的な検討と具体的提言を行う。

「第9章　労働審判制度の意義と課題——労働法学の視点から」（水町勇一郎）は，分析結果を総合的に捉えつつ，労働審判手続の運用について，安易な調整的解決に走らず審理の充実と法的な権利義務を踏まえた裁定的解決を重んじる姿勢の堅持，金銭的解決においては期間に比例する賃金支払いのみではなく解

雇紛争の救済利益の多様性を踏まえた相応の救済の実現，中小企業の実態と労働法規範との乖離を埋めるための継続的な取組み，さらに，関係修復・問題予防的解決を可能とする労使関係や法的紛争解決制度の構築などを提言する。

続く3章では，裁判官，労働者側代理人，使用者側代理人それぞれの立場から，調査結果を踏まえた実務上の課題と提言が展開される。「**第10章 労働審判制度の実務と可能性——裁判官の立場から**」(渡辺 弘)は，迅速性との関係で特にタイム・ターゲット設定の重要性を確認した上で，労働審判手続に適した事件として，両当事者ともにタイム・ターゲットを設定して当該個別労働紛争を終結する意思があること，および，事件の性質として公正な公的機関により判定を行う必要性がある事件であることの2つのポイントを指摘する。さらに，弁護士選任の重要性，広く多くの裁判官が労働事件に接することの必要性，労働事件以外の事件への労働審判的な訴訟運営の応用可能性等にも論及する。

「**第11章 労働審判制度の実務と課題——労働者側弁護士の立場から**」(宮里邦雄)は，調査結果を踏まえて，労働審判手続についての一層の周知・情報提供の必要性，24条終了の慎重な運用，事件の審理と権利関係の判断という制度趣旨をいかした運用，解雇紛争における「退職型」解決における解決金の適切な水準の実現および「復職型」解決の可能性の確保，弁護士費用軽減の方策，許可代理の活用，関係者の同席可能性の拡大，支部における労働審判手続取扱いの拡大，労働審判員の養成・教育プログラムの整備等を提言する。

「**第12章 労働審判制度の実務と課題——使用者側弁護士の立場から**」(中山慈夫)は，労働者側当事者と比べて使用者側で労働審判手続の結果の評価が低くなっていることに関連して5つの要因をあげ，示唆に富む検討を加える。さらに，今後の労働審判制度のあり方について，迅速性・簡易性・専門性に加えて金銭解決機能を中心とする制度であるとの位置付けの明確化，弁護士費用をめぐる当事者への十分な説明と予測可能性確保の必要性，許可代理緩和への慎重な意見，労働審判手続の周知および労働審判員研修の充実等への期待を述べる。

以上の労働法学・実務の議論に続き，「**第13章 労働審判制度と日本の労使関係システム——労使関係論の視点から**」(仁田道夫)は，労働審判制度を日本の労使関係システムの広い文脈の中に位置付け，この制度が従来潜在化しがちであった個別労働紛争の顕在化を促す機能を果たしていることを確認するととも

に，労働審判手続の結果に対する使用者側の評価の低さは，労働紛争関係に内在する非対称的性格や，中小企業経営者の労働法秩序についての理解不十分の結果であり，制度の正常な機能を示すものであることを主張する。その上で，中小企業経営者に対する各種の情報提供，相談システムの整備等の政策的対応の必要性を指摘する。

最後に，「第14章　労働審判制度から民事訴訟制度一般へ──民事訴訟法の視点から」（山本和彦）は，第7章の分析とも呼応しつつ，労働審判制度の特徴・実績から民事訴訟制度改善の方向性を探る考察を行う。労働審判制度類似の制度を他の民事紛争分野にも拡張する際には，調停制度の延長の運用では当事者の法的解決ニーズを吸収できない可能性があり，「裁判」中心の制度構成が求められる場面があること，労働審判類似の制度を導入する可能性がある具体的領域としては，少額紛争および原告・被告間に労使に類似した定型的な格差がある紛争（消費者紛争等）が考えられることを指摘する。

以上のとおり，本書の各論攷では，労働審判制度の実態と機能，当事者の評価の構造が調査結果に基づき実証的に解明され，それを踏まえて，今後に向けた課題と改善方策が具体的に展開されている。本書が，今後の労働審判制度の改善，より適切な個別労働紛争解決システムおよび雇用システムの構築，さらに新しい民事紛争処理制度の制度設計など多方面の議論の参考となれば幸いである。

本書の準備および刊行に際しては，多くの方々にお世話になった。本書の基盤をなすのは労働審判制度利用者調査であり，何よりもまず，調査の趣旨を理解し，貴重な回答を寄せていただいた当事者の方々にお礼を申し上げたい。また，最高裁判所事務総局行政局および全国の裁判所には，調査の準備の過程で多くの有益な情報と助言をいただくとともに，調査の実施に際しても，労働審判手続期日において当事者の一人ひとりに調査説明書類を交付するという大変手間のかかる作業をお引き受けいただいた。関係各位のご尽力にあらためて感謝を申し上げる。さらに，日本弁護士連合会，経営法曹会議，日本労働弁護団，日本経団連，日本商工会議所，日本労働組合総連合会（連合），全国労働組合

はしがき

　総連合(全労連)の関係者からも種々の機会に協力と貴重な助言をいただくことができた。お礼を申し上げる。

　労働審判制度利用者調査は，文部科学省の科学技術試験研究委託事業による委託業務として東京大学社会科学研究所が実施した「近未来の課題解決を目指した実証的社会科学推進事業(すべての人々が生涯を通じて成長可能となるための雇用システム構築)」(事業期間：2008年度～2012年度)の一環として行われたものであり，本書は，同事業の研究成果の一部をなす。

　最後に，学術書の出版をめぐる状況が大変厳しい中，本書の刊行を有斐閣に引き受けていただくことができ，同社の土肥賢さん，伊丹亜紀さんからは，編集の全般，内容の改善について大変行き届いた配慮をいただいた。記して感謝を申し上げたい。

　　2013年1月

菅野和夫
仁田道夫
佐藤岩夫
水町勇一郎

執筆者紹介（執筆順）

＊＝編者

＊菅野和夫（すげの・かずお）	東京大学名誉教授，日本学士院会員	《第1章執筆》
＊佐藤岩夫（さとう・いわお）	東京大学社会科学研究所教授	《第2章，第4章執筆》
飯田　高（いいだ・たかし）	成蹊大学法学部准教授	《第3章執筆》
髙橋陽子（たかはし・ようこ）	東京大学社会科学研究所特任研究員	《第5章執筆》
今在慶一朗（いまざい・けいいちろう）	北海道教育大学教育学部准教授	《第6章執筆》
菅原郁夫（すがわら・いくお）	早稲田大学大学院法務研究科教授	《第7章執筆》
樫村志郎（かしむら・しろう）	神戸大学大学院法学研究科教授	《第8章執筆》
＊水町勇一郎（みずまち・ゆういちろう）	東京大学社会科学研究所教授	《第9章執筆》
渡辺　弘（わたなべ・ひろし）	東京高等裁判所判事	《第10章執筆》
宮里邦雄（みやざと・くにお）	弁護士	《第11章執筆》
中山慈夫（なかやま・しげお）	弁護士	《第12章執筆》
＊仁田道夫（にった・みちお）	国士舘大学経営学部教授	《第13章執筆》
山本和彦（やまもと・かずひこ）	一橋大学大学院法学研究科教授	《第14章執筆》

もくじ

第Ⅰ部　序　論

第1章　雇用労使関係の変化と労働審判制度の意義　2
菅野和夫
- Ⅰ　雇用労使関係の変化と労働審判制度の成立　3
- Ⅱ　労働審判制度成立以降——紛争解決制度の紛争掘り起こし効果　9
- Ⅲ　雇用労使関係における労働審判制度の意義　13
- Ⅳ　むすび——今後の研究課題は？　19

第2章　労働審判制度利用者調査の概要　21
佐藤岩夫
- Ⅰ　労働審判制度利用者調査の概要　21
- Ⅱ　回答者の立場，事件種別，労働審判手続に至る経緯　27
- Ⅲ　労働審判手続の申立理由と請求内容　30
- Ⅳ　手続および手続関与者の評価　33
- Ⅴ　結果の評価　42
- Ⅵ　弁護士の評価　47
- Ⅶ　労働審判手続で重要と考える特徴　49
- Ⅷ　むすび　51

もくじ

第Ⅱ部　利用者からみた労働審判制度（分析編）

第3章　労働審判制度利用者の動機と期待　　　54
● 飯田　高 ●

- Ⅰ　はじめに　54
- Ⅱ　審判利用動機の構造　55
- Ⅲ　事件類型と動機・期待　67
- Ⅳ　動機・期待と結果に対する評価　71
- Ⅴ　まとめと結語　74

第4章　労働審判制度の基本的特徴の検証
　　　　——迅速性・専門性・適正性　　　76
● 佐藤岩夫 ●

- Ⅰ　はじめに　76
- Ⅱ　労働審判制度に対する評価の全般的概観　78
- Ⅲ　迅速性——迅速な解決と審理の充実　81
- Ⅳ　専門性——労働審判員および労働専門部の効果　86
- Ⅴ　紛争の実情に即した適正な解決　91
- Ⅵ　まとめ　97

第5章　金銭的側面からみた労働審判制度　　　101
● 高橋陽子 ●

- Ⅰ　はじめに　101
- Ⅱ　労働審判（調停・審判）雇用終了関係事件の解決水準　102
- Ⅲ　労働審判における弁護士の意義と役割　108
- Ⅳ　考察　112

第6章　労働審判制度に対する当事者による評価の全体構造　　　115
● 今在慶一朗 ●

- Ⅰ　分析の視点　115
- Ⅱ　分析結果　119

Ⅲ　分析結果からの示唆　*126*
　　Ⅳ　モデルの修正とまとめ　*129*

第7章　民事訴訟利用者調査との比較　*131*

● 菅原郁夫 ●

　　Ⅰ　はじめに——本稿の目的　*131*
　　Ⅱ　民事訴訟利用者調査について　*132*
　　Ⅲ　民事訴訟と労働審判の比較　*135*
　　Ⅳ　労働審判から民事訴訟への示唆　*147*

第8章　労働審判紛争の社会的構造
　　　　　——問題定義の記述形式を通じて　*154*

● 樫村志郎 ●

　　Ⅰ　本稿の課題　*154*
　　Ⅱ　方　法——記述データとしてのインタビュー記録　*155*
　　Ⅲ　労働審判紛争における初期の問題定義の形式的構造　*159*
　　Ⅳ　結　論　*171*

第Ⅲ部　労働審判制度のこれからを考える（提言編）

第9章　労働審判制度の意義と課題——労働法学の視点から　*174*

● 水町勇一郎 ●

　　Ⅰ　はじめに——本稿で何を明らかにするか？　*174*
　　Ⅱ　労働審判の申立ての経緯・背景にはどのような特徴があるか？　*175*
　　Ⅲ　労働審判制度のねらいは実現されているか？　*178*
　　Ⅳ　労働審判における解決水準は高いか低いか？　*181*
　　Ⅴ　労働審判の結果について利用者はどう評価しているか？　*184*
　　Ⅵ　労働審判制度において弁護士はどのような役割を担っているか？　*185*
　　Ⅶ　むすび——本稿で明らかになったことは何か？　*187*

もくじ

第10章　労働審判制度の実務と可能性
——裁判官の立場から　189

● 渡辺　弘 ●

- I　はじめに　189
- II　労働審判制度の高評価の要因　190
- III　この利用者調査からみた労働審判手続に相応しい事件　192
- IV　代理人である弁護士の果たす役割　194
- V　裁判官（労働審判官）の果たす役割　196
- VI　労働事件以外の民事事件への労働審判的審理方式の応用　197

第11章　労働審判制度の実務と課題
——労働者側弁護士の立場から　200

● 宮里邦雄 ●

- I　労働審判制度の周知　200
- II　申立事件の選択と労働審判の窓口　201
- III　調停と事件の審理・権利関係の判断　202
- IV　解雇紛争の解決のあり方　203
- V　弁護士依頼と弁護士費用　205
- VI　許可代理の活用　206
- VII　関係者の同席　207
- VIII　取扱い裁判所の拡大　208
- IX　労働審判員の養成と教育　208
- X　労働審判員のアンケート調査を　209

第12章　労働審判制度の実務と課題
——使用者側弁護士の立場から　210

● 中山慈夫 ●

- I　労働審判制度の特徴および実際の審判手続の評価について　210
- II　労働審判の結果の評価について　214
- III　労働審判申立てまでの使用者側の事情　217
- IV　労働審判の解決金水準（雇用終了関係事件）　219
- V　弁護士の役割について　220
- VI　利用者調査と今後の労働審判制度について　222

第13章　労使審判制度と日本の労使関係システム
　　──労使関係論の視点から　　*225*

● 仁田道夫 ●

　　はじめに　*225*
　Ⅰ　日本の個別労働紛争解決システム　*226*
　Ⅱ　労使評価差からみえてくるもの　*230*
　Ⅲ　労働審判認知プロセスと「未組織経営者」問題　*233*
　　結　び　*238*

第14章　労働審判制度から民事訴訟制度一般へ
　　──民事訴訟法の視点から　　*239*

● 山本和彦 ●

　Ⅰ　民事訴訟法の視点からみた労働審判制度の意義と特徴　*239*
　Ⅱ　労働審判制度利用者調査の結果に対するコメント
　　　──民事訴訟利用者調査の結果との対比を中心に　*244*
　Ⅲ　労働審判および民事訴訟の今後への示唆　*251*

《巻末資料》調査項目表（略語表）　*256*
さくいん（事項索引）　*267*

凡　例

1　「労働審判制度利用者調査」で実際に用いられた質問文・回答
　　＊「労働審判制度利用者調査」の調査票で実際に用いられた質問文・回答については，巻末に「調査項目表（略語表）」として掲げ，実際に用いられた質問項目の文言がどのような内容であったかを示すこととした。
　　＊本文中に掲載されている図表では，原則として，同表記載の略語を用いている。

2　文献名の略記
　　＊東京大学社会科学研究所編『労働審判制度についての意識調査基本報告書』（2011）については，同報告書の頁数を多数引用している箇所では「報告書」と略記することとした。

3　法令名の略記
　　＊法令を（　）内で引用する場合には，原則として，有斐閣『六法全書』巻末の「法令名略語」によった。おもなものは，以下の通り。

　　　労審：労働審判法　　　　　　　　民訴：民事訴訟法
　　　犯罪被害保護：犯罪被害者等の保　　民調：民事調停法
　　　　護を図るための刑事手続に付
　　　　随する措置に関する法律

4　雑誌名の略記
　　　ジュリ：ジュリスト　　　　　　　ひろば：法律のひろば
　　　曹時：法曹時報　　　　　　　　　民訴：民事訴訟雑誌
　　　判時：判例時報　　　　　　　　　労働：日本労働法学会誌
　　　判タ：判例タイムズ

5 統計分析の記号

＊本書の分析で用いられる統計的な用語・記号の意味はそれぞれの該当箇所で説明されるが，共通に用いられるものは以下の通り。

n：ケース数

p：有意確率

＊＊, ＊, †：結果が統計的に有意であると判定される場合（＊＊は$p<.01$, ＊は$p<.05$）または完全に有意であるとまではいえないがその傾向があると考えられる場合（†は$p<.10$）をさす。

第 I 部
序　論

労働審判制度が導入された背景およびその意義，労働審判制度利用者調査の概要を述べる。

第1章 雇用労使関係の変化と労働審判制度の意義

序論

菅野和夫
SUGENO Kazuo

● ABSTRACT ●

　労働審判制度は，1990年代から生じてきた個別労働紛争の増加傾向の中で，個別労働紛争解決促進法（2001年）による行政サービスの樹立に続いて，同紛争の専門的解決制度を司法においても整備する，という労働政策の大きな課題に応えたものである。同制度の労働政策的側面といえる。労働審判制度は，また，日本社会における法の支配の確立を図ろうとする司法制度改革という大きな動きに乗って日本の司法制度の中に初めて設置された労働関係に専門的な紛争解決手続であって，雇用労使関係における司法の役割の充実という願いに発する制度でもある。労働審判制度の司法制度改革的側面である。

　上記の個別労働紛争の増加傾向は，1990年代から進行した雇用労使関係の変化から生じた現象であって，労働審判制度の2006年度からの施行後も続いている。

　本稿は，労働審判制度の労働政策的側面および司法制度改革的側面の双方にわたって，個別労働紛争の増加傾向と，その背景にある雇用労使関係の変化を概説し，それらの現象と労働審判制度の創設・運用との関係を考察する。また，本稿は，労働審判制度の労働政策・司法制度改革の両側面にわたって，同制度の樹立・運用が雇用労使関係にとってどのような意義を有するのかを考察する。

I　雇用労使関係の変化と労働審判制度の成立

1　労働審判制度成立時までの個別労働紛争の増加傾向

司法制度改革の始動といえる 1999 年 7 月における司法制度改革審議会の設置の当時,個別労働紛争[1]の増加が労働弁護団の相談窓口,労働行政機関の相談・あっせんサービス,裁判所の民事訴訟などにおいて感じ取られていた。

例えば,日本労働弁護団は,1990 年代初期のバブル経済の崩壊後に相次いだ雇用調整,労働条件の切下げ等に接して,1993 年 2 月に東京,神奈川,埼玉で「雇用調整ホットライン」と称する緊急の電話相談を開始したところ,解雇,雇止め,労働条件切下げ等に関する,予想をはるかに超える件数の労働相談を受けた[2]。これが,同弁護団による「ホットライン活動」の本格的開始であって,これ以降,同弁護団は,全国各地で「雇用調整 110 番」,「不況解雇ホットライン」等の電話による労働相談を実施し,盛況を呈し続けた[3]。

また,都道府県の労政事務所等が行ってきた労働相談が,1990 年の頃には全国で 7 万 5000 件程度であったが,1996 年には全国で 10 万件を超えた。最も活発な活動を行っていた東京都の労政事務所は,1990 年の頃には相談件数が年間 3 万件程度であったのが,1998 年度には年間 5 万 5000 件を超え,同年度にはそのうち 1500 件程度の案件につき簡易なあっせんのサービスを提供した。

このような地方自治体の相談・あっせんサービスの盛況に新たな行政ニーズを見出した労働省(当時)は,1998 年の労働基準法改正によって労働基準監督

---

1) 労働関係上の権利義務をめぐる紛争の一般的な呼称。実定法上は,これに相当する概念として,個別労働紛争解決促進法では「個別労働関係紛争」,労働審判法では「個別労働関係民事紛争」という概念が立てられている(両者はその範囲が少し違うが,おおむね一致している)。本稿では,個別労働紛争という用語を用いる。なお,個別労働紛争を含む労働関係紛争の種類,傾向,公的解決制度の全体像および各制度内容については,菅野和夫・労働法〈第 10 版〉(2012)第 5 編「労働関係紛争の解決手続」,山川隆一・労働紛争処理法(2012)を参照。
2) このときは電話相談を 2 日間行い,502 件の相談を受けたという。
3) 日本労働弁護団・日本労働弁護団の 50 年第 1 巻 (2007) 81 頁以下〔座談会〕,131 頁以下〔鵜飼良昭〕。

署で個別労働紛争の相談と助言・指導を行えるようにし、これも多くの利用者を得た。

　そこで、労働省（当時）は、個別労働紛争の増加に対応する行政サービスの整備に取り組み、2001年の個別労働紛争解決促進法の制定にこぎつけた。同法によって、国においては、厚生労働省の地方の出先機関である都道府県労働局（実際には全国の労働基準監督署等に置かれた300か所を超える総合労働相談コーナー）におけるワンストップ・サービスとしての総合労働相談と、個別労働紛争への助言指導・あっせんが制度化され、同年から実施された。総合労働相談は施行開始の翌年の2003年度には約73万4000件の相談（そのうち民事上の相談は約14万件），助言・指導約4300件，あっせん約5300件の実績をみせ、以後増加し続けた。また、同法は、地方自治体が個別労働紛争解決サービスに取り組む努力義務をも規定したので、都道府県においても知事部局（労政事務所等）と労働委員会のいずれかまたは双方で個別労働紛争の解決サービス（相談やあっせん）を提供する体制が作られた。

　他方、裁判所では、労働関係民事事件の地裁新受事件が、1990年頃までは仮処分と通常訴訟を合わせて1000件程度であったが、1992年から増加していき、1998年には2600件台へ増加した[4]。

　集団的労使紛争の専門的解決機関である労働委員会でも、解雇や雇止めなどの個別労働紛争を合同労組やコミュニティ・ユニオンが取り上げて団交による解決を試みた上、争議あっせん申請や不当労働行為（団交拒否ないし不誠実団交）申立てを行って、実際的解決を図る事件（「実質的個別労働紛争」と称される）が増加し、争議あっせん事件や不当労働行為事件の3～4割を占めるようになった。

　以上は、労働弁護団、労働行政機関、裁判所における司法制度改革当時の個別労働紛争増加の様相であるが、そもそも、当時の労働関係の現場において個別労働紛争が本当に増加していたのか、むしろ個別労働紛争は従来から多数存在していたが、労働弁護団の労働相談や労働行政機関・裁判所の解決手続に乗らなかっただけではないか、という問いかけはあり得よう。この問いかけに対し直接の実証的データをもって答えることはできないが、あえて概括的に述べ

---

4) 民事事件全体の増加率は1.5倍であった。

れば，1980年代までのわが国の雇用労使関係は，経済の安定成長の下総じて安定的に推移し[5]，労働関係上の権利義務に関わる労働者の苦情・不満は，大部分，企業共同体の中で上司・同僚との緊密なコミュニケーションや企業別労使関係を通してインフォーマルに防止・解決されていたのであり，このようにして防止・解決されない個別労働紛争も大部分が安価で信頼性の高い行政サービスに吸収されていた，とみることができるのではなかろうか。ところが，バブル経済が崩壊し大競争時代が到来した1990年代以降は，リストラ，解雇，退職誘導・強要，労働条件の切下げが盛んに行われるようになって，個別労働紛争が企業の労働関係の現場で相当数発生するようになり，これらが労働弁護団，労働行政機関，裁判所に押し寄せるようになったとみられる。このことを次に考察する。

2 背景としての雇用労使関係の変化

労働審判制度成立時の個別労働紛争増加傾向は，どのような雇用労使関係の変化を背景としてのものであろうか。

1980年代までのわが国の雇用労使関係の中心的柱である長期雇用慣行についてみると，厚生労働省（労働省）の賃金構造基本統計調査にみる従業員の平均勤続年数は1980年代から90年代にかけて減少しておらず，むしろ増加気味となっており，正社員の長期勤続傾向は基本的に変わりなく継続していたとみることができる。新卒定期採用，定年までの長期勤続，年功的処遇，系統的人事異動（内部労働市場）等の特徴を備えた長期雇用慣行は，労働力の高齢化や市場競争の熾烈化・不安定化のもとでも，定年制度，賃金カーブ，処遇制度等を修正しつつ基本的には維持されてきたとみられる。

しかしながら，1990年代後半から2000年代前半は，雇用調整と事業再構築・再編成が相次いで行われ，雇用失業情勢が悪化した時期である。総務省の労働力調査によれば，完全失業率は1990年代初めまでは2％台にとどまって

---

[5] もちろん，長期雇用慣行の負の側面といわれる男女別雇用管理，長時間労働，遠隔地転勤（単身赴任）などの問題はあったが，それらに対しては雇用機会均等法制定や労働基準法改正などの政策的対応がなされてきた。そして，雇用が安定し春闘賃上げが続いていたことは労働者の生活を全体として安定させていたのであり，これが1990年代以降との根本的な違いであると考えられる。

いたが，1990年代半ばから急速に悪化し，2002年には5％台半ばに達した。1990年代初期のバブル経済崩壊後は，企業は不良債権を抱えつつ，同時に到来した市場経済のグローバル化と新興経済圏の追い上げ等への対応を迫られ，日本経済は長期低迷の時代に入った。特に，1997年の金融・証券業危機から2000年代当初のIT不況に連なる時期には，日本経済の不況が深化し，企業は，人員削減，事業再構築，企業再編成を繰り返し，解雇，退職誘導などにより雇用は不安定化した。企業は，様々な形で賃金・労働条件の切下げを行い，また年俸制，業績賞与，職務等級制などの成果主義的賃金・人事制度を導入した。また，企業は，人件費削減の欲求と市場の不透明さとから，パート，アルバイト，契約社員・派遣労働者などの非正規労働者を増加させていき，総務省・労働力調査における「非正規の職員・従業員」の割合は，1985年の16.4％から1995年の20.6％，2000年の26％へと増加していった。行政上の紛争解決サービスにおける個別労働紛争の代表的事案類型は当時から解雇，退職強要，雇止め，賃金不払い，労働条件の切下げであって，雇用労使関係における上記の動きが個別労働紛争の増加につながったことはほぼ明らかと思われる。

3 労働審判制度創設への議論

以上のような個別労働紛争の増加と，その背景としての雇用労使関係の変化は，労働審判制度を産み出した司法制度改革審議会および労働検討会での審議にどのように関係したのであろうか。労働審判制度創設に至る議論の内容を要約する。

前掲の1998年当時の地裁新受労働関係民事事件2600件という件数は，1980年代の1000件程度と比較した場合には相当に増加したとはいえ，経済規模や雇用労働者数などがわが国より小規模な多くの国々において労働事件が裁判所に数十万件という桁違いの数で持ち込まれていることに比すれば，異常に少ない件数であった。先進諸国（特に労働関係に専門的な特別裁判所を持つ諸国）では，労働関係から生じる権利紛争が裁判所に持ち込まれる紛争の代表的類型の1つとなってきたのであり，このことを考えれば，わが国では，司法が労働関係における紛争解決について積極的役割を引き受けていない状況といわざるを得なかった。労働関係については，わが国の「小さな司法」の中でも，さらに小さな司法といえる状況であった[6]と思われる。

1980年代まで裁判所に持ち込まれる個別労働紛争が少なかったことについては，概括的には2つの要因が考えられた。1つは，雇用労使関係上の要因であって，わが国では，長期雇用慣行を基盤に雇用・労使関係が安定し，職場の中間管理者や企業別組合の果たす紛争防止の機能も有効で，権利紛争それ自体が少なかったとみられることである。非正規労働者の存在も長期雇用慣行といわれる雇用システムの構成要素であったが，その割合は労働力調査の「非正規の職員・従業員」でみる限り，1980年代半ばで15％程度，90年代半ばまでは2割程度であり，「主婦パート」，学生アルバイト，自由度重視の若年者，引退過程者などの自発的選択者が大多数であって，権利紛争には結びつきにくかったとみられる。2つ目は，裁判所における手続の内容が個別労働紛争に適合しておらず，弁護士の少なさなどによりアクセスも悪かった（敷居が高かった）ことである。つまり，紛争が発生しても，アクセスが悪く時間と費用もかかる裁判所の手続を回避して，労働基準監督署や労政事務所等の労働行政機関に持ち込まれることが多く，それら機関が紛争解決機能を果たしてきたと考えられる。
　しかしながら，1990年代における前記のような雇用労使関係の変化の中で，1つ目の労働市場や雇用関係の安定という状況は大きく減殺され，個別労働紛争は増加傾向となって労働関係民事事件の件数をも押し上げた。けれども，個別労働紛争に適合した司法の専門的制度の不足という2つ目の状況は変わりがなく，それ故に裁判所が個別労働紛争の解決ニーズに対応しているとは到底言い難い状況となった。かくして，司法制度改革審議会の審議とそれに続く労働検討会での議論では，個別労働紛争の増加傾向の中で，労働関係における法の支配の浸透を図るという司法制度改革の理念を考えれば，労働関係についても司法のより積極的な役割が必要と論じられた[7]。個別労働紛争解決促進法の下で発足したばかりの労働省（当時）都道府県労働局の行政機関における紛争解決サービス（助言・指導とあっせん）は，労働相談と連携して行われ，かつ安価

6）　司法制度改革審議会の第40回会議（2000年12月1日）に提出された高木剛委員の意見書「労働紛争解決システムの改革について」の冒頭部分。
7）　前注の高木剛委員の意見書は，個別労働紛争の増大等に現われた雇用社会の大きな変転に的確に対応するために「今次司法制度改革の大きな輪の中で労働紛争解決システムの改革を」と訴えた。筆者も，同じ会議に参考人として出席し，同様の見地から意見書を提出し，「国民のより利用しやすい司法――労働関係事件についても司法の役割の強化を」と主張した。

（無料，弁護士不要）で迅速という利点があり，個別労働紛争解決制度の基礎的で効果的な制度であったが，相手方の参加が強制されず，かつ簡易に当事者間の妥協を図ることを基本とする手続であったので，自足的な紛争解決制度ではなかった。やはり，権利紛争判定機関としての信頼度が圧倒的に高い裁判所において，労働関係上の権利関係を判断した上で，権利紛争の実際的解決を図る専門的な手続が望まれたのである[8]。

個別労働紛争について，行政上の解決サービスでは足りないものとして，司法に望まれたのは，どのような制度（手続）であったのか。

まず，労働検討会での議論では，個別労働紛争（労働関係上の権利紛争）を適切に解決する上での専門性は何かが議論され，①雇用労使関係の制度や慣行についての知識，②企業経営や人事労務管理の実情を踏まえて当該紛争の実際上妥当な解決内容を洞察する能力，③複雑化する労働法の立法・判例の知識と応用能力である，と整理された。次いで，あるべき手続の内容については，労働者に資力がないので迅速に解決し再出発できるようにすべきであり，権利関係の厳密な審理を旨とする民事通常訴訟は時間と費用がかかりすぎること，他方，仮処分は簡易な審理で暫定的措置を行う保全訴訟としての性格上労働事件の解決には物足りないことが指摘された。以上の考察を基礎に，労働行政機関における個別労働紛争解決サービスがいち早く樹立されたことを踏まえると，司法に期待されるのは，労働関係について専門性の高い合議体が労働関係上の権利義務の判定を公平迅速に行いつつ紛争の実際的解決を図れる手続であるとのイメージが作られた。

このような議論の結果考案されたのが，職業裁判官と労使実務家で構成する合議体が，当事者に当該権利紛争の内容と経緯を明らかにした申立書・答弁書を提出させて，3回以内の期日で，簡易な審尋により争点を整理し権利関係を審理した上，調停を行い，それが功を奏しない場合には権利関係を踏まえつつ事案の実情に即した審判を下す，という手続であった。

その特徴は，①権利関係を審理し，その結果を踏まえるが，権利関係に必ずしもとらわれない実際的解決を図ること，②3回以内の期日で迅速に処理する

---

[8] 労働審判制度を提言した司法制度改革本部労働検討会においては，鵜飼良昭委員が労働関係における市民的権利の実現のためには司法における労働紛争専門の手続が必要と説いた。

のを原則とすること，③そのためには集中的で直接主義・口頭主義を駆使した審理の手続とすること，④職業裁判官に労使実務家が参加して手続を主宰する側の専門性を高めること，⑤当事者に対し手続への参加（入口）は強制するが，解決案の受諾（出口）は強制しないこと，⑥解決案に異議ある場合は民事訴訟手続に自動的に移行させ，紛争の最終決着を可能とすることであった。

II 労働審判制度成立以降——紛争解決制度の紛争掘り起こし効果

1 本格化した個別労働紛争の増加傾向と雇用労使関係の要因

労働審判制度発足以降，同制度を含む個別労働紛争解決制度は盛んに利用され，個別労働紛争の増加傾向は本格化した。

都道府県労働局では，総合労働相談（そのうちの民事紛争の相談），助言・指導，あっせんの各サービスの取扱い件数が 2002 年度 → 2008 年度に，約数でそれぞれ 62 万 5000 件（10 万 3000 件）→ 107 万 5000 件（23 万 6000 件），2300 件 → 7600 件，3000 件 → 8500 件と増加し，その後も同様の高水準を保っている[9]。なお，総合労働相談には，賃金不払い，解雇予告手当不払い等の民事紛争でありながら労働基準法違反にも当たるという事案も来るが，これらは直ちに労働基準監督署に回付されて，違反申告事件としての取扱いを受け，同署による法順守（履行）の指導によって実際上の紛争解決が図られる。この法違反申告件数もこの間相当に増加している[10]。

また，労働審判手続は，施行後 6 年間（2006 年〜2011 年）で 877 件 → 1494 件 → 2052 件 → 3468 件 → 3375 件 → 3586 件と増加している。労働関係の民事訴訟（仮処分・通常訴訟）も増加し，2009 年はそれらと労働審判事件を合わせた地裁新受件数が約 7248 件に達し，以後も同様の水準にある（次頁・図表 1。2011 年は 7281 件）。

さらに，労働委員会では，年間，四百数十件の不当労働行為申立て，五百数

---

9) 2011 年度は，総合労働相談（そのうちの民事紛争の相談），助言・指導，あっせんのサービスの取扱い件数がそれぞれ約 110 万 9000 件（25 万 6000 件），約 9500 件，約 6500 件である。
10) 全国の労働基準監督署が受理した新規申告件数は，1995 年には約 2 万件であったのが，2004 年には約 3 万 6000 件，2009 年には約 4 万 2000 件へと増加した。

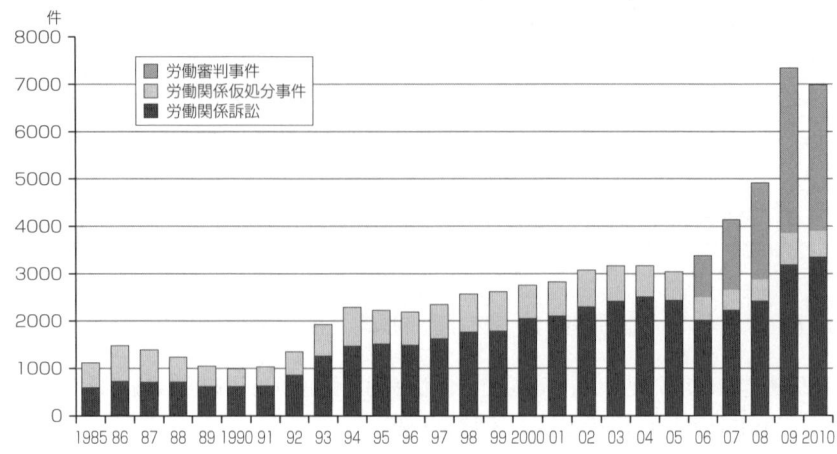

図表1 地裁新受件数の推移（労働関係訴訟，労働関係仮処分，労働審判）

(注) 2006年の労働審判件数は4月〜12月の数値
資料出所：菅野和夫・労働法〔第10版〕807頁の図表3

十件の争議調整申請における前述の「実質個別紛争」の割合が更に増加して6〜7割程度を占めるようになり，また個別労働紛争あっせんサービスでは年間400〜500件程度の申請につきあっせんが行われている[11]。労働委員会も全体としては個別労働紛争中心の労使紛争解決機関へ変化しているといえる。

こうして，個別労働紛争の増加傾向は，1990年代に開始し，2000年代半ばの時期における行政・司法の紛争解決制度の整備により本格化して，今日まで継続している。雇用労使関係の変化との関係という視点からは，この傾向については以下の諸要因が複合的に働いていると考えられるのである。

第1に，厳しい市場競争下の厳しい企業経営の中で，企業界では，人員整理，賃金の切下げ，労働条件の不利益変更，事業組織の再編成が行われ，大・中堅企業では成果主義・能力主義の人事管理が強められた。さらに，前記の契約社員，派遣労働者など非正規労働者の増加の中で，派遣切りや雇止めなどもより

---

[11] 47都道府県労働委員会の中で，東京，兵庫，福岡を除く44の道府県労委において個別労働紛争のあっせんサービスが行われている。また，これらのうちの多くの労委において相談サービスも行われており，2010年度には合計で約2000件の相談が行われている。労働委員会の活性化のための検討委員会第3次報告書46頁参照（中労委ホームページ参照）。

多くより頻繁に行われるようになった。要するに，厳しい経営の中で，個別労働紛争の淵源となる企業の人事管理措置がより多く行われるようになったとみられる。都道府県労働局の相談，助言・指導，あっせんサービスにおける「いじめ・嫌がらせ」の案件の増加[12]も，このような厳しい人事管理の一端を伝えているように思われる。

　第2に，職場の人員構成が，正社員，契約社員，パート，アルバイト，嘱託，派遣社員，請負社員，等々と多様化した。他方，中間管理職が正社員抑制と人事管理の複雑化の中で負担過重となった。労働組合も組織率が低下傾向となり，春闘での賃上げ機能も低下して，かつてのような活力がなくなった。こうして，職場において従来のような上司と部下の緊密なコミュニケーションや組合による苦情・不満の吸い上げが行われず，職場の紛争防止機能が低下したものと推測される。

　第3に，相次ぐ労働立法や労働判例の積み重ねによって労働者の権利保護が進展した。男女雇用機会均等法や育児介護休業制度が発展し，労働基準法の労働時間規制の進展の下サービス残業の取締まりも強化された。労働基準法，次いで労働契約法によって，解雇権濫用法理が明文化され，セクハラ・パワハラなどが新しい不法行為として樹立された。公益通報保護の立法化，ワーク・ライフ・バランスの国策化，非正規労働者問題への政策的対応などにみられるように，政府の政策や社会の価値観も新展開を遂げている。

　第4に，アクセスがよく，安価・迅速・効果的な公的紛争解決制度が整備されたために，中小企業労働者や非正規労働者も含めて，働く人々が納得できない権利問題について主張し権利実現を図れるようになった。全国300か所以上で電話ないし面接により常時行われている労働局の総合労働相談はそれらの権利主張を汲み上げ，行政や司法の解決手続に乗せる基本的サービスの役割を果たしている[13]。そして，全国的に整備された都道府県労働局の総合労働相

---

12) 都道府県労働局での民事上の相談，あっせんの取扱い件数に占める「いじめ・嫌がらせ」の案件の割合は，2002年度→2011年度において，それぞれ，5.8％→13.1％，6.1％→16.4％と増加している。

13) 個別労働紛争の解決という観点からは，都道府県労働局の労働相談は，①相談に来た者に対し当該案件をめぐる権利関係について争点を整理し，その言い分が通りそうかどうかを理解させる機能，②相談案件の中で労働基準法などの労働保護法規違反が看取される場合には，直ちに労働基準監督署へ回付し，違反申告事件として取り扱うという，監督行政との橋渡し機能

第Ⅰ部　序　論

談・助言指導・あっせんと労働審判・民事訴訟手続を基本的な軸としつつ，これらに地方自治体の知事部局・労働委員会の相談・あっせんサービスを補足的に付加した形の，個別労働紛争の公的解決制度の体系が形成され，各サービス・手続間の自然の連携と棲み分けも進みつつある[14]。このような個別労働紛争解決制度の整備が，公的機関へ個別労働紛争を引き付ける紛争掘り起こし効果を発揮しているとみることができる。

2 今後も個別労働紛争は盛んに発生

前項のように考察してみると，個別労働紛争は，紛争解決機関に持ち込まれる事件と雇用労使関係に生起するその予備軍の両者にわたって，今後も高水準で発生し続けるのではないかと考えられる。

　（この中で事実上の紛争解決が図られる），③相談案件の中の民事紛争（権利紛争）の案件について，労働局の助言・指導，あっせんや，労働審判などの紛争解決制度を説明し，当該紛争を解決する次のステップを教示する機能，④労働局のあっせんを希望する者に対しては，あっせん申請で要求すべきことは何かを教示するなど，あっせん申請の仕方を指導する，あっせんの準備手続としての機能などを営んでいる。

14）　都道府県労働局のあっせんは，労働局長の委嘱を受けた労働法学者や弁護士のあっせん員が事務局職員の助力を得て，通例1回（2～3時間）の期日において，当事者から権利関係についての主張と解決の仕方の希望を聴取した上，合意による解決を図る手続であり，相手方当事者が出席した事件ではあっせんが成立する割合が相当高いが（約7割），出席しない事件も多く（約4割），その場合は申請者に他の解決手続を教示して終了となる。

　労働委員会のあっせんは，通例，労働委員会の公労使三者委員が事務局職員の助力を得て行うもので，期日は1回に限らず，2回，3回と行われることもある。また，当事者からの権利関係や解決の仕方の聴取も三者委員による聴取と労働者委員，使用者委員が各当事者から別室で直接行う聴取とを織り交ぜて，より懇ろに行われる。また，相手方当事者のあっせん手続への出席強制はないが，出席しない当事者へは事務局や使用者委員が出席を説得したりするので，出席率はより高くなる。

　いずれにせよ，これら行政機関による個別労働紛争解決のあっせんは，簡易・迅速であるのみならず，無料であり弁護士も必要としない。これに対して，労働審判手続では，申立人の側では申立ての趣旨と理由，予想される争点ごとの事実と証拠や交渉の経緯をも記載し，主要な書証の写しを添付した申立書の提出，相手方の側ではこれらに対応する相当詳細な答弁書の提出が必要とされる。また，期日においては，当事者の出頭が強制される。そして，審尋により争点の整理と事実関係の迅速で効果的な審理が行われて，権利関係に関する心証が形成された上，調停，審判により紛争の解決が図られる。原則3回以内の期日で簡易・迅速に行われるとはいえ，上記の行政機関のあっせんよりははるかに権利判定的性格を強めた手続である。そこで，弁護士を代理人として用いることが実際上必要となる。

すなわち，不安定な市場における熾烈な競争が続く中で，厳しい企業経営・厳しい人事労務管理は今後も継続しよう。雇用は，市場の変動や産業構造の転換の中で相当程度不安定化し流動化するであろうし，労働者全体にわたる定常的な賃金上昇は当分期待し得ず，職務・能力・成果によって処遇を差別化する管理が強められよう。安定した雇用や高い処遇を享受する労働者グループを中核としつつも，その周辺に雇用の安定や処遇の高さにおいて序列化された諸種の労働者グループが配置されると思われる。他方，労働法制は，規制の強化と緩和の間を行き来しつつ複雑化し，全体としては主張できる権利を増加させていくと思われる。とりわけ，労働立法が正規・非正規労働者間の格差の是正や障壁の緩和に乗り出しているので，雇用の体系の修正・再編成が必然化し，その過程で労使間・労働者間の摩擦が生じると予想される。また，個別労働紛争解決サービスは，民事調停，社会保険労務士会，法テラスなども加わってますます増加し多様化することとなる。これらは全体として個別労働紛争の顕在化に寄与すると思われる。

　ただし，各制度に持ち込まれる紛争が（どれほど）増加するかは，雇用労使関係の場における紛争の発生状況に応じて，各制度において，迅速・公平・効果的な紛争解決手続として機能するための適切な対応ができるかにも依存する。また，制度それぞれの機能状況のみならず，労働局の相談・助言指導・あっせんと労働審判手続の補完関係を中心とした，全体としての棲み分けと連携の状況も重要である。

Ⅲ　雇用労使関係における労働審判制度の意義

1　雇用労使関係の枠組みの要素としての労働審判制度

　労使紛争の解決制度は，雇用労使関係を規律する実体法のルールと並んで，一国の雇用労使関係の枠組みの重要な要素をなしている。わが国では，おおよそ1990年代までは，集団的労使関係の法的ルールと紛争解決手続が民主的経済社会のインフラの1つとしての地位を与えられ，それらを専門とする労働委員会制度が雇用労使関係の枠組みの重要な構成要素をなしてきた。他方，個別労働紛争は権利紛争として一般の民事訴訟手続に委ねられたが，同手続は個別

労働紛争の特色に即した専門的性格がなく，そのため利用も少なかった。個別的労働紛争を処理する民事訴訟手続は，制度的にも実際的にも，雇用労使関係の枠組みの要素をなしていたとはいえず，その枠組みの外（周辺）にある制度にとどまっていたといえよう。ただし，数少ない裁判事件の法的判断の中で形成される判例法理が，雇用労使関係のルールを補う役割を果たすようになったことには注意すべきである[15]。

　前記のとおり，1990年代からの個別労働紛争の増加傾向の中で，2001年に個別労働紛争解決促進法が制定されて個別労働紛争解決の行政サービス制度が樹立され，次いで2004年に労働審判法が制定されて個別労働紛争解決の司法手続が樹立されたのであって，ここに個別労働紛争解決の行政・司法にわたる専門的解決制度がわが国の雇用労使関係の枠組みに追加された。それらのうち，労働審判制度は，企業において人事労務管理や労使関係に携わる労使専門家が手続を主宰する合議体に参加することによって，その専門性を高めつつ，集中的効率的に権利関係を把握し，その心証に基づいて事案に即した実際的な紛争解決を図る制度であること，しかもそれが功を奏しない場合には民事訴訟に連結して最終的な法的解決を図ることにおいて，雇用労使関係の枠組みの重要な構成要素となっているといえる。

　欧州や南米の多くの国では，職業裁判官と労使実務家裁判官とが合議して労働関係の権利紛争を専門的に解決する特別裁判所があり，きわめて多数の労働関係事件を簡易・迅速に処理して，その国の雇用労使関係において重要な役割を果たしている。わが国でも，労働審判制度という司法の制度が，雇用労使関係に専門的な司法の紛争解決手続として初めてその枠組みの構成要素に加わり，しかも同制度の成立までは雇用労使関係の枠組みの外にあった民事訴訟手続とも直結することにより同手続までも雇用労使関係の枠組みと連結させたといえる。労働審判事件の増加と共に，労働関係の民事訴訟事件も増加していることは，労働審判手続を通じて裁判所が雇用労働者にとってより身近な存在となり，民事訴訟の敷居も低くなってきたことを示唆している。国民生活の重要な側面である雇用労使関係において，司法が重要な役割を引き受け始めたということ

15）　ただし，判例法理は，人事労務管理がしっかり行われている大企業以外では，認知度が低かったと考えられる。

でもある。裁判所は，今後，この側面を十分に意識して，関係機関・団体の協力を得て，労働審判制度の発展に努めることが望まれる。また，専門的な代理人の育成と公表や，様々な機関・団体による費用扶助制度の発展は労働審判制度へのアクセスをより容易にするであろう。労使団体においては労働審判員候補者の探索と育成に努力し続けることが望まれる。

2　労働関係上の権利の実現に寄与する労働審判制度

　前記のとおり，個別労働紛争は今後も多数発生し続けると予測されるが，労働審判制度は，その簡易・迅速な専門的解決手続として，処理件数では都道府県労働局の行政サービスに及ばないものの，権利関係の判定において同サービスよりも質の高い解決手続を提供するものである。しかも，労働審判事件の相当割合（半数近く）が労働局の相談（プラス助言・指導ないしあっせん）を経ているとみられ，労働審判制度は労働局の紛争処理サービスでは解決できなかった紛争をも引き受けて解決しているといえる。

　これを，労働関係における権利の実現という角度からみれば，労働審判制度は，職業裁判官と労使実務家とが権利関係を効果的に判定した上で，その心証を基礎としつつ，事案の内容と当事者の意向に即して紛争を実際的に解決しているのであって，労働関係の権利や地位を侵害されたと考える労働者が当該権利・地位を主張して使用者に対し迅速にその判定と実際的解決を図ることを可能ならしめている。労働審判手続の主要な事案である解雇や雇止めについては，審理の結果解雇権濫用の心証となったとしても，調停・審判における職場復帰の事例は少なく，解決金＋合意退職の事例が大多数とされるけれども，労働者が解雇・雇止めの不当性につき司法手続による判定を迅速に得られること，職場復帰よりは解決金を得ての再出発の方が実際的な解決である場合が多いこと，そして，労働審判手続における解雇・雇止めの解決金は労働局あっせんにおけるそれよりも相当に額が高いこと[16]からすれば，労働審判手続による迅速な判定と解決金の救済は，不当な解雇・雇止めの救済上大きな意義を有するといえよう。以上のように，労働審判手続は，労働関係の権利（地位）の擁護とい

---

[16]　このことは本書第2章44頁(2)〔佐藤岩夫執筆〕，第5章103頁 *1*〔髙橋陽子執筆〕で明らかにされる。

う点では長足の進歩をもたらしたと評価できる[17]。

　今回の利用者調査においても，労働審判申立ての理由として，労働者側は，「公正な解決を得たかった」，「白黒をはっきりさせたかった」，「事実関係をはっきりさせたかった」，「自分の権利を実現したかった」，「強制力のある解決を得たかった」などの項目に9割以上の者が肯定回答をしている。また，受けて立つ使用者側も，「公正な解決を得たかった」への肯定回答が9割を超えている[18]。労働審判手続が持つ権利の実現，法的ルールを公正に適用しての権利関係の判定，という機能が利用者にも強く意識されていることを示す結果といえる。

3　法のルールの浸透という観点からの労働審判制度

　労働関係への労働法の浸透という視角からの労働審判制度の寄与はどうであろうか。

　欧州の労働裁判所は，きわめて多数の労働関係の権利紛争を法のルールに従って日常的に処理することによって，企業や労働者が法のルールを実践的に学習する場となっていると思われる。また，非常勤の労使裁判官が労働裁判所での法的経験を出身企業の人事労務管理に活かし，ルールの違反や紛争の発生の防止に役立てている[19]。これらは，労働裁判のフィードバック機能といえる効果であって，労働関係への法のルールの浸透という観点からの重要な寄与といえる。

　労働審判手続も，手続に直接参加する労働者と企業の経営者（管理者）が自分たちの事案が法的に審理され判断される様子を体験することによって，労働

---

17)　なお，審判に対して当事者の異議が出て紛争が終結せず，民事訴訟手続へ移行した場合にも，労働審判手続での審理を経ていることによって直接民事訴訟を起こした場合よりも審理期間が短縮され，また権利関係については労働審判と同様の判断となりがちであることが，傾向として指摘されている。鵜飼良昭「労働委員会の役割と個別労働紛争——労働審判の実際との比較から」月刊労委労協 2012 年 4 月号 8〜9 頁。

18)　本書第 2 章 30 頁 *1*〔佐藤岩夫執筆〕参照。

19)　筆者が 2001 年 3 月にロンドンの雇用審判所，ベルリンの労働裁判所を訪問して労使裁判官の人々と懇談したときに，異口同音に語られたことである。労使裁判官は，出身企業の人事労務管理に役立つことが，忙しい本務の合間に労使裁判官の仕事を続けてきた主な動機である，と述べていた。

法のルールを学習する場となるはずである。また，労働審判員として参加した労使実務家も，個別労働紛争の事例に接し，権利関係の判定と紛争の解決に関与するので，その経験を出身企業の雇用労使関係に持ち帰ることができるはずである。ただし，労働審判手続は，事件の数において欧州の労働裁判所ほどに大規模ではないし，労働審判員の相当割合が企業の人事労務や労使関係から引退した OB の方々であるので，フィードバック効果はより限られたものとなろう。それでも，労働審判制度が継続し，発展することによって，労働関係への法のルールの浸透について見逃しがたい効果を期待することができる。

わが国の労働法は，雇用労使関係における労働者の保護の点では判例法理が発展し，また立法の進展も目覚ましいが，問題は労働関係の現場にそれらの発達した法的ルールがどの程度浸透しているかである。独立行政法人・労働政策研究・研修機構（JILPT）による最近の都道府県労働局あっせん事件の個票分析からは，中小企業では，判例や立法で樹立されている解雇権濫用法理，雇止め制限法理，労働条件変更法理などの基本的な労働法ルールさえもほとんど意識されないまま，解雇，雇止め，労働条件切下げなどが簡単に行われていることが明らかになっている[20]。

上記の JILPT の分析によれば，まず，都道府県労働局の紛争処理サービスの利用概況としては，利用者には非正規労働者の割合が労働力調査におけるその割合に比し相当に高く（特に派遣労働者がそうである）[21]，また中小企業・零細企業の労働者の割合が大きく[22]，圧倒的に未組織労働者によって利用されている[23]。あっせん申請の内容にみる事案の類型は，解雇を中心として，これに雇止め，退職勧奨・採用内定取消し・自己都合退職・定年，退職誘導等を

---

20) 労働政策研究・研修機構が 2008 年度において 4 つの都道府県労働局が取り扱った助言・指導およびあっせん事案の個票分析は，「個別労働関係紛争処理事案の内容分析 I ――雇用終了，いじめ・嫌がらせ，労働条件引下げ及び三者間労務提供関係」労働政策研究報告書 No. 123 (2010)，「個別労働関係紛争処理事案の内容分析 II ――非解雇型雇用終了，メンタルヘルス，配置転換・在籍出向，試用期間及び労働者に対する損害賠償請求事案」労働政策研究報告書 No. 133 (2011)，労働政策研究・研修機構編「日本の雇用終了――労働局あっせん事例から」(2012) にとりまとめられている。

21) 正社員が 51.0%，直用非正規 30.2%，派遣 11.5%，試用期間 6.6%，その他 0.3%，不明 0.4%。

22) 30 人未満の企業におけるあっせん件数が 36.1%。これを含め 100 人未満の企業におけるあっせん件数は 58.2%。そのほかに「労働者数不明」19.8%。

23) 労働組合ありが 15.9%，なしが 71.1%，不明が 13.0%。

加えた雇用終了事案が4分の3近くを占め，労働条件の切下げが1割強，いじめ・嫌がらせが2割強となっている[24]。このような利用状況の中で，労働法の浸透度という観点から重要なのは，代表的な類型の解雇・雇止め・退職強要の事件では，労働局事案の分析でみる限り，非正規従業員は特に，そして正規従業員でも，不十分な理由で簡単に辞めさせられていることである。また，解雇を脅しにして簡単に労働条件の切下げが行われている。要するに，労働局のあっせん事案の分析でみる限り，中小零細企業経営者には労働法の知識（意識）が乏しく，職場に労働法が浸透していないとみられる，というのである。

なお，個別労働紛争解決制度に持ち込まれる紛争は，行政サービスと司法手続の双方において，労働者が雇用を終了させ（られ）た上で権利主張を行う雇用終了型紛争が大部分であって，当該労働者が当該企業に対し雇用を継続しながら権利を主張する紛争はきわめて少ないことが経験的に明らかとなっている。このことは，行政や司法における簡易・迅速な紛争解決制度を整備したとしても，個々の労働者がそれら制度を利用して法のルールや権利の実現を図ることは一般的には困難であるということであろう。一般的には，雇用を継続しながらの権利の主張は，労働組合や弁護士のサポート等がない限り困難なのではないか[25]と推測されるのであるが，労働局の助言・指導，あっせんや労働審判における雇用継続型紛争の分析が望まれる。

24) 解雇（普通解雇・整理解雇・懲戒解雇）40.2%，雇止め 9.5%，退職勧奨・採用内定取消し・自己都合退職・定年等が 16.3%，準解雇（退職への追い込み）7.2%（以上の雇用終了事案 73.2%）；労働条件切下げ 11.2%；いじめ・嫌がらせ 22.7%。ただし，前述のとおり，都道府県労働局あっせんでは，賃金・残業代・解雇手当請求事件の大部分があっせん手続には乗らない仕組みとなっていることに注意する必要がある。

25) なお，労働組合と個別労働紛争の関係をごく概括的にスケッチすれば，次のようになろう。企業別労働組合と企業との企業別労使関係は大・中堅企業に偏在しているが，そこでは，企業はよほどの非違行為がない限り解雇は自制しており，雇用調整も主として，残業削減，配転出向，採用抑制などの手法で行われ，よりドラスティックな人員削減も退職金を上積みしての希望退職募集によって行われる。このような雇用調整は労使の協議の上で行われ，そこでは双方とも譲歩し紛争が回避される。これに対して，中小企業では企業別組合は存在しない場合が多く，労働法の知識も意識もない経営者がそのルールとは無関係に解雇，雇止め，労働条件切下げを行うことが多くなる。これらの措置に承服しない労働者が企業の外にある合同労組やコミュニティ・ユニオンに駆け込んで，それら企業外の組合が紛争を拾い上げ，交渉による解決を試みるが，功を奏しない場合には労働委員会や裁判所の諸手続を戦略的に利用する。

Ⅳ　むすび——今後の研究課題は？

　今回の東京大学社会科学研究所の労働審判制度利用者調査は，発足5年目の労働審判制度がどのような当事者のどのような紛争のためにどのような経緯と目的で利用されているか，手続の運用状況や結果についての利用者の評価や満足度はどのようなものかを，全体的に明らかにした。

　労働審判制度は，これまでは，集中的・効率的に権利関係を審理し，それに基づいて実際的な解決を図るので，解決率が高く，個別労働紛争の迅速で効果的な専門的解決手続となっている，と評価されてきた。この評価が利用者調査では支持されているか。これとの関係で，労働審判手続の結果について，使用者側の満足度が労働者側に比し低目に出たことをどのように解釈するか，などが本書では論じられよう。また，今回の調査では，労働審判制度と他の個別労働紛争解決制度との関係につき，労働局の解決サービスとの補完（連携）関係が明らかになったようにもみえるが，この点の正確な分析も期待される。

　私自身は，労働審判制度は裁判官と労使実務家が個別労働紛争について権利関係を簡易迅速・効率的に審理し，そこでの心証を踏まえた実際的な解決を図る制度であり，権利関係についての審理と心証開示がその眼目であると理解している。今回の調査が労働審判制度のこのような理解を裏付けてくれるのか，本書での分析結果が興味深い。

　今回の調査は，司法制度としての労働審判手続の運用状況に対する利用者の評価を明らかにすることを主眼としたので全く仕方がないことであるが，労働審判手続に持ち込まれる事案を通じて雇用労使関係の現状を探るという労使関係的視角が十分には入っていない。今回の調査でも，労働審判の利用者については，労働局あっせん事案よりも正社員の割合がより高いこと[26]，他方，企業規模では，労働局あっせん事案と同様に，中小企業の労働者の利用が多いことが判明しており[27]，また雇用終了型紛争が大部分であることも判明している。これらは，今日の雇用労使関係の実情を探る上での有用なデータといえよう。

---

26)　正規の職員・従業員が労働者票で74.4％（使用者票で65.0％），パート，アルバイト，契約社員・嘱託の合計が労働者票で23.3％（使用者票で27.7％），派遣社員が1.3％（使用者票で1.1％），その他1.0％（使用者票で6.2％）。以上，報告書94頁。

これに対し，事案の内容は，解雇，賃金・手当，配転・出向，セクハラ・パワハラ，その他に分類されており[28]，雇用労使関係の状況を探る上ではいささか概略的である。また，筆者の関心としては，職場における労働法の浸透度を探るデータが望まれるのであって，前記の労働政策研究・研修機構による労働局あっせん事案個票の分析のように，労働審判事例の各種の記述[29]を集めて分析することによって，労働審判事件のより詳細な様相が分析できるとよいと考えている[30]。

---

27) 30人未満企業が労働者票で44.1％，使用者票で34.6％，100人未満企業がそれぞれ65.9％，54.6％。以上，報告書97～98頁。
28) 解雇69.3％（労働者票，以下「労」）・68.8％（使用者票，以下「使」），賃金・手当60.0％（労）・43.2％（使），配転・出向4.3％（労）・2.3％（使），セクハラ・パワハラ31.0％（労）・8.0％（使），その他5.7％（労，使）。以上，報告書20頁。
29) 菅野和夫監修・労働審判――事例と運用実務（ジュリ増刊）（2008），鵜飼良昭・事例で知る労働審判制度の実際（2012）に事例が比較的詳細に記述されているほか，近年の労働判例，中央労働時報等に労働審判事例の紹介記事が連載されている。
30) なお，労働審判制度は裁判所における民事紛争解決の新しい方式としても注目され，その民事裁判改革への応用が論じられているが（例えば，「民事紛争解決の新しい試みに向けて（上）（下）」判時2149号7頁，2150号9頁〔2012〕参照），本稿の考察範囲外である。

序論

第2章 労働審判制度利用者調査の概要

佐藤 岩夫
SATO Iwao

● ABSTRACT ●
2006年4月に開始した労働審判制度は，その後活発に利用されており，迅速で実効的な解決が実現されているとして，法律家および労使の団体の関係者の間では一般に高い評価を受けている。では，実際の利用者（当事者）は，この制度をどのように評価しているのか。また，当事者の視点からみた場合，労働審判制度にはどのような課題が存在するのか。この点を明らかにするため，東京大学社会科学研究所の研究グループは，2010年に労働審判制度の利用者を対象とするアンケート調査（労働審判制度利用者調査）を実施した。本稿では，第Ⅱ部各章の分析および第Ⅲ部各章の提言への導入として，労働審判制度利用者調査の概要を説明するとともに，調査から得られた主要な知見を紹介する。

I 労働審判制度利用者調査の概要

1 調査の目的と意義

(1) 調査の目的

2006年4月に個別労働紛争の新しい解決手続として開始した労働審判制度の利用件数は，その後の6年間で，877件（2006年〔4月〜12月〕），1494件（2007年），2052件（2008年），3468件（2009年），3375件（2010年），3586件

(2011年) と順調に伸びている[1]。紛争解決の実態としても，迅速で実効的な解決が実現されているとして，法律家および労使の団体の関係者の間では一般に高い評価を受けており，今次の司法制度改革で最も成功した制度の1つであるともいわれる[2]。では，実際の利用者（当事者）は，この制度をどのように評価しているのであろうか。この点を明らかにするため，東京大学社会科学研究所の研究グループは，2010年に，最高裁判所および全国の裁判所の協力を得て，労働審判制度の利用者を対象とするアンケート調査（以下，「労働審判制度利用者調査」または「本調査」という）を実施した。

(2) 調査の意義

今回の労働審判制度利用者調査の意義は，大きく次の3点にある。

第1に，本調査の結果は，労働審判制度の現状の把握および今後の制度・運用の改善のための貴重な基礎資料を提供する。法制度は，その導入において適切に設計される必要があると同時に，その運用開始後も，不断にその実際の効果を検証し，よりよい制度に改善していく必要がある。そして，この法制度の効果の検証に際しては，制度設営者や法律専門家の視点だけでなく，制度を実際に利用した当事者の意見や評価が重要であることもいうまでもない[3]。この

---

1) 最高裁判所事務総局行政局「平成23年度労働関係民事・行政事件の概況」曹時64巻8号43頁，50頁第4図 (2012) 参照。
2) 労働審判制度の実績および評価に関する論稿は多数あるが，さしあたり，菅野和夫ほか・労働審判制度〈第2版〉(2007)，「特集／労働審判制度1年」ジュリ1331号6頁以下 (2007)，「座談会／労働審判1年を振り返って」判タ1236号4頁以下 (2007)，「特集／労働審判制度開始から1年」労旬1648号6頁以下 (2007)，「特集／労働審判制度がスタートして1年が経過して」自正58巻6号11頁以下 (2007)，菅野和夫監修・労働審判（ジュリ増刊）(2008)，「労働審判制度に関する協議会」判タ1266号46頁以下 (2008)，「特集／個別労働紛争の実際と法的処理の今後」ジュリ1408号8頁以下 (2010)，「労働審判制度に関する協議会第7回」判タ1315号5頁以下 (2010)，「特集／労働審判制度：開始からの5年間を振り返る」ひろば64巻6号4頁以下 (2011) 所収の諸論稿・発言等を参照。
3) 本文ですぐ後に述べるように2000年に日本で最初の民事訴訟制度利用者調査を実施した司法制度改革審議会は，2001年6月に公表した最終意見書の中で，「何より重要なことは，司法制度の利用者の意見・意識を十分汲み取り，それを制度の改革・改善に適切に反映させていくことであり，利用者の意見を実証的に検証していくために必要な調査等を定期的・継続的に実施し，国民の期待に応える制度等の改革・改善を行っていくべきである」と指摘している（司法制度改革審議会意見書「21世紀の日本を支える司法制度」〔2001〕117頁参照）。なお，利用

点，民事訴訟制度については，司法制度改革審議会が 2000 年に日本で最初の大規模な民事訴訟制度利用者調査を実施し[4]，その後，同調査の実際の作業を担った研究者グループによって，2006 年および 2011 年に継続調査が実施されている[5]。さらに，全国の研究者による共同研究「民事紛争全国調査」の一環としても，2006 年 12 月から 2007 年 3 月の時期に，民事訴訟制度の利用者調査が行われている[6]。これに対して，労働審判制度については，弁護士会が行った先駆的調査の試みはあるものの[7]，本格的な利用者調査はまだ行われていない。本調査は，労働審判制度の利用者を対象とする大規模学術調査としては初めてのものであり，労働審判制度の利用者の実際の経験およびそれに基づく評価を通じて，労働審判制度の実情およびそれが果たしている機能を正確に把握するとともに，今後の制度および実務の改善の手がかりが得られるものと期待される。

第 2 に，本調査の結果は，個別労働紛争解決システムの全体を考える上でも貴重な基礎資料を提供する。近年の個別労働紛争の増加傾向を受けて，この間，行政的な個別労働紛争解決促進制度が整備され，また，新しい司法的な解決制度として労働審判制度が導入される一方，従来からある訴訟および仮処分の制度もその役割の強化が期待されている[8]。これらの個別労働紛争の解決をめぐる諸制度相互の適切な役割分担と連携のあり方を整理し，全体として，当事者

者調査の意義に関する理論的・方法的検討として，菅原郁夫・民事訴訟政策と心理学（2010）203〜227 頁参照。

4) 司法制度改革審議会「『民事訴訟利用者調査』報告書」（2000）参照。同調査のデータを用いた 2 次分析の研究書として，佐藤岩夫 = 菅原郁夫 = 山本和彦編・利用者からみた民事訴訟（2006）参照。

5) 2006 年調査および 2011 年調査の報告書として，民事訴訟制度研究会編・2006 年民事訴訟利用者調査（JLF 叢書 Vol. 13）（2007），同編・2011 年民事訴訟利用者調査（JLF 叢書 Vol. 20）（2012）参照。なお，2006 年調査のデータを用いた 2 次分析の研究書として，菅原郁夫 = 山本和彦 = 佐藤岩夫編・利用者が求める民事訴訟の実践（2010）参照。

6) ダニエル・フット = 太田勝造編・現代日本の紛争処理と民事司法 3：裁判経験と訴訟行動（2010）に，調査の概要の説明（同書 viii〜x 頁）および調査データを用いた各論稿が収録されている。

7) 同調査については，鵜飼良昭「個別労働紛争解決の現状と課題：労働審判制度を中心に」ジュリ 1408 号 73 頁以下（2010）に紹介がある。

8) 各種の労働紛争解決制度の概観として，山川隆一・労働紛争処理法（2012），野田進・労働紛争解決ファイル（2011）などを参照。

第Ⅰ部 序　論

にとって利用しやすく，適切かつ実効的な解決を実現する個別労働紛争解決システムを構築することが労働紛争解決法の重要な課題であるが，本調査の結果は，その検討にとっても重要な貢献が期待される[9]。

　第3に，本調査の結果は，労働紛争以外の他の民事紛争の解決制度をめぐる議論にとっても有益な示唆を与える。労働審判制度の利用者の経験・評価を上述の民事訴訟制度利用者調査の結果と比較・対照することは，今後の民事訴訟制度のあり方の検討にとって参考になると思われる。また，審理の迅速な終結，当該紛争領域について専門的な知識経験を有する者の関与，審判機能と調停機能の結合といった労働審判制度の特徴は，今後，個別労働紛争以外の様々な民事紛争の解決手続にも取り入れられていく可能性がある[10]。それらの新しい試みの細部の制度設計は各紛争領域の特性に配慮したものとなるにしても，労働審判制度の先行的な経験が今後の検討に重要な手がかりを与えることは間違いない。労働審判制度利用者調査の知見は，関連制度の制度設計のためにも重要な参考情報を提供するものと期待される。

2　調査の方法

(1)　調査の方法（図表1）[11]

　以上の目的・ねらいの下に，本調査は，2010年7月12日から同11月11日までの期間に，全国の裁判所の労働審判手続で調停が成立しまたは労働審判の口頭告知が行われる期日において，当該期日に出頭した当事者（申立人・相手方双方）に対して行われた。対象者は1782人であった[12]。

---

9)　なお，個別労働紛争解決システムの全体の検討にとっては，労働審判制度だけでなく，他の解決制度の実態の解明も重要な課題となるが，このうち労働局が行うあっせん制度に関する貴重な実証研究として，濱口桂一郎・日本の雇用終了（2012）がある。

10)　労働審判制度の経験を広く民事紛争の解決に活かす試みとして，定塚誠「労働審判制度が民事訴訟に与える示唆」判タ1200号5頁以下（2006），同「労働審判制度にみる『民事紛争解決制度』の将来」判タ1253号50頁以下（2008），浅見宣義「労働審判方式を取り入れた民事紛争解決方式（L方式）について：民事調停を利用した試行的実施のレポート」判時2095号3頁以下（2011），和久田斉「労働審判の経験を踏まえた自庁調停」判タ1357号18頁以下（2011）などを参照。

11)　以下に述べる調査方法のさらに詳細な内容は，東京大学社会科学研究所編・労働審判制度についての意識調査基本報告書（2011）5頁以下を参照。

12)　調査対象者を「労働審判手続で調停が成立しまたは労働審判の口頭告知が行われる期日に

図表1　労働審判制度利用者調査の概要

調査実施時期	2010年7月12日～同11月11日
調査対象者	上記の調査実施時期に，全国の裁判所の労働審判手続で調停が成立しまたは労働審判の口頭告知が行われる期日において当該期日に出頭した当事者，合計1782人（労働者側，使用者側各891人）。
調査方法	上記の調査対象者に対して裁判所より調査の説明書および調査協力意思確認用のハガキを交付し，同ハガキにより調査への協力意思を示すとともに調査票送付先住所を開示した当事者に対して調査票を郵送する方法による。調査票の返送も郵送。
有効調査票数	494票（労働者側309票，使用者側185票）
回収率	27.7%（労働者側34.7%，使用者側20.8%）
調査報告書	東京大学社会科学研究所編『労働審判制度についての意識調査基本報告書』（2011年10月）。

　労働審判手続は非公開の手続であることから，当事者のプライバシーに最大限配慮し，調査協力意思を慎重な手順で確認する必要がある。そこで本調査では，裁判所で直ちに調査票を配布するのではなく，上記の調査対象者に対して，裁判所より調査の説明書および調査協力意思確認用のハガキを交付し，同ハガキにより調査への協力意思を示すとともに調査票送付先住所を開示した当事者に対してのみ，調査会社を通じて調査票を郵送するという方法をとった。調査票を返送するかどうかはもちろん当事者の任意であるため，本調査がとった方法は，調査協力意思確認用のハガキの返送および調査票の返送の2段階で当事者の同意を得る方法ということになる。

　調査票は，労働者用の調査票と使用者用の調査票の2種類を用意した。調査

おいて，当該期日に出頭した当事者」とした理由は，本文ですぐ後に述べるように，本調査の設計上，当事者が期日に出頭することが不可欠の前提であるところ，調停成立または労働審判以外のかたちで手続が終了する場合には，当事者の出頭が必ずしも期待できないと考えられたためである。その結果，本調査では，労働審判法24条所定の事由に基づく終了，取下げ，却下・移送等によって手続が終了した当事者の評価は系統的に欠落している。しかし，最高裁判所が公表する統計によれば，調査を実施した2010年の労働審判手続既済事件全体のうち，労働審判法24条所定の事由に基づく終了，取下げ，却下・移送等によって手続が終了する事件は合計11.3%（24条終了が3.5%，取下げが7.0%，却下・移送等が0.8%）にとどまっており（最高裁判所事務総局行政局「平成22年度労働関係民事・行政事件の概況」曹時63巻8号67頁，82頁第11表〔2011〕参照)，調査対象者が労働審判手続で調停が成立しまたは労働審判の口頭告知が行われる期日に出頭した当事者に限定されていたとしても，本調査の意義が大きく損なわれることはないと考えられる。

項目の主要な部分は労働者用と使用者用とで共通であるが，労働者と使用者の立場の違いに応じて一部質問の内容・配列を変えた個所がある。なお，調査票で質問した事項の内容・表現は，本書の巻末に「調査項目一覧」として掲げておいたので，適宜参照されたい。

(2) 回収結果および調査報告書

以上の方法で調査を実施した結果，調査票の最終的な回収期限である 2011 年 2 月 1 日までに，全部で 494 票の有効調査票が回収された。回収率（調査対象者数 1782 人に対する回収された有効調査票数 494 票の比率）は 27.7% となる。

調査報告書は，2011 年 10 月に，東京大学社会科学研究所編『労働審判制度についての意識調査基本報告書』として刊行した[13]。

(3) 追加インタビュー調査

本調査では，アンケート調査の追加調査として，2011 年 12 月から 2012 年夏にかけて，当事者の個別の了解を得た上で，労働審判手続利用の経験とそこから導かれる意見・評価をさらに詳細に聴き取るインタビュー調査も実施した。インタビューは，事前に調査研究グループで整理・検討した質問項目に従い半構造化インタビューの方法で行われた。インタビュー時間は短いもので 1 時間半，長いものは 4 時間に及び，平均は約 2 時間である。実施人数は 27 名である。本書の各章は基本的にアンケート調査の結果を分析するものであるが，一部の章では，このインタビュー調査の結果も利用されている[14]。

以上の説明を踏まえて，以下では，本調査の主要な結果を紹介する[15]。

---

13) なお，本調査のデータは，近い将来に，東京大学社会科学研究所附属社会調査・データアーカイブ研究センターの SSJ データアーカイブ（SSJDA）に寄託・公開し，学術目的の 2 次利用に広く供する予定である。同アーカイブについては，http://ssjda.iss.u-tokyo.ac.jp/ を参照。

14) 本書第 8 章〔樫村志郎執筆〕が追加インタビュー調査の結果を中心とした分析を行うほか，第 4 章〔佐藤岩夫執筆〕，第 5 章〔高橋陽子執筆〕もインタビュー調査の結果に一部言及している。なお，このインタビュー調査の結果は記録集にまとめ，東京大学社会科学研究所研究シリーズの 1 冊として刊行予定である（佐藤岩夫＝樫村志郎編・労働審判制度をめぐる当事者の語り〔2013 年 3 月刊行予定〕）。

15) 以下に述べることは，報告書のダイジェスト版として発表した佐藤岩夫「『労働審判制度利

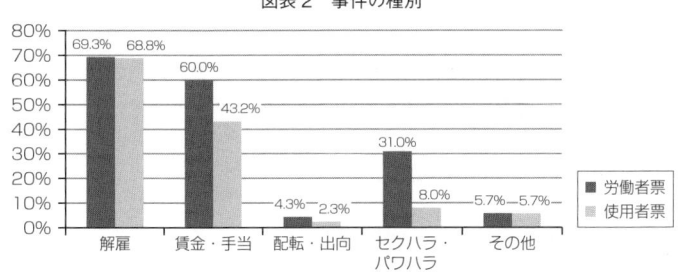

図表2　事件の種別

[棒グラフ：解雇 労働者票69.3%／使用者票68.8%、賃金・手当 60.0%／43.2%、配転・出向 4.3%／2.3%、セクハラ・パワハラ 31.0%／8.0%、その他 5.7%／5.7%]

II　回答者の立場，事件種別，労働審判手続に至る経緯

1　回答者の立場

　有効回収数494票の内訳を労使の別でみると，労働者側の回答が309票（62.6％），使用者側の回答が185票（37.4％）であった。調査実施前には，使用者側の協力を得ることが難しいのではないかとも危惧されたが，結果的に，労働者側だけでなく，使用者側の協力も相当数得られたことは，労働審判制度に対する当事者の評価をトータルにとらえる上で好ましい結果であった。

　労働審判手続での回答者の立場は，労働者側では，労働審判手続を「申し立てた側」が99.3％，「申し立てられた側」が0.7％，使用者側では，同じく0.5％，99.5％である。労働者側は「申し立てた側」がほとんどであり，使用者側は「申し立てられた側」がほとんどであることになる。

2　事件種別（図表2）

　回答者が関わった事件の種別は，労働者側の回答では，「解雇」が69.3％，「賃金・手当」が60.0％，「配転・出向」が4.3％，「セクハラ・パワハラ」が31.0％，「その他」が5.7％，使用者側の回答では，同じく68.8％，43.2％，2.3

用者調査』の概要」ジュリ1435号106頁以下（2011）の叙述を基礎としているが，本稿の執筆に際して内容の追加・削除を行った。

%，8.0％，5.7％であった（複数回答の質問であるため，5つの事件種別の合計は100％にはならない）[16]。労働者側，使用者側とも，「解雇」「賃金・手当」の問題に関すると回答した者が多かった。そのほか，労働者側では，「セクハラ・パワハラ」の問題に関すると回答した者が多い。

3 労働審判手続に至る経緯

(1) 労働審判手続の申立て前の相談先

労働審判手続を申し立てる（申し立てられる）前に，回答者は，どのような人や機関・専門家に相談しているのであろうか（複数回答）。この質問に対して，労働者側，使用者側とも，弁護士に相談しているケースが多い。労働者側では62.0％が「弁護士事務所または弁護士会の法律相談」を選択しており，使用者側では，「顧問弁護士」と「顧問弁護士以外の弁護士事務所または弁護士会の法律相談」を合わせると，69.9％が弁護士に相談している。

そのほか，労働者側では，「家族・親せき・個人的な知人」（59.7％），「会社の同僚や知人」（31.5％）など身の回りの人びとへの相談が多い。「法テラス」（32.8％），「地方自治体の無料法律相談」（27.9％），「労働基準監督署」（19.8％），「労働局」（6.8％）等の公的相談機関もよく利用されている。「社内の労働組合」（3.9％）と比較して，「社外の労働組合」（22.7％）への相談が多いことも目立った特徴である。

使用者側では，弁護士以外では，「社会保険労務士（会）」（27.3％）への相談が多い。また，「以上の人や機関・専門家に相談したことはなかった」の回答が，労働者側では2.3％であるのに対して，使用者側では17.5％と多いのも，使用者側の特徴である。

(2) 行政的紛争解決制度の利用

労働審判手続を申し立てる（申し立てられる）前に，その問題を解決するために，労働局や労働委員会の制度や手続を利用（使用者への質問では「経由」）した

---

[16] 調査票では17の事件種別を区別していたが，回答の全体の傾向をとらえやすくするため，ここでは，「解雇」「賃金・手当」「配転・出向」「セクハラ・パワハラ」「その他」の5つの大項目に再分類した集計結果を掲げた（再分類の方法は報告書21頁表1，元の17の事件種別ごとの集計結果は同111頁，151頁を参照）。

かどうかを尋ねたところ（複数回答），労働者側では，「利用した」の回答が，「労働局の行なう相談窓口（総合労働相談コーナーなど）」が 48.0％，「労働局の助言・指導の制度」が 25.2％，「労働局の紛争調整委員会の制度（あっせん）」が 20.5％，「労働委員会の紛争解決手続」が 5.0％ であり，「以上の制度や手続を利用したことはなかった」は 36.4％ であった。

これに対して使用者側では，「経由した」の回答が，「労働局の行なう相談窓口（総合労働相談コーナーなど）」が 6.6％，「労働局の助言・指導の制度」が 8.8％，「労働局の紛争調整委員会の制度（あっせん）」が 13.2％，「労働委員会の紛争解決手続」が 1.6％ で，いずれも労働者側の回答と比較すると少ない。逆に，「以上の制度や手続を経由したことはなかった」は 72.5％ で，労働者側の回答に比べてかなり多くなっている。

(3) 労働審判手続に関する情報入手先

どのような人や組織・専門家を通じて労働審判手続を知ったのかを尋ねた（複数回答）。その結果は概ね，上に述べた相談先および行政的紛争解決制度の利用状況と重なり合うものであった。まず，労働者側，使用者側とも，「弁護士（会）」を通じて知ったとの回答が最も多い（労働者側で 48.1％，使用者側で 50.8％）。次いで，「労働局，労働基準監督署，労働委員会」が，労働者側で 36.7％，使用者側で 15.1％ である。特に労働者側では，上述のように，多くの当事者が労働審判手続を申し立てる前に行政的紛争解決制度を利用していることを反映して，労働関係行政機関が，労働関係のトラブル・紛争をかかえた人びとを労働審判手続へと導く重要な情報入手先となっている。

そのほか，労働者側では，「社外の労働組合」（14.9％），「法テラス」（13.0％），「家族・親せき・個人的な知人」（10.7％），「インターネット」（10.4％），「地方自治体の無料法律相談」（9.1％）などが重要な情報入手先となっている。ここでも，「社内の労働組合」（0.6％）に対して「社外の労働組合」の比率が大きい。

使用者側では，上記の弁護士（会）および労働関係行政機関のほか，「新聞・雑誌やテレビ」（14.6％），「社会保険労務士（会）」（13.0％）などが重要な情報入手先となっている。もっとも，使用者側では，「相手方から申し立てがあるまで労働審判手続のことは知らなかった」の回答が 39.5％ と多く，労働審判手続の存在が使用者側に一般的に周知されているとまではまだいえない状況

も明らかになった。

4 弁護士依頼

今回の労働審判手続で弁護士を依頼したかどうかを尋ねたところ，労働者側では，「依頼した」が81.2％，「依頼しなかった」が18.8％，使用者側では，同じく90.8％，9.2％である。労働者側，使用者側とも，弁護士依頼率が高い。

Ⅲ 労働審判手続の申立理由と請求内容

1 労働審判手続の申立理由

労働審判手続を申し立てた当事者（申立人）は，どのような理由で申立てを行ったのか。また，労働審判手続を申し立てられた側の当事者（相手方）は，労働審判手続に何を期待しているのか。

調査結果（図表3）によれば，まず労働者側では，「⑤公正な解決を得たかった」(97.1％)，「⑧白黒をはっきりさせたかった」(95.4％)，「⑦事実関係をはっきりさせたかった」(93.8％)，「④自分の権利を実現し（あるいは守り）たかった」(91.2％)，「⑥強制力のある解決を得たかった」(90.9％)の各項目で，「あてはまる」の肯定回答が9割を超えた。逆に肯定回答が比較的少なかったのは，「③自分の個人的自由やプライバシー，健康などを守りたかった」(41.9％)，「⑪相手側と話し合いの機会を持ちたかった」(53.4％)である。

これに対して使用者側は，全般的に，「あてはまる」の肯定回答が，労働者側と比較して少ない傾向がみられる。これは，Ⅱ1でも確認したように，労働審判手続では，使用者側は手続を申し立てられる受動的立場であることがほとんどであるため，労働審判手続に積極的に何かを期待しているわけではないという事情が反映しているものと思われる。実際，この点を考慮して使用者側にのみ尋ねた「⑭相手側（労働者側）に申し立てられたので仕方なかった」の項目では，「あてはまる」の回答が73.2％と高くなっている。しかし，それでもなお相当数の項目で肯定回答が50％を超えていることは注目される。特に，「⑤公正な解決を得たかった」(91.3％)は，使用者側でも肯定回答が9割を超えており，また，「⑦事実関係をはっきりさせたかった」(86.9％)，「⑧白黒を

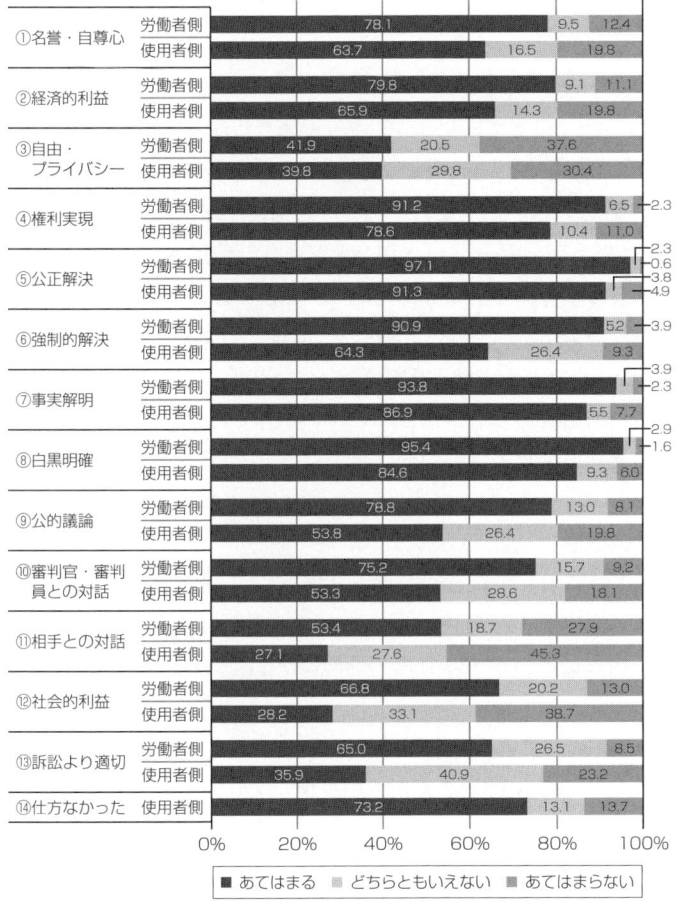

第2章　労働審判制度利用者調査の概要

図表3　労働審判手続の申立理由（申立人）・手続への期待（相手方）

項目	区分	あてはまる	どちらともいえない	あてはまらない
①名誉・自尊心	労働者側	78.1	9.5	12.4
	使用者側	63.7	16.5	19.8
②経済的利益	労働者側	79.8	9.1	11.1
	使用者側	65.9	14.3	19.8
③自由・プライバシー	労働者側	41.9	20.5	37.6
	使用者側	39.8	29.8	30.4
④権利実現	労働者側	91.2	6.5	2.3
	使用者側	78.6	10.4	11.0
⑤公正解決	労働者側	97.1	0.6	2.3
	使用者側	91.3	3.8	4.9
⑥強制的解決	労働者側	90.9	5.2	3.9
	使用者側	64.3	26.4	9.3
⑦事実解明	労働者側	93.8	3.9	2.3
	使用者側	86.9	5.5	7.7
⑧白黒明確	労働者側	95.4	2.9	1.6
	使用者側	84.6	9.3	6.0
⑨公的議論	労働者側	78.8	13.0	8.1
	使用者側	53.8	26.4	19.8
⑩審判官・審判員との対話	労働者側	75.2	15.7	9.2
	使用者側	53.3	28.6	18.1
⑪相手との対話	労働者側	53.4	18.7	27.9
	使用者側	27.1	27.6	45.3
⑫社会的利益	労働者側	66.8	20.2	13.0
	使用者側	28.2	33.1	38.7
⑬訴訟より適切	労働者側	65.0	26.5	8.5
	使用者側	35.9	40.9	23.2
⑭仕方なかった	使用者側	73.2	13.1	13.7

（注）⑭は使用者側のみの質問。

はっきりさせたかった」(84.6%)，「④会社・団体の権利を実現し（あるいは守り）たかった」(78.6%)の各項目も，7割から8割が肯定回答である。

　労働審判手続に期待することについて，労働者側と使用者側とでは微妙な違いがあるとはいえ，しかし，両者とも共通に，労働審判手続が公正な解決の場であることを期待しており，また，事実関係や事柄の理非を明確にすることへの期待も大きいことは，労働審判手続のあり方を考える上で基礎に据えるべき

31

重要な知見である[17]。

2　申立て時の請求内容および金額

(1)　請 求 内 容

労働審判手続で申立て時に請求した（請求された）内容は，労働者側では，「月給（未払い分）など月当たりの請求」が43.0％，「その他の定額の請求（残業，退職金，損害賠償など）」が78.8％，「金銭の支払いは求めていない（求められていない）」が2.3％，「わからない」が1.3％であり，使用者側では，「月給（未払い分）など月当たりの請求」が44.8％，「その他の定額の請求（残業，退職金，損害賠償など）」が73.8％，「金銭の支払いは求めていない（求められていない）」が3.8％，「わからない」が1.1％であった。

労働者側，使用者側とも，ほとんどのケースで何らかの金銭請求を伴っており，金銭の支払いを求めていない（求められていない）ケースは少ない。

(2)　請 求 金 額

「月当たりの請求」の金額は，労働者側では，最小値が1万円，最大値が700万円，平均値が47.3万円，中央値が26.0万円であり，使用者側では，最小値が1万円，最大値が850万円，平均値が71.7万円，中央値が29万円である。

「その他の定額の請求」の金額は，労働者側では，最小値が3万円，最大値が2000万円，平均値が323.2万円，中央値が220万円であり，使用者側では，最小値が10万円，最大値が3102万円，平均値が329.7万円，中央値が200万円である。

ただし，金額の分布をみると，「月当たりの請求」（図表4）では金額の小さい範囲に偏って分布しており，また，それほど顕著ではないが，「その他の定額の請求」（図表5）についても同様の傾向がみられる。

---

17)　本書第3章〔飯田高執筆〕では，労働審判手続利用の動機と期待に焦点を合わせてさらに掘り下げた分析が行われている。

図表4 「月当たりの請求」の金額の分布

	労働者側の回答		使用者側の回答	
	人	%	人	%
1～50万円未満	98	76.6	58	72.5
50～100万円未満	19	14.8	9	11.3
100～150万円未満	4	3.1	5	6.3
150～200万円未満	1	0.8	2	2.5
200～250万円未満	2	1.6	2	2.5
250～300万円未満	0	0.0	0	0.0
300～400万円未満	3	2.3	2	2.5
400～500万円未満	0	0.0	0	0.0
500万円以上	1	0.8	2	2.5
合計	128	100.0	80	100.0

図表5 「その他の定額の請求」の金額の分布

	労働者側の回答		使用者側の回答	
	人	%	人	%
1～99万円未満	42	17.6	25	18.7
100～200万円未満	63	26.5	38	28.4
200～300万円未満	35	14.7	25	18.7
300～400万円未満	26	10.9	21	15.7
400～500万円未満	18	7.6	3	2.2
500～600万円未満	14	5.9	3	2.2
600～700万円未満	14	5.9	5	3.7
700～800万円未満	7	2.9	2	1.5
800～900万円未満	4	1.7	3	2.2
900～1000万円未満	3	1.3	1	0.7
1000万円以上	12	5.0	8	6.0
合計	238	100.0	134	100.0

Ⅳ 手続および手続関与者の評価

　今回経験した労働審判手続に要した時間・費用の予測と評価，手続・過程の評価，労働審判官および労働審判員に対する評価および満足度は次のとおりであった。

図表6　時間の予測

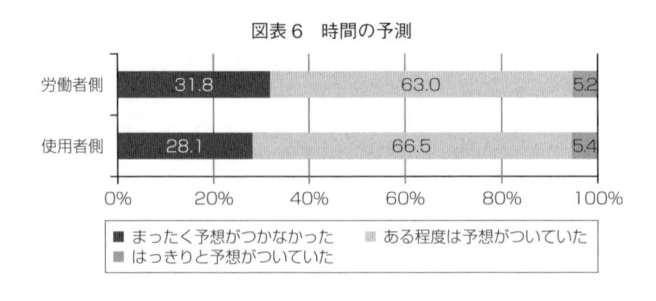

	まったく予想がつかなかった	ある程度は予想がついていた	はっきりと予想がついていた
労働者側	31.8	63.0	5.2
使用者側	28.1	66.5	5.4

図表7　費用の予測

	まったく予想がつかなかった	ある程度は予想がついていた	はっきりと予想がついていた
労働者側	27.7	56.7	15.6
使用者側	42.2	53.0	4.9

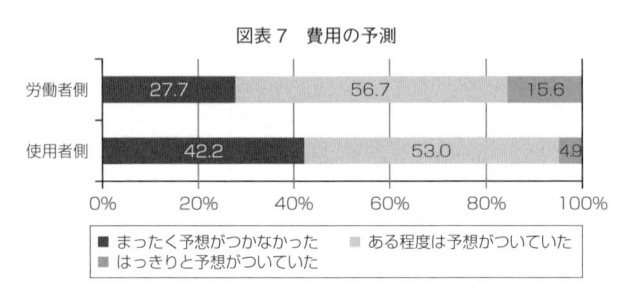

1 時間・費用の予測と評価

(1) 時間・費用の事前予測

　労働審判手続が始まった時点で，手続が終わるまでに要する時間を予想できたかどうかについて，労働者側では，「はっきりと予想がついていた」が5.2％，「ある程度は予想がついていた」が63.0％，「まったく予想がつかなかった」が31.8％，使用者側では，同じく5.4％，66.5％，28.1％であった。労働者側，使用者側とも，「はっきりと」と「ある程度」を合わせると約7割が「予想がついた」と回答している（図表6）。労働審判手続では，原則として3回以内の期日での終結が目指され，申立てから各期日に至る進行も計画的に行われている。このような制度および運用が時間の予測のしやすさにつながっていると推測される。

　費用の予測についても同じ傾向がみられた。「はっきりと」と「ある程度」を合わせると，労働者側で約7割，使用者側で約6割が「予想がついた」と回答している（図表7）。上記のように労働審判手続では期日の回数および進行の目安が示されていることが，時間のみならず，費用の予測のしやすさにもつな

図表8　時間の評価

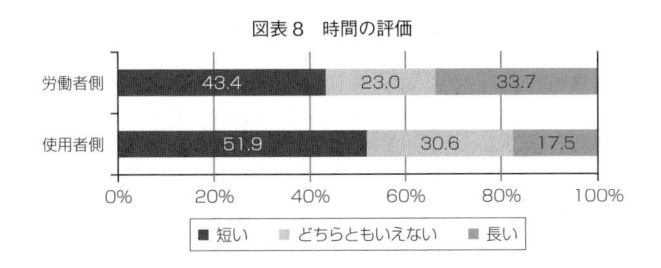

労働者側　短い 43.4　どちらともいえない 23.0　長い 33.7
使用者側　短い 51.9　どちらともいえない 30.6　長い 17.5

がっているのではないかと推測される。

(2) 時間・費用・手間の評価

　労働審判手続を終えて，かかった時間をどのように思ったのかについて，労働者側では，「短い」が43.4%，「どちらともいえない」が23.0%，「長い」が33.7%であり，使用者側では，同じく51.9%，30.6%，17.5%であった。労働者側で4割以上，使用者側で5割以上の回答者が，かかった時間は「短い」と回答しており，「短い」の回答が「長い」の回答を上回っている（図表8）。迅速な解決は労働審判制度の主要なねらいの1つであり，統計上の数値（調査実施年2010年）では，全体の約76%が申立てから3か月以内に終了し，平均審理期間は2.4か月であることが示されているが[18]，当事者の主観的な評価の面でも，「短い」の評価が多いことが確認された。

　本調査では，かかった時間の満足度についても聞いている。労働者側は，「満足している」が34.0%，「どちらともいえない」が40.8%，「満足していない」が25.2%であり，使用者側は，同じく42.1%，39.3%，18.6%であった。労働者側，使用者側とも「満足している」の回答が「満足していない」の回答を上回っている。なお，時間の長短の評価と時間の満足度をクロスして集計してみると，時間が「短い」と回答している者には「満足」の回答が多く，「長い」と回答している者には「満足していない」の回答が多い[19]。労働審判手続では迅速な処理が行われ，そのことが当事者の満足度を高めていることがうかがわれる。

---

18) 最高裁判所事務総局行政局・前掲注12) 67頁，83頁第12表参照。
19) 以下，逐一検定結果を示すことはしないが，本稿でクロス集計の結果として述べることはすべて，検定の結果，統計上有意あるいは有意傾向であることが確認されたものである。

図表9　費用(総額)の評価

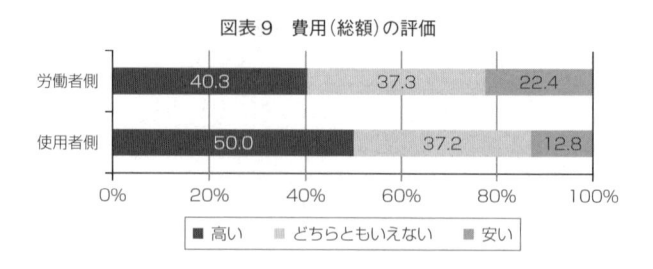

	高い	どちらともいえない	安い
労働者側	40.3	37.3	22.4
使用者側	50.0	37.2	12.8

図表10　費用以外の手間や負担の評価

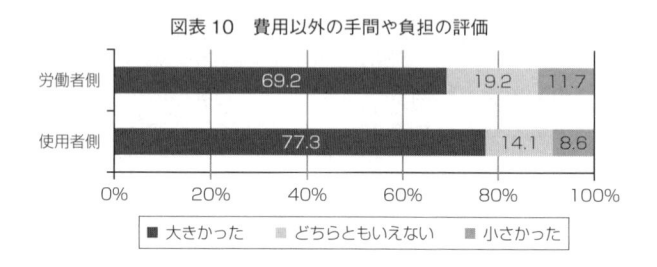

	大きかった	どちらともいえない	小さかった
労働者側	69.2	19.2	11.7
使用者側	77.3	14.1	8.6

　他方，費用や手間の面では課題が明らかになった。「労働審判手続にかかった費用の総額」について，労働者側では，「高い」が40.3％，「どちらともいえない」が37.3％，「安い」が22.4％，使用者側では，同じく50.0％，37.2％，12.8％である。労働者側で4割，使用者側で5割が「高い」と回答している（図表9）。「かかった費用の総額」の評価と弁護士依頼の有無をクロス集計してみると，弁護士を依頼した当事者に「高い」の回答が多く，弁護士を依頼しなかった当事者に「安い」の回答が多い。弁護士費用が当事者の費用面での負担を重くしていることが分かる。

　また，今回の労働審判手続で直接かかった費用以外に，書類の準備や必要な連絡・相談などに要した手間や人手の負担が大きかったかどうかを尋ねたのに対して，労働者側で69.2％，使用者側で77.3％が「大きかった」と回答している（図表10）。労働審判手続は簡易な処理を目指した手続であるとはいえ，裁判所で行われる手続であり，書類の準備等に一定の手間や人手の負担が生じることはやむを得ない面があるが，労働者，使用者とも，主観的には，その手間・負担は大きいと感じているようである。

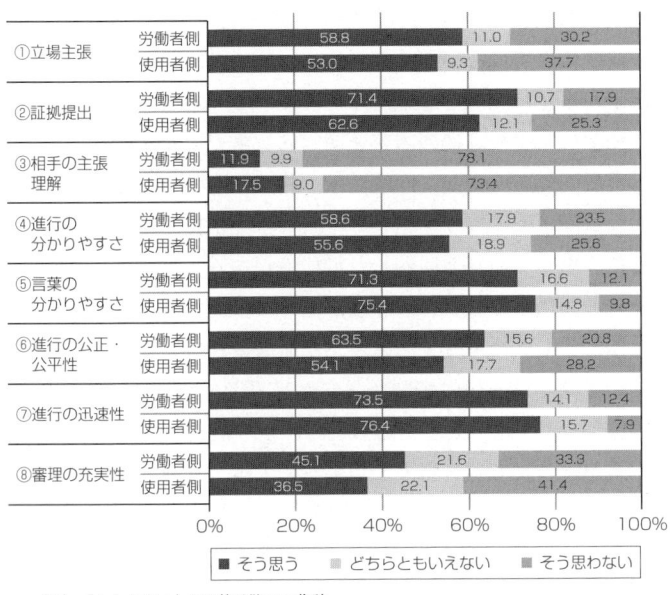

図表 11　手続・過程の評価

項目	区分	そう思う	どちらともいえない	そう思わない
①立場主張	労働者側	58.8	11.0	30.2
	使用者側	53.0	9.3	37.7
②証拠提出	労働者側	71.4	10.7	17.9
	使用者側	62.6	12.1	25.3
③相手の主張理解	労働者側	11.9	9.9	78.1
	使用者側	17.5	9.0	73.4
④進行の分かりやすさ	労働者側	58.6	17.9	23.5
	使用者側	55.6	18.9	25.6
⑤言葉の分かりやすさ	労働者側	71.3	16.6	12.1
	使用者側	75.4	14.8	9.8
⑥進行の公正・公平性	労働者側	63.5	15.6	20.8
	使用者側	54.1	17.7	28.2
⑦進行の迅速性	労働者側	73.5	14.1	12.4
	使用者側	76.4	15.7	7.9
⑧審理の充実性	労働者側	45.1	21.6	33.3
	使用者側	36.5	22.1	41.4

(注)　「わからない」の回答は除いて集計。

2　手続・過程の評価

　労働審判手続の過程や経過について，当事者の評価は全体として高い（図表11）。

　労働者側，使用者側とも，「①自分の側の立場を十分に主張できた」「②自分の側の証拠を十分に提出できた」「④手続の一連の進み方は分かりやすかった」「⑤使われていた言葉は分かりやすかった」「⑥手続の進み方は公正・公平だった」「⑦手続は迅速に進められた」の6項目で，「そう思う」の肯定的な評価が5割を超えている。特に「言葉は分かりやすかった」および「手続は迅速に進められた」の2項目では，労働者側，使用者側とも回答者の7割以上が「そう思う」と回答している。ここでも「迅速性」の評価が高いことが注目されると同時に，口頭主義・直接主義を徹底する運用の中で，当事者にとって分かりやすい言葉づかいや進行が行われていることを示す結果となっている。

　他方，全体として手続の過程や経過について当事者の肯定的評価が多い中で，

「③相手側の主張・立証を十分に理解できた」だけは,「そう思う」の肯定的評価が,労働者側で11.9％,使用者側で17.5％と際立って低い。その理由は現時点ではつまびらかではないが,仮説的には2つの説明が考えられる。第1は,質問の表現が当事者に誤解を与えた可能性である。本来この質問は,労働審判手続の場で相手の主張や証拠の内容を明瞭に認識できたかどうかを確認する意図で用意した質問であったが,回答者は,相手の主張や証拠に正当な根拠があるかどうかの質問と受け取り,相手の主張には「根拠がない」「納得できない」の趣旨で「そう思わない」と回答した可能性がある。第2は,労働審判手続の実務のあり方と関係して当事者の評価が低くなっている可能性である。労働審判手続は全体として直接主義・口頭主義が徹底されているとはいえ,調停に向けた話合いの段階では,労働審判委員会が当事者を交互に呼び出して（他方当事者を一時退席させて）調停案をまとめる方法が一般的であるとも聞く。このような交互方式が行われている結果,相手側の主張・立証については理解が十分にできなかったとの印象が残った可能性も考えられる[20]。もし後者が妥当するならば,それは労働審判実務にとっての重要な問題の所在を意味し,今後さらに分析を深める必要がある。

3　労働審判官の評価・満足度

労働審判手続を担当した労働審判官（裁判官）についても,当事者の評価は全般的に高い（図表12）。

労働者側,使用者側とも,10項目中,「①中立的な立場で審理を行なった」「②言い分を十分に聞いてくれた」「③信頼できる人物だった」「④権威的・威圧的でなかった」[21]「⑤ていねいに接してくれた」「⑥法律上の問題点をわかりやすく説明してくれた」「⑨手続を適切に進めていた」「⑩審判員とよく協力していた」の8項目で,「そう思う」の肯定的な評価が5割を超えている（残り

---

[20]　本書第7章152頁注28）〔菅原郁夫執筆〕が,訴訟上の和解の研究結果に基づき,この可能性を示唆する。

[21]　この項目は調査票では「④権威的・威圧的だった」の表現となっており,したがって,他の項目とは異なり「そう思わない」が肯定的評価を示すことになるが,本稿では,他の項目にそろえて「そう思う」が肯定的評価となるように,回答を逆転させて,「権威的・威圧的でなかった（非権威性）」とした場合の回答の分布を示してある。以下,本稿において,「権威的・威圧的でなかった」または「非権威性」とある箇所はすべて同じである。

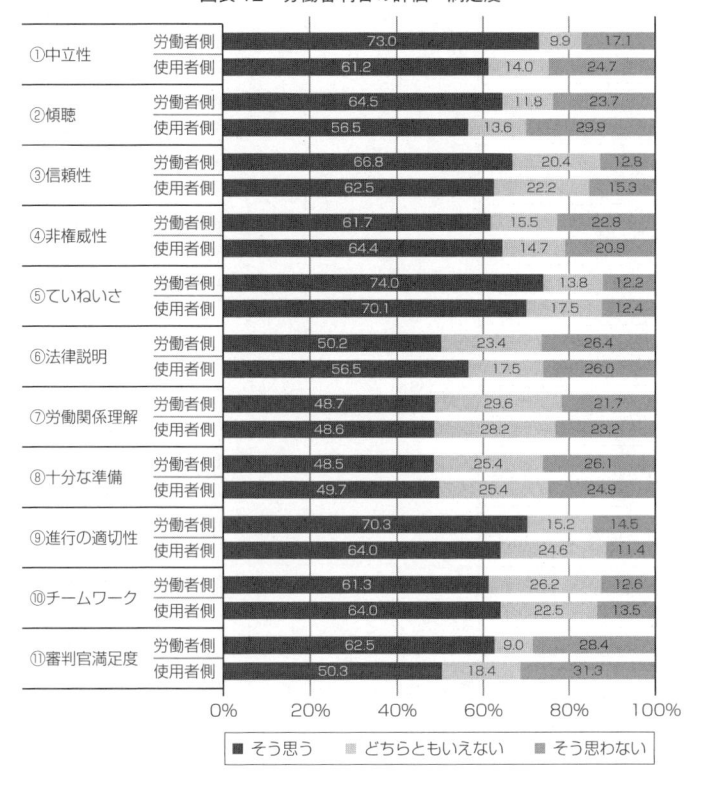

図表12 労働審判官の評価・満足度

		そう思う	どちらともいえない	そう思わない
①中立性	労働者側	73.0	9.9	17.1
	使用者側	61.2	14.0	24.7
②傾聴	労働者側	64.5	11.8	23.7
	使用者側	56.5	13.6	29.9
③信頼性	労働者側	66.8	20.4	12.8
	使用者側	62.5	22.2	15.3
④非権威性	労働者側	61.7	15.5	22.8
	使用者側	64.4	14.7	20.9
⑤ていねいさ	労働者側	74.0	13.8	12.2
	使用者側	70.1	17.5	12.4
⑥法律説明	労働者側	50.2	23.4	26.4
	使用者側	56.5	17.5	26.0
⑦労働関係理解	労働者側	48.7	29.6	21.7
	使用者側	48.6	28.2	23.2
⑧十分な準備	労働者側	48.5	25.4	26.1
	使用者側	49.7	25.4	24.9
⑨進行の適切性	労働者側	70.3	15.2	14.5
	使用者側	64.0	24.6	11.4
⑩チームワーク	労働者側	61.3	26.2	12.6
	使用者側	64.0	22.5	13.5
⑪審判官満足度	労働者側	62.5	9.0	28.4
	使用者側	50.3	18.4	31.3

の⑦⑧の2項目もほぼ5割に近い)。特に「⑤ていねいに接してくれた」は労働者側，使用者側ともに回答者の7割以上が「そう思う」と回答している。

労働審判官への全般的な満足度も，「満足している」の肯定的評価が，労働者側で62.5％，使用者側では50.3％と，いずれも5割を超えており，労働審判官に対する当事者の満足度は一般的に高いことが示されている。

4 労働審判員の評価・満足度

労働審判手続には，2名の労働審判員が参加している。本調査では，この2名の労働審判員を仮に審判員Aおよび審判員Bと呼ぶことにして，その印象・評価を尋ねた[22]。その結果は図表13-Aおよび図表13-B（いずれも次頁以

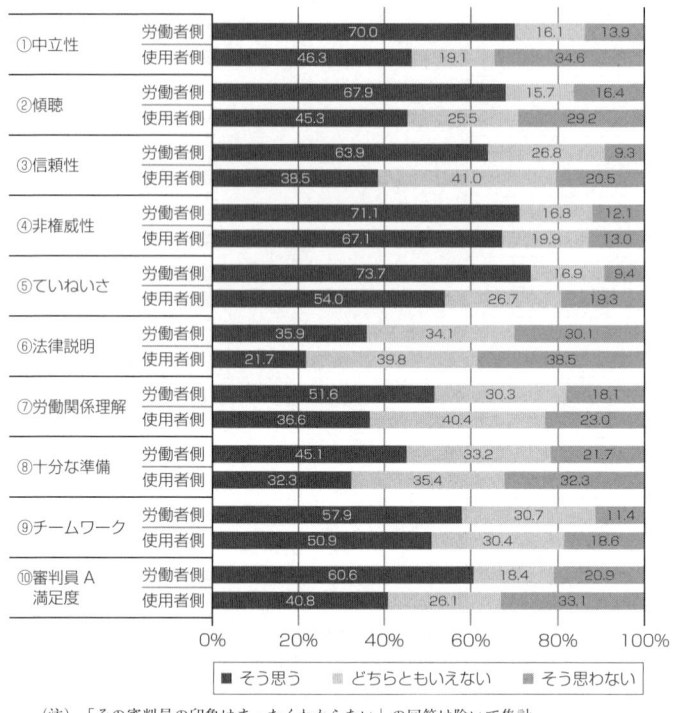

図表13-A 労働審判員Aの評価・満足度

項目	区分	そう思う	どちらともいえない	そう思わない
①中立性	労働者側	70.0	16.1	13.9
	使用者側	46.3	19.1	34.6
②傾聴	労働者側	67.9	15.7	16.4
	使用者側	45.3	25.5	29.2
③信頼性	労働者側	63.9	26.8	9.3
	使用者側	38.5	41.0	20.5
④非権威性	労働者側	71.1	16.8	12.1
	使用者側	67.1	19.9	13.0
⑤ていねいさ	労働者側	73.7	16.9	9.4
	使用者側	54.0	26.7	19.3
⑥法律説明	労働者側	35.9	34.1	30.1
	使用者側	21.7	39.8	38.5
⑦労働関係理解	労働者側	51.6	30.3	18.1
	使用者側	36.6	40.4	23.0
⑧十分な準備	労働者側	45.1	33.2	21.7
	使用者側	32.3	35.4	32.3
⑨チームワーク	労働者側	57.9	30.7	11.4
	使用者側	50.9	30.4	18.6
⑩審判員A満足度	労働者側	60.6	18.4	20.9
	使用者側	40.8	26.1	33.1

(注)「その審判員の印象はまったくわからない」の回答は除いて集計。

降）に示すとおりである。

　審判員Aについては，労働者側で「①中立的な立場で審理を行なった」「②言い分を十分に聞いてくれた」「③信頼できる人物だった」「④権威的・威圧的でなかった」「⑤ていねいに接してくれた」「⑦法律以外のことでも，労働関係のことをよく分かっていた」「⑨審判官やもう1人の審判員とよく協力していた」の7項目，使用者側で「④権威的・威圧的でなかった」「⑤ていねいに接してくれた」「⑨審判官やもう1人の審判員とよく協力していた」の3項目で「そう思う」の肯定的評価が5割を超え，審判員Bについては，労働者側で

22）なお，審判員Aおよび審判員Bの特定は回答者の判断に委ねられており，AおよびBと，労働者側団体および使用者側団体が推薦した審判員との間に系統的な対応関係はない。

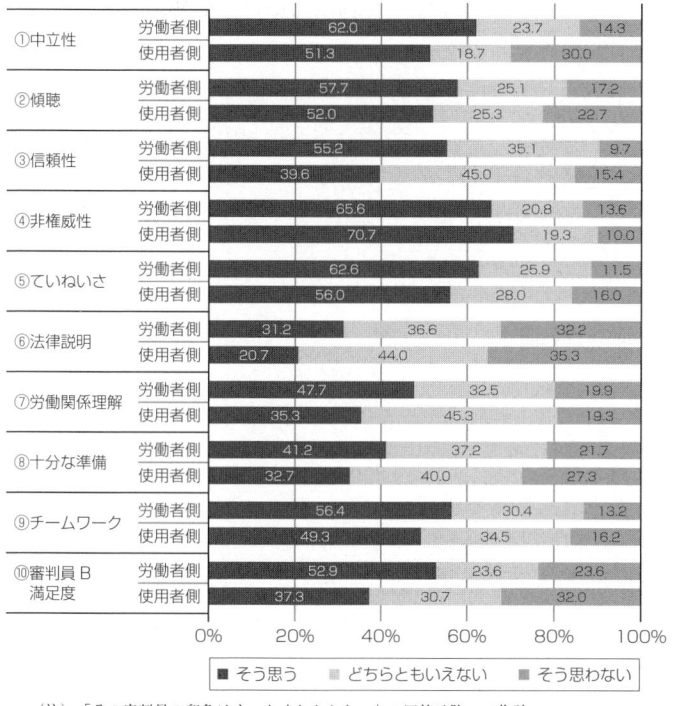

図表13-B　労働審判員Bの評価・満足度

項目	側	そう思う	どちらともいえない	そう思わない
①中立性	労働者側	62.0	23.7	14.3
	使用者側	51.3	18.7	30.0
②傾聴	労働者側	57.7	25.1	17.2
	使用者側	52.0	25.3	22.7
③信頼性	労働者側	55.2	35.1	9.7
	使用者側	39.6	45.0	15.4
④非権威性	労働者側	65.6	20.8	13.6
	使用者側	70.7	19.3	10.0
⑤ていねいさ	労働者側	62.6	25.9	11.5
	使用者側	56.0	28.0	16.0
⑥法律説明	労働者側	31.2	36.6	32.2
	使用者側	20.7	44.0	35.3
⑦労働関係理解	労働者側	47.7	32.5	19.9
	使用者側	35.3	45.3	19.3
⑧十分な準備	労働者側	41.2	37.2	21.7
	使用者側	32.7	40.0	27.3
⑨チームワーク	労働者側	56.4	30.4	13.2
	使用者側	49.3	34.5	16.2
⑩審判員B満足度	労働者側	52.9	23.6	23.6
	使用者側	37.3	30.7	32.0

（注）「その審判員の印象はまったくわからない」の回答は除いて集計。

「①中立的な立場で審理を行なった」「②言い分を十分に聞いてくれた」「③信頼できる人物だった」「④権威的・威圧的でなかった」「⑤ていねいに接してくれた」「⑨審判官やもう1人の審判員とよく協力していた」の6項目，使用者側で「①中立的な立場で審理を行なった」「②言い分を十分に聞いてくれた」「④権威的・威圧的でなかった」「⑤ていねいに接してくれた」の4項目で肯定的評価が5割を超えた。労働審判員に対する当事者の評価も概ね高いといえる。

ただ，図表13-Aおよび図表13-Bの数字を細かくみると，労働者側の回答と比べて，使用者側の回答で肯定的評価が少なめの項目が多い。例えば，労働審判員に期待されている〈労働関係に関する専門的な知識経験〉についての当事者の評価を測定することをねらった「⑦法律以外のことでも，労働関係のことをよく分かっていた」では，「そう思う」の肯定的評価が，審判員Aについ

ては，労働者側では 51.6% であるのに対して使用者側では 36.6%，審判員 B についても，労働者側では 47.7% であるのに対して使用者側では 35.3% と，使用者側の肯定的評価が少なくなっている。

また労働審判員に対する全般的な満足度を見ると，「満足している」の肯定的評価が，審判員 A について，労働者側では 60.6% であるのに対して使用者側では 40.8%，審判員 B についても，労働者側では 52.9% であるのに対して使用者側では 37.3% と，ここでも使用者側で肯定的評価が少なくなっている（この結果の解釈については後述 V 5）。

V 結果の評価

1 終 局 形 態

(1) 調停成立と労働審判告知の比率

労働審判手続の終局形態は，労働者側の回答では，「調停成立」が 81.9%，「労働審判告知」が 16.8%，「どちらかわからない」が 1.3%，使用者側の回答では，同じく 84.4%，14.5%，1.1% である。裁判所の統計によれば，2010 年の労働審判手続事件の終局事由別の内訳は，既済件数 3436 件中，調停成立が 70.8%，労働審判が 17.9%，24 条終了が 3.5%，取下げが 7.0%，却下・移送等が 0.8% である[23]。本調査の対象は調停成立および労働審判で終局した事件であるため，調停成立および労働審判で終了した事件（3047 件）に限ってその内訳をみると，調停成立で終了した事件が 79.8%，労働審判で終了した事件が 20.2% である。裁判所の統計と本調査の回答結果を比較すると，終局形態の内訳は，完全に一致しているとまではいえないものの，大きな偏りはないといえる。

(2) 調停不成立の理由

なお，労働審判告知で終了したと回答した当事者（労働者側 50 名，使用者側 26 名）に対して，その手続が調停で解決しなかった理由を尋ねたところ（複数

---
[23] 最高裁判所事務総局行政局・前掲注 12）82 頁第 11 表参照。

回答），労働者側では，「相手側（使用者側）が調停案を拒んだから」(54.3%)，「相手側（使用者側）が譲歩しなかったから」(50.0%) が多い。これに対して，使用者側では，「自分の会社・団体の側が正しいことをもっとはっきりさせたかったから」(54.2%)，「事実関係をもっとはっきりさせたかったから」(50.0%)，「審判官や審判員にもっと調べてもらいたかったから」(37.5%) の回答が多い。その他，使用者側では，「調停の進め方が不公正・不公平だったから」(29.2%)，「審判官や審判員が自分の会社・団体の側の話を十分に聞いてくれなかったから」(25.0%)，「労働審判委員会の公的な判断が欲しかったから」(20.8%) などの理由も比較的多く選択されている。労働者側と使用者側とでは，労働審判手続が調停で解決しなかった理由について異なった回答の傾向がみられる。

(3) 労働審判に対する異議率

労働審判告知で終了したと回答した当事者（人数は上述）に対して，異議申立ての有無を尋ねたところ，「自分の側だけが申し立てた」「相手の側だけが申し立てた」「双方が申し立てた」を合計した異議申立ての比率（異議率）は，労働者側の回答で 67.3%，使用者側の回答で 57.7% である。裁判所の統計によれば，2010 年の労働審判手続事件における労働審判に対する異議率は 59.4% であるので[24]，本調査の回答では，労働者側の回答で異議率が少し高めの数字となっている。

なお，調査結果から労働者側と使用者側のどちらが異議を申し立てたかを再計算すると[25]，労働者側が異議を述べた比率は，労働者側の回答で 22.4%，使用者側の回答で 26.9% であり，使用者側が異議を述べた比率は，労働者側の回答で 44.9%，使用者側の回答で 38.5% である。労使いずれの回答でも，使用者側による異議率の方が高くなっている。

---

24) 最高裁判所事務総局行政局・前掲注 12) 82 頁第 11 表参照。
25) 計算方法は，報告書 75 頁参照。

2 解決内容

(1) 当事者が得た権利

　労働審判手続の結果，労働者側がどのような権利・地位を得たかについて，労働者側，使用者側とも，「解決金などの金銭の支払い」を挙げた回答が圧倒的に多い（労働者側で 95.0％，使用者側で 89.2％）。これに対して，労働者側が「その会社で働く権利や地位（復職など）」を得たとの回答は，労働者側の回答で 4.0％，使用者側の回答で 4.3％ とあまり多くはない。

　他方，労働審判手続の結果，使用者側が得た権利・地位については（これは使用者側のみに対する質問である），「相手側（労働者）を退職扱いとする」が 52.2％ と最も多く，次いで，「自分の会社・団体に認められた権利や地位はない」(24.7％)，「その他」(14.3％)，「相手側（労働者）に金銭を支払う義務がないこと（の確認）」(9.3％) の順であった。使用者側で「相手側（労働者）を退職扱いとする」権利・地位を得たと回答した者について「解決金などの金銭の支払い」を行っているかどうかをみてみると，94.7％ が「行っている」と回答しており，労働者を退職扱いとした上で使用者が解決金を支払う解決が多いことが示されている。

(2) 解決金額

　「解決金などの金銭の支払い」の金額については，代表値をみると，労働者側では，最小値が 3 万円，最大値が 1468 万円，平均値が 144.9 万円，中央値が 100 万円，使用者側では，最小値が 10 万円，最大値が 1500 万円，平均値が 139.7 万円，中央値が 100 万円である。金額の分布は図表 14 が示すとおりであり，労働者側の回答では「1～50 万円未満」の金額帯，使用者側の回答では「50～100 万円未満」の金額帯が最も多く，また，労働者側，使用者側とも，全体の約 8 割が 200 万円未満の金額帯に含まれている[26]。

---

[26] 本調査から明らかになった解決金額が持つ意味については，第 5 章〔高橋陽子執筆〕でさらに掘り下げた分析が行われている。

図表14 「解決金などの金銭の支払い」の金額の分布

	労働者側の回答		使用者側の回答	
	人	%	人	%
1～50万円未満	71	26.1	31	20.3
50～100万円未満	62	22.8	45	29.4
100～150万円未満	44	16.2	25	16.3
150～200万円未満	37	13.6	20	13.1
200～250万円未満	16	5.9	13	8.5
250～300万円未満	9	3.3	4	2.6
300～400万円未満	16	5.9	9	5.9
400～500万円未満	7	2.6	0	0.0
500万円以上	10	3.7	6	3.9
合計	272	100.0	153	100.0

3 結果の有利・不利

調停ないし審判の結果が全体として回答者にとって有利であったか不利であったかの質問について，労働者側では，「有利」が61.2％，「中間・どちらともいえない」が14.5％，「不利」が24.3％，これに対して，使用者側では，同じく26.6％，20.7％，52.7％であった。労働者側では「有利」の回答が6割と多く，逆に使用者側では5割以上が「不利」の回答であった。

4 結果の評価・満足度

調停ないし審判の結果については，労働者側の回答と使用者側の回答とで評価が大きく分かれた。労働者側では肯定的評価が多いのに対して，使用者側では少ない（次頁・図表15）。

労働者側では，個別の評価項目9項目中8項目で「そう思う」の肯定的評価が5割を超えており，特に「⑨同じような問題で困っている知人がいたら，労働審判手続で問題を解決するように勧める」（74.7％）では7割以上が「そう思う」と回答している。これに対して，使用者側の回答では，全般的に「そう思う」の肯定的評価は少なく，上位2つの「③今回の結果は法律上の権利・義務をふまえている」（42.5％）および「⑥実現が大いに期待できる」（41.2％）でも「そう思う」は4割程度にとどまっている。

第I部 序　論

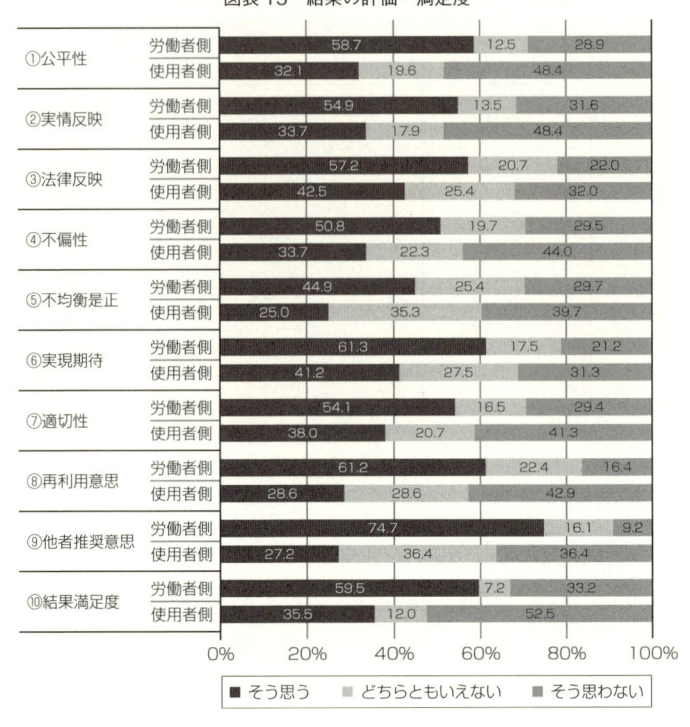

図表15　結果の評価・満足度

		そう思う	どちらともいえない	そう思わない
①公平性	労働者側	58.7	12.5	28.9
	使用者側	32.1	19.6	48.4
②実情反映	労働者側	54.9	13.5	31.6
	使用者側	33.7	17.9	48.4
③法律反映	労働者側	57.2	20.7	22.0
	使用者側	42.5	25.4	32.0
④不偏性	労働者側	50.8	19.7	29.5
	使用者側	33.7	22.3	44.0
⑤不均衡是正	労働者側	44.9	25.4	29.7
	使用者側	25.0	35.3	39.7
⑥実現期待	労働者側	61.3	17.5	21.2
	使用者側	41.2	27.5	31.3
⑦適切性	労働者側	54.1	16.5	29.4
	使用者側	38.0	20.7	41.3
⑧再利用意思	労働者側	61.2	22.4	16.4
	使用者側	28.6	28.6	42.9
⑨他者推奨意思	労働者側	74.7	16.1	9.2
	使用者側	27.2	36.4	36.4
⑩結果満足度	労働者側	59.5	7.2	33.2
	使用者側	35.5	12.0	52.5

　労働者側と使用者側の回答のこのような違いは，結果に対する満足度にもはっきりと現われている。今回の労働審判手続の結果について，労働者側ではほぼ6割（59.5%）が「満足している」と肯定的な評価をしているのに対して，使用者側で「満足している」の肯定的評価は35.5%にとどまり，逆に半数以上（52.5%）が「満足していない」の否定的評価である。

5　使用者側の評価の低さについて

　以上のとおり，本調査の結果では，労働審判員の評価・満足度（Ⅳ 4），結果の有利・不利（Ⅴ 3），結果の評価・満足度（Ⅴ 4）の各項目で，労働者側に比べて使用者側で評価・満足度が系統的に低い傾向がみられる。この点は本調査の結果の重要な特徴の1つであり，本書の各章でも様々な角度から分析が試みられている[27]。詳細は各章に譲るが，分析の視角や方法はそれぞれに異なるものの，

分析結果の基本的な方向性としては，①使用者側といっても規模の大きな企業と中小零細企業との間には違いがあり，各種の評価・満足度が系統的に低いのは中小零細企業の使用者であること，その上で，②中小企業の使用者の評価の低さは，必ずしも労働審判制度の病理的課題というわけではなく，むしろこの制度の正常な機能を示すものであることの2点が示されているように思われる。

Ⅵ 弁護士の評価

1 弁護士の評価・満足度

労働審判手続については，原則として3回以内の期日で迅速な審理が行われるため，手続の早期の段階から十分な主張・立証を行う必要があり，弁護士が代理人になることが望ましいと指摘されている。実際，本調査の結果でも弁護士依頼率は高かった（前述Ⅱ4）。弁護士を依頼したと回答した当事者に対してその弁護士の評価を尋ねたところ，労働者側，使用者側とも，弁護士に対する評価は非常に高い（次頁・図表16）。労働者側，使用者側とも，11項目すべてで「そう思う」の肯定的評価が5割を超え，肯定的評価が8割あるいは9割に達する項目も少なくない。弁護士に対する満足度の点でも，労働者側，使用者側とも，8割以上が「満足している」と肯定的に評価している。

2 弁護士依頼をめぐる課題

他方，弁護士の依頼をめぐっては，調査結果から，いくつかの課題も明らかになった。

第1に，既に述べたように（前述Ⅳ1(2)参照），弁護士費用が，当事者の費用面での負担を重くしている可能性がある。

第2に，本調査の結果からは，弁護士を依頼する機会が不平等に分布している可能性も明らかになった。先にみたように，労働者側，使用者側とも弁護士依頼率が高いが，細かく見れば，労働者側では81.2%であるのに対して使用

---

27) 特に，第4章〔佐藤岩夫執筆〕，第5章〔髙橋陽子執筆〕，第9章〔水町勇一郎執筆〕，第12章〔中山慈夫執筆〕，第13章〔仁田道夫執筆〕参照。

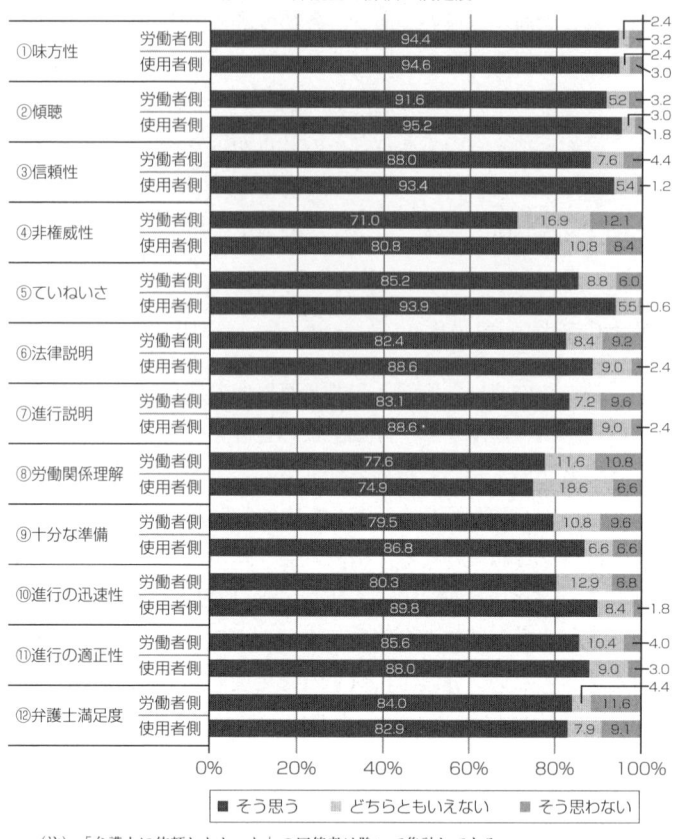

図表 16　弁護士の評価・満足度

項目	区分	そう思う	どちらともいえない	そう思わない
①味方性	労働者側	94.4	3.2	2.4
	使用者側	94.6	2.4	3.0
②傾聴	労働者側	91.6	5.2	3.2
	使用者側	95.2	3.0	1.8
③信頼性	労働者側	88.0	7.6	4.4
	使用者側	93.4	5.4	1.2
④非権威性	労働者側	71.0	16.9	12.1
	使用者側	80.8	10.8	8.4
⑤ていねいさ	労働者側	85.2	8.8	6.0
	使用者側	93.9	5.5	0.6
⑥法律説明	労働者側	82.4	8.4	9.2
	使用者側	88.6	9.0	2.4
⑦進行説明	労働者側	83.1	7.2	9.6
	使用者側	88.6	9.0	2.4
⑧労働関係理解	労働者側	77.6	11.6	10.8
	使用者側	74.9	18.6	6.6
⑨十分な準備	労働者側	79.5	10.8	9.6
	使用者側	86.8	6.6	6.6
⑩進行の迅速性	労働者側	80.3	12.9	6.8
	使用者側	89.8	8.4	1.8
⑪進行の適正性	労働者側	85.6	10.4	4.0
	使用者側	88.0	9.0	3.0
⑫弁護士満足度	労働者側	84.0	11.6	4.4
	使用者側	82.9	7.9	9.1

（注）「弁護士に依頼しなかった」の回答者は除いて集計してある。

者側では 90.8％ と，使用者側で弁護士依頼率がより高い状況である。また，同じ労働者側であっても，収入の多寡や正規・非正規の違いによって，弁護士依頼率には違いがみられる。労働審判手続の原因となった問題が生じる直前の年収を「400 万円以上」と「400 万円未満」との 2 階級に分けて比較してみると，「400 万円以上」のグループでは 87.0％ が弁護士に依頼しているのに対して，「400 万円未満」のグループでは 79.1％ と差がある。また，労働審判の原因となった問題が起こった当時の働き方について「正規の社員・従業員」と「非正規の社員・従業員（パート・アルバイト・契約社員・嘱託・派遣社員等）」に

分けて比較してみると,「正規」では 84.7% が弁護士を依頼しているのに対して,「非正規」では 70.9% と差がある。調査結果からは,年収が低い層や非正規雇用の場合に弁護士を依頼しにくくなっている可能性が示唆される。

Ⅶ 労働審判手続で重要と考える特徴

最後に,今回の経験に照らして,労働審判制度の特徴のそれぞれについて重要と思うかどうかを尋ねたところ,図表17（次頁）に示す結果となった。

労働者側では,「重要だと思う」の回答が,「②法的な権利関係をふまえた制度であること」(93.5%) と「①裁判所で行なわれる手続であること」(92.5%)で9割を超え,「⑤労使双方から選ばれた労使関係に関する専門的な知識や経験を有する審判員が手続に参加すること」(83.9%),「⑦当事者本人が口頭で事情を説明すること」(83.6%),「⑩裁判（訴訟）の判決に比べて,事件の実情や当事者の事情に応じた柔軟な解決が可能であること」(81.4%),「④手数料が裁判（訴訟）の半額程度であること」(80.3%) で8割を超えた。「③原則として3回以内の期日で終了すること」(76.3%),「⑨手続のなかで,適宜,調停による解決が試みられること」(76.2%),「⑪労働審判に異議の申立てがあると裁判（訴訟）に移行する手続であること」(72.2%) でも7割を超えている。

使用者側は,全体として,「重要だと思う」の回答が労働者側より少ない傾向がみられるが,「⑦当事者本人が口頭で事情を説明すること」(82.0%),「①裁判所で行なわれる手続であること」(80.1%) で8割,「⑨手続のなかで,適宜,調停による解決が試みられること」(75.1%),「②法的な権利関係をふまえた制度であること」(73.9%),「③原則として3回以内の期日で終了すること」(72.0%),「⑩裁判（訴訟）の判決に比べて,事件の実情や当事者の事情に応じた柔軟な解決が可能であること」(71.1%) で7割を超えた。

労働者側,使用者側とも,「裁判所で行なわれる手続であること」を重要だと考えているほか,「当事者本人が口頭で事情を説明すること」が重要だと考える回答が労働者側,使用者側とも8割を超えたことが注目される。

なお,これらの特徴の中から最も重要だと考える特徴を1つだけ選ぶ質問では,労働者側,使用者側とも,「①裁判所で行なわれる手続であること」（労働者側で 20.4%,使用者側で 17.6%）,「③3回以内の期日で終了すること」（労働者

第Ⅰ部　序　論

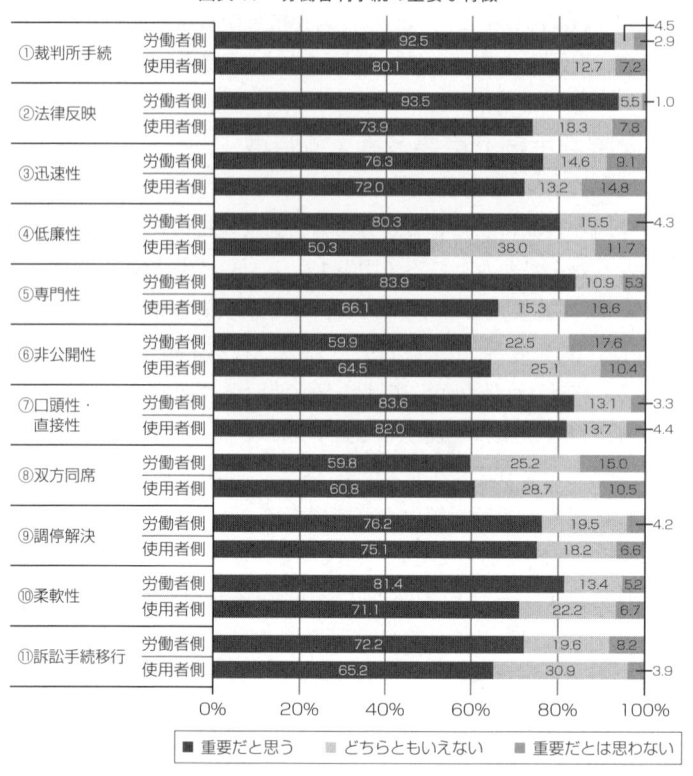

図表17　労働審判手続の重要な特徴

項目	側	重要だと思う	どちらともいえない	重要だとは思わない	無回答
①裁判所手続	労働者側	92.5		4.5	2.9
	使用者側	80.1	12.7	7.2	
②法律反映	労働者側	93.5		5.5	1.0
	使用者側	73.9	18.3	7.8	
③迅速性	労働者側	76.3	14.6	9.1	
	使用者側	72.0	13.2	14.8	
④低廉性	労働者側	80.3	15.5	4.3	
	使用者側	50.3	38.0	11.7	
⑤専門性	労働者側	83.9	10.9	5.3	
	使用者側	66.1	15.3	18.6	
⑥非公開性	労働者側	59.9	22.5	17.6	
	使用者側	64.5	25.1	10.4	
⑦口頭性・直接性	労働者側	83.6	13.1	3.3	
	使用者側	82.0	13.7	4.4	
⑧双方同席	労働者側	59.8	25.2	15.0	
	使用者側	60.8	28.7	10.5	
⑨調停解決	労働者側	76.2	19.5	4.2	
	使用者側	75.1	18.2	6.6	
⑩柔軟性	労働者側	81.4	13.4	5.2	
	使用者側	71.1	22.2	6.7	
⑪訴訟手続移行	労働者側	72.2	19.6	8.2	
	使用者側	65.2	30.9	3.9	

側で13.8％，使用者側で12.1％）を選択したものが多かった。その一方で，労働者側と使用者側で違いがある項目もみられ，「②法的な権利関係をふまえた制度」であることを最も重要だと考える回答者は，労働者側では21.1％いるのに対して，使用者側では10.4％であった。逆に，「⑩裁判（訴訟）の判決に比べて，事件の実情や当事者の事情に応じた柔軟な解決が可能であること」を最も重要だと考える回答者は，使用者側では15.9％いるのに対し，労働者側では8.9％であった。裁判所で行われる迅速な解決手続であることを基本的な前提に，労働者側では，法的な権利義務を踏まえたものであることを重視し，使用者側では，事件の実情や当事者の事情に応じた柔軟な解決への期待が高いという結果がみられた。

Ⅷ　むすび

　以上のとおり，本調査の結果は，労働審判制度の実際の利用者の経験およびそれに基づく意見・評価について，興味深い知見をもたらしている。本書では，以下，第Ⅱ部の各章で調査結果のさらに掘り下げた分析が試みられ，また，第Ⅲ部の各章では，本調査の結果を踏まえて，労働審判制度の今後のあり方等についての検討と提言が予定されている。詳細は各章に譲り，ここでは最後に，本調査の学術的・方法的意義について一言触れて，本稿の結びとしたい。

　裁判所の非公開の手続についての大規模かつ信頼できる学術調査は，日本ではこれまで先例がほとんどなく，今回の調査は，調査方法についても手探りの状態で検討を進める必要があった。とりわけ裁判所の非公開の手続では，当事者の調査協力意思の確認には最大限慎重な注意を払う必要があることから，本調査は，2段階で当事者の同意を得る慎重かつ複雑な方法となったことは上述のとおりである。

　調査実施前には，このような複雑な方法によってどれだけ多くの当事者の協力が得られるか不安もあったが，結果として，最終的に494票の有効調査票を回収することができ，回収率も27.7％を得られたことは，本調査のとった方法が一定程度有効な方法であったことを示している。その意味で，本調査は，回答結果の重要性はもちろんであるが，裁判所の非公開の手続についての新しい調査方法を開拓し，この領域での今後の調査研究に道筋をつけた点でも重要な学術的貢献を果たせたと考えている。裁判所の紛争処理手続については，訴訟および労働審判以外にも，民事調停，家事調停，家事審判など学術的な解明が待たれる多くの分野がある。もとより，本調査は方法的・内容的にいくつかの重要な課題も残したが[28]，それらの点の検討も含めて，本調査の経験が，今後，各分野での調査研究の発展にとって参考となれば幸いである。

---

28) 例えば，方法的には，本調査は労働者側・使用者側双方を調査の対象としているが，同一事案についての両者の回答の比較対照（マッチング分析）を可能とする調査設計にはできなかったこと，内容的には，事案および解決内容の詳細に踏み込んで質問することができなかったこと（本書第1章19頁Ⅳ〔菅野和夫執筆〕の指摘も参照）などの点がある。いずれも，今回の調査では諸般の事情から実現できなかったものであるが，今後に向けての課題である。

第II部
利用者からみた労働審判制度(分析編)

法社会学,法心理学,労働経済学を専門とする研究者が,
労働審判制度利用者調査の結果について,
詳細な実証分析と考察を行う。

第3章 労働審判制度利用者の動機と期待

分析編

飯田 高
IIDA Takashi

● ABSTRACT ●

　本稿では，労働審判の当事者の動機や期待を支える意識構造の一端を探っている。ここではその方法として「因子分析」という統計的解析手法を用いた。その結果，次のようなことが明らかとなった。(i) 審判を申し立てる労働者側も，あるいは相手方となる使用者側も，複数のベクトルから構成される動機や期待を抱いている。具体的には，「真実を明らかにしてどちらが正しいかをはっきりさせたい」，「自分が抱えている問題を議論の対象にしたい」，「自分の精神的利益（自由や名誉・自尊心）を守りたい」といった複数の動機や期待である。(ii) ところが，「経済的利益を守りたい」という動機や期待に関しては，労働者側と使用者側の間でその位置付けが異なっている。(iii) さらに，事件類型や結果の評価と当事者の動機・期待がどのように関係しているかを調べてみると，労働者側と使用者側ではまた違ったパターンが観察される。

I　はじめに

　当事者は何を期待して労働審判を利用したのか。当事者が労働審判を選択した理由は，事件類型とどのように関連しているのか。そして，当事者の利用動機は結果の評価にいかなる影響を与えているのか。「労働審判制度利用者調査」のデータを分析し，これらの問いに答えていくことが本稿の課題である。

　先に結論の一部だけをごく簡単に記しておこう。当事者の動機や期待は，方向の異なる複数のベクトルから構成されている。審判を申し立てる労働者側も，

あるいは相手方となる使用者側も，複数の因子からなる動機や期待を抱いているという点では類似している。その一方で，労働者側と使用者側の動機や期待には大きな相違点もみられる。

本稿で主として用いる統計的手法は因子分析である。因子分析についての解説も適宜加えながら，上記の問いに順次取り組んでいくことにしたい。

II 審判利用動機の構造

1 利用動機の概観

この調査の問12では，当事者が労働審判手続を申し立てた理由は何であったか（または労働審判手続に何を期待したか）を尋ねている[1]。手始めとして，この問いに対する回答結果を概観しておきたい。図表1（次頁）は，労働者（ほとんどの場合は申立人）が問12でどのように回答したかを示している[2]。

「強くあてはまる」を5，「まったくあてはまらない」を1とした5段階スケールに基づいて平均値を計算すると，最も高いのは「公正解決」の項目であり（平均値4.84），以下，「白黒明確」（4.77），「事実解明」（4.73）と続く[3]。反対に，平均値が低いのは「自由・プライバシー」（3.04），「相手との対話機会」（3.39），「社会的利益」（3.90）である。

---

1) 問12の質問文（A票）は「労働審判手続を申し立てた理由についておたずねします。次の理由について，どのくらい強くそう思ったか，それぞれについてあてはまるものを1つずつ選んで，番号に○をつけてください」という文言になっており，「あなたが労働審判手続を申し立てられた側の場合は，労働審判手続に何を期待したかについてお答えください」という注記が付されている。「理由」と「期待」あるいは「動機」はそれぞれ意味がやや異なっているように思える（IV2(3)も参照）が，回答者がこの質問文をどのように読み取って答えたのかが判然としないので，以下ではあえて意味を峻別せずに述べていくことにする。
2) 労働者のうち，申立人になっているのは99.3％に達している（問2）。「労働者」ではなく「申立人」を対象として分析する方が厳密ではある。しかし，本稿の結果に大きな違いは生じないため，直感的にも分かりやすい「労働者」を分析対象としている。労働者側の全回答者数は309名であるが，項目ごとに欠損値が若干みられる。図表1（次頁）を含めて，本稿で登場するパーセンテージは欠損値を除いた上で計算した値である。
3) 元の質問票では，「強くあてはまる」に1，「まったくあてはまらない」に5の数値が割り当てられている。感覚的な理由から，本稿では数値を逆にして計算した。以下の記述でも同様である。

図表1　労働審判を利用した理由（労働者側）

		強く あてはまる	少し あてはまる	どちらとも いえない	あまり あてはまら ない	まったく あてはま らない	小計
① 名誉・自尊心	度数	181	58	29	21	17	306
(1.20)	%	59.2	19.0	9.5	6.9	5.6	100.0
② 経済的利益	度数	157	88	28	23	11	307
(1.10)	%	51.1	28.7	9.1	7.5	3.6	100.0
③ 自由・プライバシー	度数	64	63	62	50	64	303
(1.44)	%	21.1	20.8	20.5	16.5	21.1	100.0
④ 権利実現	度数	207	74	20	5	2	308
(0.74)	%	67.2	24.0	6.5	1.6	0.6	100.0
⑤ 公正解決	度数	271	28	7	2	0	308
(0.47)	%	88.0	9.1	2.3	0.6	0.0	100.0
⑥ 強制的解決	度数	239	41	16	8	4	308
(0.81)	%	77.6	13.3	5.2	2.6	1.3	100.0
⑦ 事実解明	度数	251	37	12	5	2	307
(0.67)	%	81.8	12.1	3.9	1.6	0.7	100.0
⑧ 白黒明確	度数	256	37	9	3	2	307
(0.61)	%	83.4	12.1	2.9	1.0	0.7	100.0
⑨ 公的議論	度数	186	56	40	16	9	307
(1.06)	%	60.6	18.2	13.0	5.2	2.9	100.0
⑩ 審判官・審判員との対話	度数	144	86	48	19	9	306
(1.07)	%	47.1	28.1	15.7	6.2	2.9	100.0
⑪ 相手との対話機会	度数	83	80	57	44	41	305
(1.37)	%	27.2	26.2	18.7	14.4	13.4	100.0
⑫ 社会的利益	度数	127	78	62	24	16	307
(1.18)	%	41.4	25.4	20.2	7.8	5.2	100.0
⑬ 訴訟より適切	度数	118	81	81	15	11	306
(1.08)	%	38.6	26.5	26.5	4.9	3.6	100.0

※項目名称に併記されているカッコ内の数字は標準偏差

　図表1からは，回答のばらつき方が項目によって異なっているということがみて取れる。例えば，「自由・プライバシー」，「相手との対話機会」，「名誉・自尊心」といった項目ではばらつきが大きい。実際，標準偏差はそれぞれ「自由・プライバシー」では1.44，「相手との対話機会」では1.37，「名誉・自尊心」では1.20となっている。逆に，「公正解決」の標準偏差は0.47しかない。

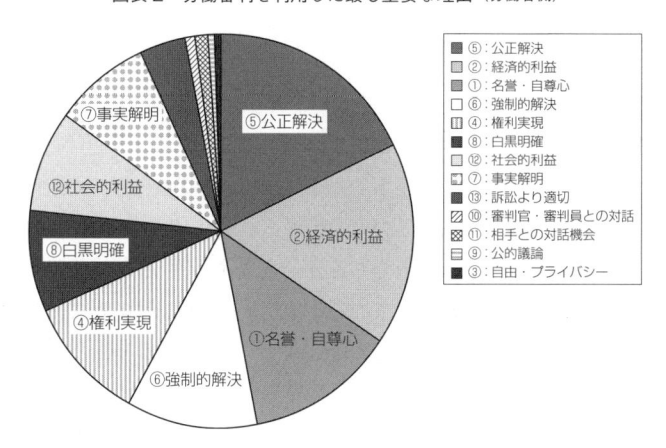

図表2 労働審判を利用した最も重要な理由（労働者側）

凡例：
- ⑤：公正解決
- ②：経済的利益
- ①：名誉・自尊心
- ⑥：強制的解決
- ④：権利実現
- ⑧：白黒明確
- ⑫：社会的利益
- ⑦：事実解明
- ⑬：訴訟より適切
- ⑩：審判官・審判員との対話
- ⑪：相手との対話機会
- ⑨：公的議論
- ③：自由・プライバシー

　この質問と併せて，問12の付問では，動機や期待のうちで最も重要だと思われたものを選んでもらっている。その回答の結果を円グラフで表わしたのが図表2である。図表1からも図表2からも，「公正解決」を望んだ労働者が多かったことが分かるが，今度は「経済的利益」が2位に浮上している。

　とはいえ，それぞれの動機・期待の割合はかなり拮抗しており，しかも意味合いが重複していると考えられる項目も散見される。例えば，「事実関係をはっきりさせる」（⑦）という点を重くみる人は，「白黒をはっきりさせる」（⑧）という点を重くみる傾向があるかもしれない。また，「公的な場で議論したい」という項目（⑨）に「強くあてはまる」と答える人は，「労働審判官・審判員に話を聞いてもらいたい」という項目（⑩）にも同様に「強くあてはまる」と答える傾向があるかもしれない。そうだとすると，図表2のような「最も重要な理由」に対する回答のみでは，当事者の動機や期待を理解するのには十分でない。図表1はまだましに思えるが，当事者の動機や期待の有り様がこれだけでみえてくるとはいい難い。

　回答の背後にある，当事者の動機や期待の構造を探る——この助けとなるのが因子分析という手法である。因子分析を用いると，各項目で述べられている個別の動機や期待が少数の「因子」にまとめられる。つまり，より少ない数の構造的な因子によって，当事者の審判利用行動が説明できるのである。

2 因子分析とは

本当に調べたいものは，そのとおりの形で表に出てくるとは限らない。問12の質問はいろいろな項目を設けてはいるが，私たちが知りたい「当事者の動機や期待」の一部をとらえているにすぎない。

因子分析では，直接には観測されない何らかの因子が当事者の回答（観測される変数）に影響を与えている，と仮定される。この因子が当事者の動機や期待を記述するための鍵となるものであるが，私たちが使えるのは質問票への回答だけである。観測される変数（ここでは質問票への回答）の間に存在する相関関係を分析し，直接には把握できないそのような因子を探ることが因子分析の目的である。

問12の質問に即して具体的に述べよう。まず，当事者の動機や期待には何種類かの軸があると想定される。例としては「自分の利益を実現する」「十分な議論を行う」といった軸が考えられるが，要するにこの軸が「因子」（あるいは「共通因子」）と呼ばれる潜在変数である。因子の中身はあらかじめ決まっているわけではなく，後から解釈を行って各因子に適切な名称を付けることになる。

当事者の中には，自分の利益を重視する人もいれば，十分な議論を目指す人もいるだろう。各当事者の動機や期待は，軸に沿って様々に位置付けられる。自分の利益を重視している場合，例えば「権利実現」や「経済的利益」といった項目に「あてはまる」と答える可能性が高くなるであろう。同様に，議論を重視している場合は「公的議論」「相手との対話機会」などの項目で「あてはまる」と答える傾向が強くなると考えられる。

個々の項目への回答は，ただ因子のみによって決まるのではない。因子分析では，それぞれの項目に対して個別にしか影響を与えない要因（「独自因子」）も存在すると仮定される。例えば，当事者が金銭面をことさら重視している場合，その事情は「経済的利益」という項目にしか反映されないかもしれない。以上で述べたことを図にして表現したのが図表3である（とりあえず因子数は2としている）。

個々の質問項目に対する回答と因子の関係を式で示すと次のようになる。回答者をAさんとし，「事実解明」の項目を例にとると，

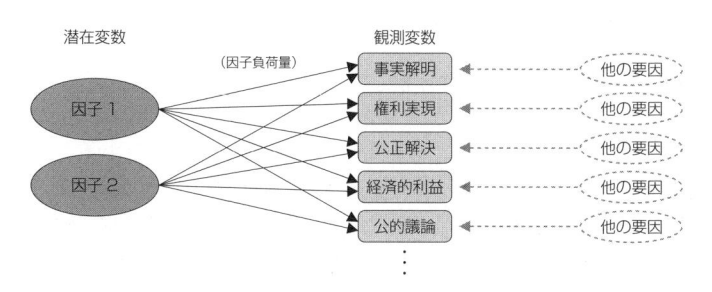

第 3 章　労働審判制度利用者の動機と期待

図表 3　因子分析の考え方（2 因子の場合）

```
潜在変数              観測変数
          （因子負荷量）
                    ┌─事実解明─┐ ⇠ 他の要因
   因子 1           ├─権利実現─┤ ⇠ 他の要因
                    ├─公正解決─┤ ⇠ 他の要因
   因子 2           ├─経済的利益┤ ⇠ 他の要因
                    └─公的議論─┘ ⇠ 他の要因
                       ⋮
```

　Ａさんの「事実解明」への回答
　＝　「事実解明」への回答が「因子 1」に影響される度合　×　Ａさんの「因子 1」の強度
　＋　「事実解明」への回答が「因子 2」に影響される度合　×　Ａさんの「因子 2」の強度
　＋　他の要因による影響

と表わせる（他の回答者・他の項目についても同様に表わされる）。このうち，「因子に影響される度合」（枠で囲った部分）は「因子負荷量」と呼ばれ，回答者が誰であっても同一の値になるものと仮定されている。因子負荷量は一般に－1から＋1の間の値をとり，絶対値が大きいほど影響も大きいと解釈できる。一方，「因子の強度」は回答者によって異なる値をとる変数であり，こちらは「因子得点」と呼ばれる。言い換えると，因子負荷量は因子が質問項目にどのくらい関連しているかを示す数値，因子得点は個人が各因子をどの程度重視しているかを示す数値だということになる。

　質問項目への回答という観測変数をもとにして，因子負荷量を推定したり，因子得点を計算したりするのが因子分析である。そうすることによって，データの中にみられる複雑な相関関係を単純化し，質問項目や回答者の類似度を調べることができる。回答の背後にある当事者の動機や期待の構造を推測するという本稿の目的を果たすためには，因子分析が適しているのである。

　本稿は統計的手法の解説に主眼が置かれているわけではないので，因子負荷量や因子得点を数学的にどのように導出するかについての説明は省略する[4]。

---

4)　因子分析の詳細については，芝祐順・因子分析法〈第 2 版〉（1979），柳井晴夫＝繁桝算男＝前川眞一＝市川雅教・因子分析――その理論と方法（1990），あるいは南風原朝和・心理統計学の基礎（2002）317 頁以下を参照。

以下の叙述を読むにあたっては，いま述べた用語の意味を押さえていれば問題ない（テクニカルな話はなるべく脚注に回している）。

3 当事者の動機・期待の分析

(1) 労働者側

労働者側（A票）の309名の回答をベースとして因子分析を行い，得られた因子負荷量が図表4である。因子分析においては，因子の意味を解釈しやすくするために因子軸の回転を行うことがあるが，図表4はそのような回転を施した後の数値となっている[5]。

ここでは主因子法と呼ばれる方法で因子を抽出し，因子の数を4つとしている（この表では，「社会的利益（⑫）」と「訴訟より適切（⑬）」の2項目を除外して計算した結果を掲げている。これら2項目は4つの因子に大きな影響を与えていないからである）[6]。この表では0.4以上の因子負荷量を太字で示しているが，これは当該因子が大きく反映されていると判断できる項目を表わしている[7]。

因子負荷量をみると，第1因子は「事実解明（⑦）」の項目と強く関連しており，「強制的解決（⑥）」「白黒明確（⑧）」「公正解決（⑤）」の諸項目とも関連していることが分かる。これらの共通項を抽出して第1因子が何を反映しているかを検討するわけだが，この因子は「真実を明らかにしてどちらが正しいかをはっきりさせたい」という動機や期待を反映している，と考えられる[8]。

---

[5] 因子軸を回転するという場合，項目間の相互の関係は一切変えずに因子軸だけを回転させる。因子軸をうまく回転させれば，因子負荷量（これは因子軸の座標として表わされる）の大小が明瞭になるため，解釈がより容易になるのである。因子軸が互いに直交するという性質を保ったまま回転させる方法を「直交回転」，各因子軸を独立に回転させる方法を「斜交回転」と呼ぶ。それぞれに一長一短があるが，ここでは斜交回転（プロマックス回転）を用いている。

[6] 理論上，因子は項目と同じ数だけ出てくる。しかしそれでは分析の意味がないので，因子の数を絞り込んで構造を単純化するのが普通である。因子数を決定する基準は何種類かあるが，本稿では固有値が1以上となっている因子に絞るという基準を使っている。詳しくは前掲注4）の文献を参照。

[7] ここでは慣例に従い0.4以上を基準としている。

[8] 本稿では質問項目を略称で示しているが（略称については巻末「調査項目表」参照），因子の内容を検討する際には元の質問文を参照する必要がある。第1因子と関連する質問項目はそれぞれ「労働審判によって事実関係をはっきりさせたかった」，「労働審判によって強制力のある解決を得たかった」，「労働審判によって白黒をはっきりさせたかった」，「労働審判によって公正な解決を得たかった」という文言になっている。

図表4　労働者側の動機・期待 —— 回転後の因子負荷量

	因子			
	1	2	3	4
⑦ 事実解明	**.774**	−.024	−.009	−.090
⑥ 強制的解決	**.515**	−.071	−.070	.213
⑧ 白黒明確	**.505**	.070	−.061	.081
⑤ 公正解決	**.445**	.003	.150	−.126
⑩ 審判官・審判員との対話	.104	**.670**	.077	−.062
⑨ 公的議論	.037	**.621**	−.037	−.006
⑪ 相手との対話機会	−.116	**.604**	−.057	.118
① 名誉・自尊心	−.077	.000	**.661**	−.057
③ 自由・プライバシー	.027	−.001	**.475**	.141
④ 権利実現	.071	−.083	.304	.192
② 経済的利益	.021	.064	.078	**.737**
回転後の負荷量平方和	1.665	1.480	1.202	0.759

そこで，第1因子には「一刀両断解決」因子という名称を付けておこう。

　第2因子と強く関連しているのは「審判官・審判員との対話（⑩）」「公的議論（⑨）」「相手との対話機会（⑪）」の諸項目である。真実を明らかにするために議論をするというのでは必ずしもなく（これらの項目における第2因子の因子負荷量に注意），「自分が抱えている問題をとにかく議論の対象にしたい」という動機や期待と解釈できる[9]。ここでは，第2因子に「議論の俎上」因子と名付けておく[10]。

　第3因子は「名誉・自尊心（①）」と「自由・プライバシー（③）」の項目と関連した因子となっている。0.4以上にはなっていないものの，「権利実現（④）」の項目とも一定程度関係している[11]。いくぶん茫漠とした表現であるこ

---

[9]　第2因子に関わっている元の質問項目は，「労働審判官（裁判官）や労働関係の専門家である労働審判員に話を聞いてもらいたかった」，「労働審判という公的な場で議論したかった」，「労働審判を通じて相手側と話し合いの機会を持ちたかった」となっている。

[10]　喩えていえば，「俎（まないた）に載せる」ことと「刀で断つ」ことは互いに異なるベクトルとして観察される，というわけである。

[11]　第3因子に関連している元の質問項目は，「労働審判によって自分の社会的名誉や自尊心を守りたかった」，「労働審判によって自分の個人的自由やプライバシー，健康などを守りたかった」となっている。そして，「権利実現」の項目はもともと「労働審判によって自分の権利を実現し（あるいは守り）たかった」という文章である。

とは承知しつつ，第3因子は「精神的利益」因子と表わすことにしたい。

第4因子はほぼ「経済的利益（②）」のみを反映している。元の質問文は「労働審判によって金銭や財産など経済的な利益を守りたかった」となっているので，因子の名称もそのまま「経済的利益」因子としてよい。この因子が経済的利益を反映するものだとすれば，「強制的解決（⑥）」と弱い関連がみられるという点も理解しやすい。

各因子間の相関係数を述べておこう[12]。「一刀両断解決」（第1因子）と「議論の俎上」（第2因子）は0.393，「一刀両断解決」と「精神的利益」（第3因子）は0.413，「一刀両断解決」と「経済的利益」（第4因子）は0.08，「議論の俎上」と「精神的利益」は0.321，「議論の俎上」と「経済的利益」は−0.100，そして「精神的利益」と「経済的利益」は0.175であった。精神的利益と経済的利益との間にあまり相関が出てこないのはともかくとして，経済的利益は他の因子とも相関がほとんどないという点は注目されよう。

労働者側の回答からは，以上の4因子が抽出できた。労働者が労働審判手続を利用する理由は多様であるが，概ねこの4つの軸にまとめられると考えて差し支えない。いうまでもなく，どの軸を重要視するかは労働者によって異なる。労働者間でどのように異なっているかを調べるには，因子得点を算出して比較すればよい。因子得点を用いた分析はⅢ以下で行おう。

では，労働者全体でみた場合，各因子は相対的にどれくらいのウェイトを占めているのだろうか。因子負荷量を2乗した値の和を因子ごとに計算して比較すれば，大まかな傾向がつかめるとされている。その和を計算してみると，「一刀両断解決」因子は1.665，「議論の俎上」因子が1.480，「精神的利益」因子が1.202，そして「経済的利益」因子は0.759となる（図表4の「回転後の負荷量平方和」の欄を参照）。どれかが突出して高いとはいえず，特に前の3因子の間には大きな差はない。労働者全体の動機や期待は決して一言で表現できるようなものではなく，複数の因子が柱となっていることが窺える。

---

12) 斜交回転を行っているため，因子軸は直交していない。したがって相関係数は0以外の値をとりうる。

第3章　労働審判制度利用者の動機と期待

図表5　使用者側の動機・期待 —— 回転後の因子負荷量

	因子		
	1	2	3
⑧ 白黒明確	.911	.068	−.022
⑦ 事実解明	.851	−.009	−.057
⑤ 公正解決	.800	−.124	.013
⑥ 強制的解決	.535	.161	.110
③ 自由・プライバシー	−.176	.749	.104
① 名誉・自尊心	−.012	.654	.050
④ 権利実現	.275	.524	−.155
② 経済的利益	.069	.503	−.028
⑨ 公的議論	.191	−.084	.767
⑪ 相手との対話機会	−.218	.071	.686
⑩ 審判官・審判員との対話	.156	.013	.648
回転後の負荷量平方和	3.254	2.104	2.267

(2) 使用者側

使用者側（B票）については，185名の回答をベースとして因子分析を行った。労働者側との比較を容易にするため，先ほどと同じように11項目を使っている[13]。主因子法を用いて労働者側の分析と同じ基準で因子を抽出したところ，図表5が得られた。

今度は3つの因子が出てきている。第1因子は「白黒明確（⑧）」「事実解明（⑦）」「公正解決（⑤）」の諸項目と強く関係しており，「強制的解決（⑥）」とも関連している。わけても「白黒明確」が0.911ときわめて高い因子負荷量を有しているほか，「事実解明」と「公正解決」も0.8を超えているという点が目を引く。因子負荷量の大小こそ異なっているが，これら4項目は労働者側の第1因子と関係していた項目と同一である。そこで，使用者側の第1因子の名称も労働者側の因子にならって「一刀両断解決」因子としておく。

同様に，使用者側の第3因子も，労働者側の第2因子と同じ項目群を反映し

---

[13] 前掲注2)で述べたことに対応するが，使用者はたいていの場合申し立てられた側（相手方）の当事者である。B票の問12では，今までに触れた項目だけでなく「相手側（労働者側）に申し立てられたので仕方なかった」という項目も用意していた（この項目には，73.3%の使用者が「強くあてはまる」または「少しあてはまる」と答えている）。労働者側との比較を行っているため，この項目も除外している。

たものになっている。「公的議論（⑨）」が最も強く関係し、「相手との対話機会（⑪）」と「審判官・審判員との対話（⑩）」がこれに続く。この因子の背後には「労働審判という場で（目的は何であれ）問題を議論する」という期待があると解釈できるから、労働者側の第2因子と同じく「議論の俎上」因子と名付けてよいであろう。

使用者側の第2因子は「自由・プライバシー（③）」「名誉・自尊心（①）」「権利実現（④）」「経済的利益（②）」の4項目と関連しており、「自分自身の利益や権利を労働審判の場で守る」という意思を反映した因子であると考えられる。ここでは、「精神的・経済的利益」因子という名前を付けておこう。

各因子間の相関係数は次のとおりである。「一刀両断解決」（第1因子）と「精神的・経済的利益」（第2因子）は 0.344、「一刀両断解決」と「議論の俎上」（第3因子）は 0.439、そして「精神的・経済的利益」と「議論の俎上」は 0.313 である。いずれの因子軸の間にも弱い相関がみられるのが特徴だといえる。

因子負荷量の平方和を計算してみると、「一刀両断解決」因子で 3.254、「精神的・経済的利益」因子で 2.104、「議論の俎上」は 2.267 となる（図表5の「回転後の負荷量平方和」の欄を参照）。すなわち、使用者全体でみた場合、「一刀両断解決」の比重がやや大きく、あとの2因子はほぼ同程度の比重となっている。

(3) 労働者側と使用者側の比較

労働者側の回答からは4つの因子、使用者側の回答からは3つの因子が抽出された。どちらの側も「一刀両断解決」因子が第1因子となっており、当事者の動機や期待を説明する最も重要な因子となっている。一般的にいえば、審判は訴訟と比べて柔軟な手続であり、現に「調停成立」が終結形態の約8割にのぼる。終結形態だけをみると、当事者は勝敗を明確にしない調整的な解決を望んでいるようにも思えるかもしれない。けれども、実際の当事者の動機や期待は必ずしもそのような調整的な解決にあるわけではなく、真実を明らかにした上で白黒を明確にするような裁定的な解決がまずもって望まれている、ということが推測される。この点は労働者側にも使用者側にも等しく当てはまる。

それと同時に、「一刀両断解決」因子とは独立して「議論の俎上」因子が抽出されている。自分たちの問題を議論の俎上に載せたいという動機や期待も無視できない要素となっていることが分かる。単なる紛争解決の手段としての機

能とは別に，話し合いの場としての機能が労働審判には期待されているのである。この点も，全体的な傾向としては，労働者側と使用者側の双方に当てはまる。

しかしながら，労働者側と使用者側のそれぞれの動機や期待には大きな違いもみられる。それは，動機や期待において「経済的利益」が占める位置である。使用者の場合，「経済的利益」は「自由・プライバシー」「名誉・自尊心」「権利実現」と同じ因子を構成している。換言すれば，「経済的利益」は他の利益や権利と似たようなベクトル上に位置付けられているのである。これに対して，労働者の場合は「経済的利益」は独自の因子を構成しており，「自由・プライバシー」「名誉・自尊心」「権利実現」とは異なるベクトルとなっている。しかも，「経済的利益」因子はこれら3項目とほとんど相関がない。

このことは，とりわけ「経済的利益」をめぐる労働者側の考え方と使用者側の考え方が合致しないケースが存在することを示唆している。平たくいうと次のようになろう。使用者の方は，精神的利益（自由・プライバシー・名誉など）と経済的利益の方向が似ているわけであるから，精神的利益を金銭に還元して考えることにさほど抵抗感を持たない可能性がある。だがそのような使用者側の考え方とは対照的に，労働者側にとっては精神的利益を経済的利益に置き換えることは難しく，「お金の問題ではない」というケースも少なからず存在しているようである（図表1も参照）。もっとも，このようなケースが生ずる可能性は事件類型とも関係していると予想されるだろう。事件類型を考慮した分析はⅢで行う。

(4) 民事訴訟との比較

念のため，民事訴訟の当事者の動機や期待とも比較してみよう。近年，大規模な民事訴訟調査が次々と実施されており，当事者が訴訟を提起した理由や訴訟に対して抱いていた期待も調査・分析されている。

まず，2000年に司法制度改革審議会が行った「民事訴訟利用者調査」データの分析では，「利益動機」と「公正動機」の2因子が抽出されている。前者は「権利の実現」「経済的利益を守る」「強制力への期待」「白黒をつける」などの項目と強く関連しており，後者は「自由・プライバシーを守る」「名誉や自尊心を守る」「相手を懲らしめる」「公の場での議論への期待」といった項目

第II部　利用者からみた労働審判制度（分析編）

と強く関連している[14]。

　次に，2000年調査を引き継いで2006年に民事訴訟制度研究会が行った「民事訴訟利用者調査」データの分析では，「第三者判断期待」（「白黒明確」「事実解明」の項目と関係），「公的討議期待」（「裁判官との対話」「公的議論」の項目と関係），「精神的利益期待」（「自由・プライバシー」「名誉・自尊心」の項目と関係），さらに「現実的利益期待」（「経済的利益」「権利実現」の項目と関係）の4因子が抽出されている[15]。

　そして，本労働審判調査の質問項目とはいささか異なっているが，2005年に民事紛争全国調査の一環として実施された「民事訴訟行動調査」でも同趣旨の質問が設けられている。そのデータの分析では，原告の訴訟への期待を構成する因子として「正義懲罰因子」「権利利益因子」「関係修復因子」の3つが抽出されている[16]。

　当事者の動機や期待の裏に複数の因子が存在するという分析結果は，相当に頑健であるといってよい。これらの民事訴訟における原告の動機や期待と比べてみると，労働審判における労働者も基本的には類似の構造の動機や期待を持っていることが分かる。なかでも，2006年調査の分析とは4因子の順序も同じである（ただし因子の名称の付け方は違っている）。おそらく，訴訟手続であるか審判手続であるかは当事者にとってはさしたる相違ではなく，法的手続である以上は似たような動機や期待——特に，真実を明らかにして白黒をはっきりさせるという動機や期待——を抱く傾向があるのかもしれない[17]。

---

14)　藤本亮「訴訟利用動機の因子分析」佐藤岩夫＝菅原郁夫＝山本和彦編・利用者からみた民事訴訟（2006）19頁以下。なお，木下麻奈子「当事者の訴訟への期待と評価」前掲書43頁以下では，原告側で「自分の名誉や自由を守りたい」「経済的利益を守りたい」「公の場で議論したい」「勝訴の見込みがある」という4因子，被告側で「自分の権利を守りたい」「白黒をつけたい」「公の場で議論したい」という3因子が抽出されている。特に被告側は，今回の労働審判調査の結果と一致している。

15)　高橋裕「利用者はどのような動機で訴訟を行うのか」菅原郁夫＝山本和彦＝佐藤岩夫編・利用者が求める民事訴訟の実践（2010）6頁以下。

16)　垣内秀介「民事訴訟の機能と利用者の期待」ダニエル・H・フット＝太田勝造編・裁判経験と訴訟行動（2010）93頁以下。この論攷では一般人が訴訟に対して持っている期待との比較も試みられている。

17)　もっとも，労働審判で異議が出された場合は申立書が訴状とみなされるのであるから，当事者（特に申立人）がこのような動機や期待を抱いていることはむしろ当たり前だともいえそうである。

Ⅲ 事件類型と動機・期待

1 事件類型について

Ⅱの分析は事件類型を区別せずに行っていたが，Ⅲでは事件類型と関連付けながら分析を進めていくことにしよう。質問票の問1で

図表6 事件類型（回答者に占める割合）

	労働者側	使用者側
解　雇	68.3%	63.6%
採用拒否	3.0%	6.3%
賃金・手当	60.0%	43.2%
配転・出向	4.3%	2.3%
ハラスメント	31.0%	8.0%
その他	5.7%	5.7%

は，「今回の労働審判手続は，どのような問題に関するものでしたか」という質問をしている。元の問1の質問では17項目に分けられているが，そのままでは煩瑣になるため，ここでは事件の種類を次に掲げる6類型に分類し直して分析する。

① 「解雇」：このカテゴリーには，整理解雇，懲戒解雇，それ以外の解雇，退職強要・勧奨，雇止めが含まれる。
② 「採用拒否」：内定取消しと本採用拒否が含まれる。ケース数はそれほど多くない。
③ 「賃金・手当」：賃金の不払い，残業代の不払い，退職金の不払い，そして解雇予告手当の不払い，さらに賃金などの労働条件の変更，といったことに関わる事件が含まれる。
④ 「配転・出向」
⑤ 「ハラスメント」：セクハラ，パワハラ，いじめなどのその他のハラスメントが含まれている。
⑥ 「その他」：文字どおりその他の事件だが，例としては，会社内の処分をめぐる事件，保険関係の事件，退職願撤回の有効性を争う事件などが挙げられる。

回答者に占める割合は，図表6のようになっている（複数回答ができるため，合計は100％にはならない）。この表によると，解雇の事件と賃金・手当の事件がそれぞれ6割程度に達しており，次に多いのがハラスメント事件となっている。ハラスメント事件については，労働者側が使用者側を大きく上回っているのが特徴である。

2 事件類型と当事者の動機・期待

(1) 労働者側

上記の事件類型ごとに，労働者側の回答に基づいた因子分析から得られる因

図表7　事件類型別の因子得点の平均値（労働者側）

	一刀両断解決	議論の俎上	精神的利益	経済的利益
解雇	**0.052**	0.026	**0.117**	−0.008
採用拒否	0.119	0.338	0.299	0.184
賃金・手当	0.029	−0.036	**−0.083**	0.054
配転・出向	−0.090	−0.197	0.193	0.254
ハラスメント	0.082	0.042	**0.243**	−0.041
その他	0.166	0.055	0.051	0.306

子得点をみていこう。この数字によって，当事者が各因子をどれくらい重視していたかを推測することができる。図表7は，事件類型別にみた因子得点の平均値である。因子得点は因子ごとの平均が0，標準偏差が1になるように標準化された数値となっており，多くの場合得点は−1～＋1前後に収まる。太字は，当該事件類型グループとそれ以外の事件類型グループとの差が有意なものを示している（一元配置分散分析，有意水準は5％とした）[18]。

「一刀両断解決」因子については，解雇事件が他の事件全体と比べて因子得点の平均値が有意に高くなっている（$p = 0.048$；採用拒否事件，ハラスメント事件，その他の事件の方が平均値自体は高いが，カテゴリー内に含まれるケース数が少ないため有意とはなっていない）。細かく分析していくと，退職強要・勧奨の事件で平均値が有意に高い（0.186, $p = 0.031$）。また，本採用拒否やセクハラでも平均値は高くなっており（カテゴリーを元の17項目とした図表8を参照），過去の経緯や事実関係が問題になりやすい事件では概して因子得点の平均値が高くなっていることが分かる。

「議論の俎上」因子は，どの事件類型でも有意差は観察されなかった。17項目のカテゴリーを使って調べてみると，採用内定取消しと本採用拒否の平均値は高くなっているものの，統計的に有意な差は出てこない。

有意差が多く出ているのは「精神的利益」因子である。解雇事件とハラスメント事件では平均値が高く（ともに$p < 0.001$），逆に賃金・手当事件では低くな

[18) 一元配置分散分析は，3セット以上の観測値の母平均がすべて等しいか否かを調べるための手法である。平均値では差があるようにみえても，ケース数が少なければ有意とはなりにくいので，平均値の大小と有意か否かは連動していない。しかも複数回答が可能であるため，有意であるかどうかは平均値の大小からだけでは分かりにくい。

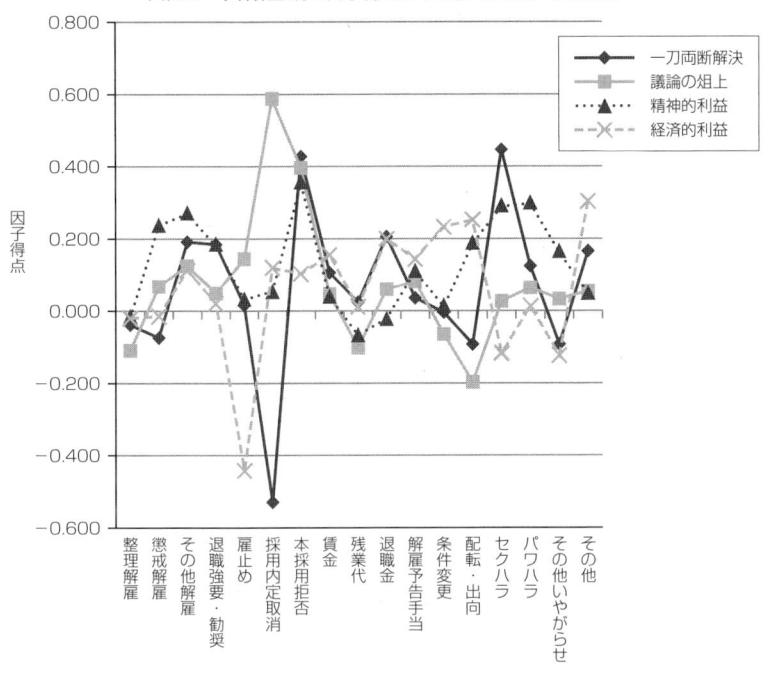

図表8 事件類型別の因子得点の平均値（細分類・労働者側）

凡例：一刀両断解決／議論の俎上／精神的利益／経済的利益

横軸（左から）：整理解雇、懲戒解雇、その他解雇、退職強要・勧奨、雇止め、採用内定取消、本採用拒否、賃金、残業代、退職金、解雇予告手当、条件変更、配転・出向、セクハラ、パワハラ、その他いやがらせ、その他

っている（$p = 0.036$）。事件類型を細かくすると，懲戒解雇（0.239, $p = 0.050$），その他解雇（0.274, $p = 0.008$），退職強要・勧奨（0.187, $p = 0.022$），パワハラ（0.301, $p < 0.001$）の各事件類型でこの因子の得点が有意に高い。

最後に「経済的利益」因子については，配転・出向事件で因子得点の平均値が高くなってはいるが有意ではない。細分類で調べると，賃金（0.159, $p = 0.027$）と労働条件変更（0.233, $p = 0.022$）の事件で平均値が有意に高くなっているのに対し，雇止め（－0.444, $p = 0.001$）の事件で有意に低くなっている。たやすく予想されるように，ハラスメント事件では総じて経済的利益の因子得点が低い。懲戒解雇や整理解雇も同様である。他方，残業代が関わる事件でも経済的利益の因子得点は意外と低い，という結果になっている。

事件類型別に検討してみても，労働者側にとって，精神的利益と経済的利益はお互いに異なるベクトル上に位置付けられるもののようにみえる。特に解雇

第Ⅱ部　利用者からみた労働審判制度（分析編）

図表9　事件類型別の因子得点の平均値（使用者側）

	一刀両断解決	精神的・経済的利益	議論の俎上
解　雇	0.014	− 0.007	0.095
採用拒否	− 0.264	− 0.107	− 0.253
賃金・手当	0.086	0.041	0.044
配転・出向	0.133	− 0.226	− 0.014
ハラスメント	0.367	0.003	0.176
その他	0.171	− 0.018	− 0.063

事件とハラスメント事件ではその傾向が顕著である。さすがに賃金・手当事件では精神的利益に対する動機や期待はあまり関係していないが，経済的利益に対する動機や期待が大きなウェイトを占めているのかというとそういうわけでもない。

(2)　使 用 者 側

　使用者側がどのような種類の事件でどのような期待を有していたかについても，ごく簡単に眺めておきたい。図表9は使用者側の因子得点の平均値である。労働者側と同じように平均値を算出して一元配置分散分析を行った。統計的な有意性についていえば，どの事件類型でも有意差は検出されなかった[19]。しかし，平均値には事件類型ごとにいくらかのばらつきがみられる。
　「一刀両断解決」因子の平均値はハラスメント事件で最も高くなっており，逆に採用拒否事件で最も低くなっている。「精神的・経済的利益」因子ではあまり大きな差はないが，配転・出向事件で平均値が低い（ただしケース数は4しかない）。そして，「議論の俎上」因子は「一刀両断解決」因子と似たパターンを示している。すなわち，ハラスメント事件で最も高く，採用拒否事件で最も低い。

(3)　労働者側と使用者側の比較

　全体的な傾向として，労働者側の動機や期待の中には「精神的利益」や「経

---

19)　元の質問と同じ17項目の分類を用いても，他のグループと有意な差が観察されたのは1か所だけであった。懲戒解雇事件で「議論の俎上」因子の平均値が有意に高くなっているというのがその箇所である（0.695, $p < 0.001$）。

済的利益」の要素がある程度伏在している。それに対して，使用者側の期待には「精神的・経済的利益」への強い傾斜は観察されず，どちらかというと「一刀両断解決」への期待がわずかに強くみられるくらいである。

　労働者側は審判を申し立てる側の当事者だという事情もあり，使用者側と比べると事件類型ごとの違いが明瞭に現われている。労働者側に関しては，因子分析で抽出された因子群と因子得点は，複数の次元からなる「当事者の動機や期待」の構造を説明するのに役立っている，といえよう。それと同時に，他の質問項目への回答との相関を示すことによって，労働審判に臨む労働者側の意識構造を明らかにする一助となる，ともいえそうである。

　では使用者側はどうか。因子群および因子得点は，使用者側の意識構造を説明するのにはそれほど役立っていないのだろうか。そうではない。使用者側の因子が強く関連している質問項目が存在している。そのひとつが労働審判手続の結果に対する評価である。

Ⅳ　動機・期待と結果に対する評価

1　結果評価の概観

　動機・期待と結果評価の相関を検討する前に，結果評価の全体的傾向をざっとみておこう。質問票の問35と問36では，「今回の調停ないし審判の結果」を当事者がどのように評価したかを尋ねている。評価項目は，「公平性」「実情反映」「法律反映」「不偏性」「不均衡是正」「実現期待」「適切性」「再利用意思」「他者推奨意思」「結果満足度」であったが，すべての項目で労働者側による評価の方が高くなっている。

　事件類型ごとに調べると，労働者側の評価と使用者側の評価はくっきりと分かれている。解雇事件，採用拒否事件，賃金・手当事件，ハラスメント事件では労働者側の評価が高い。その中でも，賃金・手当事件において労働者側の評価がかなり高くなっている点は注目される。特に「公平性」（平均値3.54），「実情反映」（3.51），「法律反映」（3.69）といった項目での評価が高い[20]。また，以

---

[20]　前と同じく，「強くそう思う」を5，「まったくそう思わない」を1とした5段階スケール

上の事件類型では「他者推奨意思」の平均値が4を超えており，ここからも審判手続に対する満足度を推し量ることができる。

他方，使用者側の評価が高かったのは配転・出向事件とその他の事件である。配転・出向事件は全項目で平均値が3を超えており

図表10　結果に対する満足度（カッコ内はケース数）

	労働者側	使用者側
解　雇	3.45 (202)	2.58 (110)
採用拒否	3.11 　(9)	2.18 　(11)
賃金・手当	3.48 (179)	2.54 　(76)
配転・出向	3.08 　(12)	4.25 　　(4)
ハラスメント	3.35 　(91)	2.71 　(14)
その他	2.65 　(17)	3.10 　(10)

（ただしケース数は限られている），その他の事件も「他者推奨意思」以外のすべての項目で平均値が3を超えている。

結果の満足度を事件類型別にまとめたのが図表10である。労働者側の満足度が使用者側の満足度を大きく上回る事件類型と，その逆の事件類型が混在していることが分かる。

2　動機・期待と評価の相関

(1)　労働者側

さて，Ⅱで得られた因子群および因子得点と評価の関係を検討する。因子ごとに算出された因子得点と，問35・36の各質問項目への回答との相関係数を調べてみた。

労働者側についていうと，上記の因子分析で得られた因子得点と結果に対する評価との間には有意な相関が全くみられない。因子得点の高いグループと低いグループに分けて分析しても，特筆すべき結果は得られなかった（例えば，経済的利益を重視するグループが特に満足度が高いということはなかった）。労働者側に限って述べれば，当事者が持っている動機や期待は結果の評価に影響を与えないようである[21]。

問12の質問項目ごとに相関係数を計算しても，有意な値はほとんど出てこなかった。しかし，1項目だけ例外がある。それは「訴訟より適切（⑬）」という質問項目であり，ここだけはすべての評価項目で有意な正の相関が存在した。

　　を基礎にして計算している。それゆえ，数値が大きいほど評価が高いことを示している。
21)　なお，結果が有利だったか不利だったかという質問（問34）に対する回答においても，因子得点との相関はみられなかった。

つまり，この質問に対して「あてはまる」と答えている労働者ほど，結果を高く評価しているのである。ただし，相関係数自体は決して大きくはない（「他者推奨意思」で 0.274 となっているのが最大で，あとは 0.15〜0.25 前後に分布している）。

(2) 使用者側

労働者側とは対照的に，使用者側については多くの項目で有意な相関が観察できる。特に目立つのは，「精神的・経済的利益」因子の得点が高い使用者ほど結果を高く評価している，という点である。結果に関するすべての評価項目で，有意な正の相関が認められた。しかも問 35 の評価項目についてはすべて 1% 水準で有意となっている。相関係数は 0.2 から 0.3 あたりなので弱い相関が出ているだけであるが，全評価項目で有意な相関がみられるというのは興味深い。

さらに，「議論の俎上」因子の得点も結果の評価とある程度相関している。問 35 の評価項目のうち，「不均衡是正」「再利用意思」「他者推奨意思」の各項目で 0.25 前後の相関係数が出てきている。

この相関関係は，因子得点が高いグループと低いグループとに区別して分析するとより明確になる。例えば「精神的・経済的利益」因子に着目すると，高得点グループは「法律反映」「不偏性」「実現期待」「適切性」の各評価項目での平均値が 3 を超えている（比較的ポジティブな評価ということである。使用者側の評価はもともと低いという点に注意）。平均値が 3 を超えていない項目でも，高得点グループの平均値と低得点グループの平均値との間には統計的に有意な差がみられる傾向にある。

(3) 労働者側と使用者側の比較

労働者側は，因子得点と評価がほとんど関連していない。結果の評価に強く関係しているのは労働審判手続を利用したときの動機や期待ではなく，結果が自分にとって有利だったか否かである[22]。使用者側も，結果の評価が有利・不利と強く関係している点では変わりはないが，労働審判手続に寄せていた期待

---

[22] 結果の有利・不利（問 34）と満足度（問 36）の間の相関係数は，労働者側で 0.770，使用者側で 0.778 となっている。いずれも 1% 水準で有意な値である。

と結果の評価との間にわずかながら相関がみられる。ことに「精神的・経済的利益」因子は，各評価項目に対し一貫して正の相関を示している。

このことはどのように解釈されるのだろうか。ここから先は憶測の域を出ないので，2点指摘するにとどめたい。第1に，労働者側の動機・期待においては精神的利益と経済的利益が分離する傾向が観察されたのに対し，使用者側は両利益の方向がだいたい一致していた。法的手続が利用される場合，精神的利益ではなく経済的利益を求める当事者にとって満足度が高くなりがちだということはしばしば主張されることである。そうだとすれば，動機や期待が一方向になっていない労働者側については，有意な相関が出てきにくくなる可能性がある。

第2に，動機・期待の程度を示す因子得点が高いということが評価にどう影響するかは微妙な問題である。問12が単なる動機だけではなく期待も尋ねるような質問文になっている点には留意が必要である。一般に，過度な期待を寄せていれば失望の度合が大きくなったり満足度が低くなったりするであろう。もしかすると，労働者側は過度な期待，使用者側は（精神的・経済的利益に関しては）適度な期待を抱いていた，ということなのかもしれない。

いずれにしても，ここで検討したのは動機・期待に関する回答との関係だけであるから，おのずと不十分な分析とならざるを得ない。結果に対する当事者の評価がどのように決まるかについての詳細は，他の章を参照していただきたい。

V　まとめと結語

本稿では，当事者が労働審判を利用する際に有していた動機や期待を分析し，因子分析によって少数の因子を取り出した。労働者側の回答からは「一刀両断解決」，「議論の俎上」，「精神的利益」，「経済的利益」の4因子，使用者側の回答からは「一刀両断解決」，「精神的・経済的利益」，「議論の俎上」の3因子を抽出することができた。

個別労働紛争を解決するためには調停重視の制度がふさわしいと論じられることがある。ここでいう「調停重視」が調停のどの要素を念頭に置いているのかはひとつの問題だが，少なくとも，当事者は白黒を明確にしないような調停

的解決を望んでいるとは限らない。法律家の間では労働審判は柔軟な解決を可能にする制度だと説明され，確かにその点は長所であると考えられる。だが，法律家の目から眺めた労働審判と当事者の目から眺めた労働審判はずいぶんと違ったものなのかもしれない。

　本稿では，経済的利益の位置付けが労働者側と使用者側で異なっている場合が多いという分析結果も得られた。また，事件類型や結果の評価が当事者の動機や期待とどのように結び付いているのか，そして結び付いていないのかということもみてきた。労働審判が更に定着し，今後もデータが蓄積されれば，この結び付きをより明らかな形で推定できるようになると思われる。

　労働審判制度は始まってからまだ日が浅く，改善の余地は多分に残されている。本稿の主目的は統計分析にあるので，どのような制度改革が望ましいかについてのコメントは差し控え，提言編の諸論攷にお任せすることにしたい。どのような制度改革であるにしても，改革の成果が浸透すれば，当事者の動機や期待そのものもまた変わっていくことになるだろう。

第4章 労働審判制度の基本的特徴の検証——迅速性・専門性・適正性

分析編

佐藤岩夫
SATO Iwao

● ABSTRACT ●

　本稿では，労働審判制度の基本的な特徴とされる「迅速性」「専門性」「紛争の実情に即した適正な解決（適正性）」の3点について，それらの特徴が実際にこの制度を利用した当事者によってどのように評価されているかを明らかにし，それを通じて労働審判制度をめぐる理論および実務への示唆を得ることを目的とする。分析の結果，①迅速性は労働審判制度の最も重要な特徴であり当事者からも高い評価を得ているが，しかし当事者は迅速性とともに充実した審理も期待していること，②労働審判制度の制度設計では，〈法的専門性は労働審判官，労働関係専門性は労働審判員〉という基本的な役割分担を前提に相互の協力が期待されているが，当事者の目からみても全般的にこの仕組みがうまく機能していると評価されていること，③労働審判手続は調停成立で終結することが多いことから一般的には妥協的・調整的解決が主流であるとの印象もあるが，しかし，調査結果に基づき当事者がどのような視点から解決の適正性を評価しているかを分析してみると，当事者は法律上の権利・義務を踏まえた解決であることを重視して解決の適正性を評価しており，調停成立の場合であっても相当程度法律上の権利・義務を踏まえた解決が実現されていることなどの興味深い知見が得られた。

I　はじめに

　従来，個別労働紛争の司法的解決については，2つの課題が指摘されてきた。第1に，司法的解決，具体的には訴訟制度へのアクセスの困難である。訴訟には時間と費用がかかるため，とりわけ労働者にとっては訴訟を利用しにくいこ

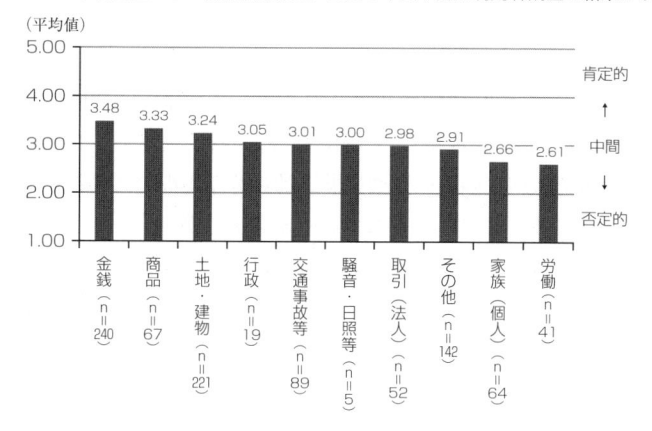

図表1　事件類型ごとの訴訟結果満足：2006年民事訴訟利用者調査の結果から

事件類型	平均値
金銭 (n=240)	3.48
商品 (n=67)	3.33
土地・建物 (n=221)	3.24
行政 (n=19)	3.05
交通事故等 (n=89)	3.01
騒音・日照等 (n=5)	3.00
取引(法人) (n=52)	2.98
その他 (n=142)	2.91
家族(個人) (n=64)	2.66
労働 (n=41)	2.61

（5段階尺度：肯定的↑　中間　↓否定的）

とが指摘されている。第2に，労働紛争の解決の難しさである。労働紛争は，労働者と使用者の厳しい対立を伴い，また，その解決には労働関係に固有の専門的な知識・経験も必要であることから，通常の訴訟では対応しにくい面がある。実際，2006年に実施された民事訴訟制度利用者調査[1]の結果に基づき，事件類型ごとに当事者の結果満足（5段階尺度で「1まったく満足していない」～「5とても満足している」）の平均値を集計してみると（図表1），同調査が区別する10の事件類型の中で，労働事件（労働訴訟）[2]は当事者の結果満足が最も低い訴訟類型となっている[3]。

このような状況を背景に，個別労働紛争の新しい解決手続として2006年に開始したのが労働審判制度である。これによって，従来裁判所を利用すること

---

[1] 2006年民事訴訟制度利用者調査については，本書第2章22頁(2)〔佐藤岩夫執筆〕，第7章132頁Ⅱ〔菅原郁夫執筆〕の説明のほか，民事訴訟制度研究会編・2006年民事訴訟利用者調査（2007）参照。なお，本稿で以下に言及する同調査の結果は，筆者独自の集計に基づく。

[2] 2006年民事訴訟制度利用者調査の調査票では，労働事件は「職場における問題」と表現されている。民事訴訟制度研究会編・前掲注1)参照。

[3] なお，本稿で用いる調査項目の中には，元の調査票では否定的な回答に大きな数値が割り当てられている場合もあるが（例えば「1とても満足している」～「5まったく満足していない」），本稿では，そのような場合は割り当てる数字を適宜逆順（「1まったく満足していない」～「5とても満足している」）にするなどして，常に数値が大きい方が肯定的な回答を示すように方向をそろえて集計してある。したがって，5段階尺度の「3」が中間（どちらともいえない）を示し，それより数値が大きい場合が肯定的な回答，小さい場合が否定的な回答となる。

が困難であった当事者，特に労働者に司法的解決の機会を広げ，また，当事者の満足度が高い解決を実現することが期待された。

この目的を達成するため，労働審判制度には，伝統的な民事訴訟制度とは異なる多くの工夫がなされているが，その主要な特徴は，「迅速性」「専門性」「紛争の実情に即した適正な解決（適正性）」の3点に整理することができる[4]。本稿では，労働審判制度のこの3つの基本的特徴が実際にこの制度を利用した当事者によってどのように評価されているかを明らかにし，それを通じて労働審判制度をめぐる理論および実務への示唆を得ることを目的とする。

以下，まず，労働審判制度に対する評価の全般的概観を行った後（⇨II），迅速性（⇨III），専門性（⇨IV），適正性（⇨V）の順に分析を行い，最後に，まとめを行う（⇨VI）。

II　労働審判制度に対する評価の全般的概観

労働審判制度の利用件数（新受件数）は，当初は年間1500件程度と予想されていたものが，2011年には3586件に達し，予想を超えて活発に利用されている[5]。また，訴訟，仮処分，労働審判を合わせた個別労働紛争関連の裁判所手続の総数も，労働審判制度が開始する前年である2005年の3029件（訴訟2410件，仮処分619件）から，2010年には6988件（訴訟3073件，仮処分540件，労働審判3375件）と大幅に増えている[6]。労働審判制度の導入によって個別労働紛争の当事者に司法的解決の機会を広げるというねらいは，相当程度達成されているといえよう。

では，当事者の満足度が高い解決を実現するという点はどうか。この点は本稿の全体を通じて検討されるが，まず手始めに，2006年民事訴訟制度利用者

---

4)　この3つの特徴は，「迅速性（speedy）」「専門性（specialized）」「事案に即した適正な解決（suitable）」の頭文字をとり，「労働審判制度の3つの『S』」と表現されることがある。定塚誠「新しい『労働審判制度』の概要と特色」判タ1167号4頁（2005），菅野和夫ほか・労働審判制度〈第2版〉（2007）244頁以下参照。

5)　最高裁判所事務総局行政局「平成23年度労働関係民事・行政事件の概況」曹時64巻8号42～43頁，50頁第4図（2012）参照。

6)　春名茂「全国の労働審判事件の動向と課題」ひろば64巻6号11頁（2011）参照。

第 4 章　労働審判制度の基本的特徴の検証

調査の結果と今回の労働審判制度利用者調査（以下，「本調査」という）の結果とを比較することで全般的な概観を得ることにしよう[7]。図表 2-1 および図表 2-2（次頁）は，労働者側・使用者側ごとに[8]，費用（総額）の低廉性（「1 非常に高い」～「5 非常に安い」），時間の迅速性（「1 非常に長い」～「5 非常に短い」），審理の充実性（「充実した審理が行われたか」について「1 まったくそう思わない」～「5 強くそう思う」），裁判官（審判官）への満足，弁護士への満足，結果満足（いずれも「1 まったく満足していない」～「5 とても満足している」）の各項目の回答の平均値を計算し，2006 年民事訴訟制度利用者調査（労働訴訟）と本調査（労働審判）の結果を比較したものである。

　ここから確認できるのは，費用の低廉性，時間の迅速性，審理の充実性，裁判官満足，弁護士満足，結果満足のいずれの項目においても，本調査（労働審判）の回答結果は，2006 年民事訴訟制度利用者調査（労働訴訟）の回答結果と比較して，より肯定的な傾向を示していることである。また，労働審判員の評価は，本調査（労働審判）に固有の評価項目であるが，概ね，裁判官（審判官）と同程度の肯定的な評価を得ている。調査の対象となる事件の性質および調査の方法・時期等が異なり，また，2006 年民事訴訟制度利用者調査における労働事件の当事者の回答数は全部で 43 ケース（個人が 26 ケース，法人が 17 ケース）と少ないため[9]，留保を付す必要はあるが，全般的な傾向としては，労働審判制度は，当事者に満足度が高い紛争解決手段を提供することに成功しているといえる[10]。

　その上で，図表 2-1 および図表 2-2 からは，以下の点も注目される。

---

7)　この点については，佐藤岩夫「労働審判に関する利用者の評価——2006 年民事訴訟利用者調査および労働審判利用者調査の結果の比較」民事研修 654 号 2 頁以下（2011）も参照。

8)　なお，2006 年民事訴訟制度利用者調査における当事者の分類は「個人」「法人」の区別であるので，労働事件（「職場における問題」。前掲注 2）参照）の個人を労働者側，同じく法人を使用者側として集計した。

9)　2006 年民事訴訟制度利用者調査の回答者全体 921 人に占める労働事件の当事者（43 人）の比率は，4.7％と少数にとどまる。このこと自体が，従来日本では労働紛争当事者の司法アクセスが困難であったことの証左の 1 つといえるかもしれない。

10)　なお，本書第 7 章〔菅原郁夫執筆〕では，民事事件全般に視野を広げて，2006 年民事訴訟制度利用者調査の結果と本調査の結果とのより掘り下げた比較対照が試みられているので，あわせて参照されたい。

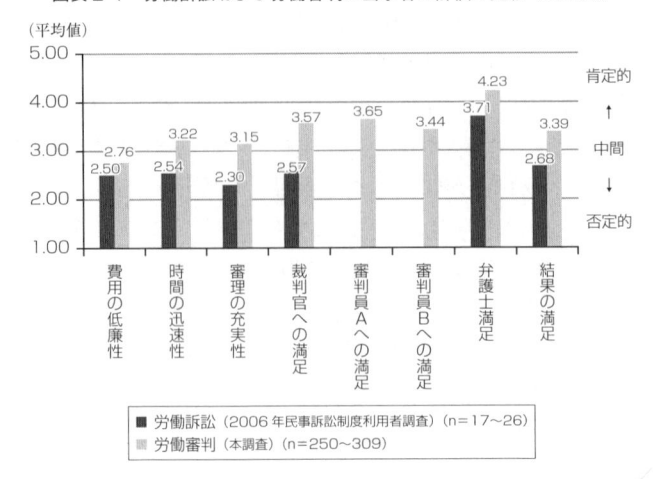

第Ⅱ部　利用者からみた労働審判制度（分析編）

図表 2-1　労働訴訟および労働審判の当事者の評価の比較（労働者側）

項目	労働訴訟	労働審判
費用の低廉性	2.50	2.76
時間の迅速性	2.54	3.22
審理の充実	2.30	3.15
裁判官への満足	2.57	3.57
審判員Aへの満足		3.65
審判員Bへの満足		3.44
弁護士満足	3.71	4.23
結果の満足	2.68	3.39

■ 労働訴訟（2006年民事訴訟制度利用者調査）(n=17～26)
■ 労働審判（本調査）(n=250～309)

　第1に，本調査の回答について労働者側（図表2-1）と使用者側（図表2-2）を比較すると，多くの項目で使用者側の評価が低い傾向がみられることである。特に，結果の満足については，労働者側の平均値が3.39であるのに対して使用者側では2.68と，使用者側の結果満足が低い。労働者側と比較して使用者側の評価や満足度が系統的に低いことは本調査結果の重要な特徴の1つであるが[11]，この結果をどのように解釈すべきかについては，本稿の分析の中で関連の問題を扱った後（Ⅳ2），最後のまとめで全体的な理解を述べることにしたい（Ⅵ1）。あらかじめ結論のみを示せば，使用者側の評価・満足度の低さは中小企業の使用者の評価・満足度の低さに由来しており，それは，労働審判制度の病理的課題というよりは，むしろこの制度の正常な機能を示すものとみるべきであるということである。
　第2に，図表2-1で労働審判制度に対する労働者側の評価が全般的に高い中で，費用の低廉性の点だけは，評価が相対的に低いものとなっていることである。すなわち，他の評価項目ではすべて，評価の平均値が「中間（どちらともいえない）」の3.00を超えて肯定的な評価となっているのに対して，費用の低廉性の評価だけは平均値が2.76と，中間よりも否定的な方向（「費用が高い」）

---

[11]　本書第2章46頁 5〔佐藤岩夫執筆〕参照。

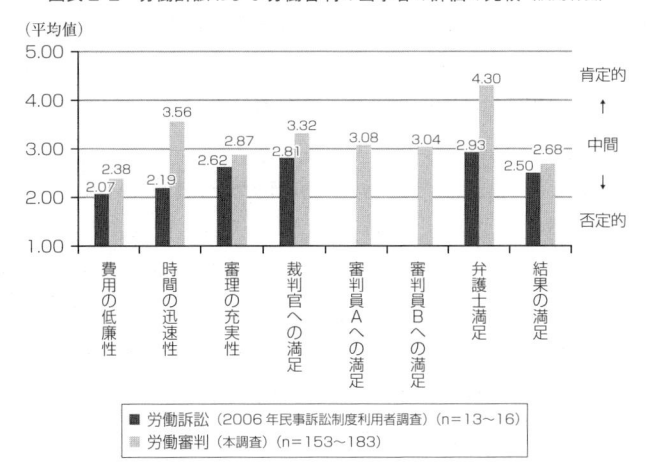

図表 2-2　労働訴訟および労働審判の当事者の評価の比較（使用者側）

（平均値）

項目	労働訴訟	労働審判
費用の低廉性	2.07	2.38
時間の迅速性	2.19	3.56
審理の充実性	2.62	2.87
裁判官への満足	2.81	3.32
審判員Aへの満足	—	3.08
審判員Bへの満足	—	3.04
弁護士満足	2.93	4.30
結果の満足	2.50	2.68

■ 労働訴訟（2006 年民事訴訟制度利用者調査）(n=13～16)
□ 労働審判（本調査）(n=153～183)

肯定的 ↑ 中間 ↓ 否定的

に傾いている。その原因は弁護士費用にあるものと推測され[12]，この点は，労働者の司法アクセスを拡大するという労働審判制度のねらいからすれば，課題を投げかけているといえよう[13]。

以上の全般的概観を踏まえて，以下，「迅速性」「専門性」「適正性」について当事者がどのような評価を示しているか，本調査の結果を掘り下げて分析することにする。

Ⅲ　迅　速　性──迅速な解決と審理の充実

1　手続に要する時間の評価

裁判所が発表する事件統計によれば，労働審判手続では全体の約 77％ が申

---

12) 労働者側について，弁護士依頼の有無別に費用（総額）の評価の平均値を計算すると，弁護士を依頼していない場合の平均値が 3.32 であるのに対して，弁護士を依頼している場合は 2.63 である（$p<.10$）。中間値である 3.00 より値が大きければ費用の総額が「安い」との評価，小さければ「高い」との評価を示すので，弁護士を依頼している場合に費用が高いと評価されていることになる。
13) 本書第 2 章 35 頁(2)，47 頁 2〔佐藤岩夫執筆〕参照。

立てから3か月以内に終了し，平均審理期間は2.4か月と，迅速な処理が実現している[14]。本調査の結果でも，手続の迅速性への評価は高い。労働者側で43.4％，使用者側で51.9％が，かかった時間は「短い」と回答しており，いずれも「長い」の回答（労働者側で33.7％，使用者側で17.5％）を大きく上回っている[15]。

また，本調査では手続に要する時間の事前予測も尋ねているが，この点でも，当事者の回答は肯定的である。2006年民事訴訟制度利用者調査の労働事件の当事者の回答では，「（ある程度は・はっきりと）予想がついていた」の回答が個人（労働者側）では30.8％，法人（使用者側）では43.2％であったのに対して，本調査の回答では，労働者側，使用者側とも約7割（労働者側で68.2％，使用者側で71.9％）が「（ある程度は・はっきりと）予想がついていた」と回答している[16]。手続にどれだけの時間がかかるかは，当事者がその手続を利用するかどうかの選択にとって重要な判断要素の1つであり，手続に要する時間の見通しのよさは，実際に時間が短いことと相まって，労働審判制度を利用しやすいものとする方向で作用していると考えられる。

以上の結果からは，労働審判制度がねらいとした迅速な解決は，当事者の時間評価の点でも，また，当事者の時間予測の点でも，大きな効果を発揮していることが確認される。

2 迅速性と審理の充実

もっとも，当事者は時間が早ければよいとだけ考えているわけではなく，充実した審理も望んでいると考えられる。

この点については，まず，前掲の図表2-1および図表2-2から，本調査（労働審判）の回答結果は，2006年民事訴訟制度利用者調査（労働訴訟）の回答結果と比較して，審理の充実性についてより肯定的な結果となっていることが注目される。とりわけ労働者側では，審理の充実性の評価（平均値）が，2006年民事訴訟制度利用者調査（労働訴訟）では2.30であるのに対して，本調査（労

---

14) 最高裁判所事務総局行政局・前掲注5) 61頁第12表参照。
15) 本書第2章35頁図表8〔佐藤岩夫執筆〕参照。
16) 本書第2章34頁図表6〔佐藤岩夫執筆〕参照。

第4章　労働審判制度の基本的特徴の検証

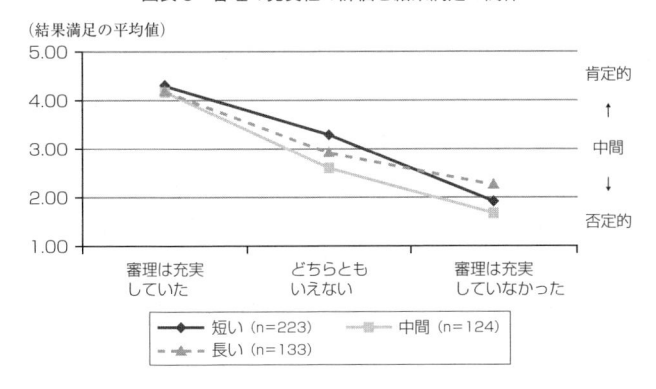

図表3　審理の充実性の評価と結果満足の関係

(結果満足の平均値)

凡例：短い (n=223)、中間 (n=124)、長い (n=133)

横軸：審理は充実していた／どちらともいえない／審理は充実していなかった

縦軸：肯定的↑中間↓否定的

働審判）では3.15と大幅に改善している（図表2-1）。また，使用者側をみても，労働者ほどではないが審理の充実性の評価は高まっている（図表2-2）。労働審判手続の当事者は，従来の訴訟に比べると「審理は充実していた」との評価を抱いており，上で確認した迅速性の評価と結びつけて考えると，労働審判手続では迅速かつ充実した審理が実現されているとひとまずはいうことができる。

　もっとも，本調査の回答者がすべて審理の充実性に満足しているかといえばそうではない。そしてそのことは，結果の満足にも影響を及ぼしている。図表3は，時間評価が「短い」「中間」「長い」と回答した3つのグループのそれぞれについて，審理の充実性の評価（「審理は充実していた」「どちらともいえない」「充実していなかった」）と労働審判手続の結果に対する満足（「1まったく満足していない」～「5とても満足している」の平均値）の関係を表わしたものである。この図が示すように，時間評価が「短い」「中間」「長い」のいずれのグループにおいても，当事者が「審理は充実していた」と考える場合に結果満足は高くなっており，逆に，「審理は充実していなかった」と考える場合には結果満足は低くなっている。迅速性は労働審判制度の最も重要なメリットであるが，当事者は，それと同時に審理の充実をも重視しているのであり，特に，図表3に示される「審理は充実していなかった」と考えるグループ[17]についてその評価を改善するような実務の工夫が求められる。

　では，当事者はどのような場合に審理は充実していたと評価しているのであ

ろうか。本調査では，審理の過程・手続に関する具体的な評価項目として「労働審判手続の中で，自分の側の立場を十分に主張できた（立場主張）」「労働審判手続の中で，自分の側の証拠を十分に提出できた（証拠提出）」「相手側の主張・立証について十分に理解できた（相手の主張理解）」「労働審判手続の一連の進み方は分かりやすかった（進行の分かりやすさ）」「労働審判の場で使われていた言葉は分かりやすかった（言葉の分かりやすさ）」「結果はともあれ，手続の進み方は公正・公平だった（進行の公正・公平性）」「今回の労働審判手続は，迅速に進められた（進行の迅速性）」の7項目を用意しているので，これらの評価項目が審理の充実性の評価に及ぼす影響を重回帰分析の方法で確認してみることにする[18]。

その結果を示したのが図表4であるが，これをみると，手続過程に関する各評価項目のうち，効果が大きな順に，「進行の公正・公平性」「立場主張」「進行の分かりやすさ」「進行の迅速性」の各項目が審理の充実性の評価にプラスの影響を与えていることが確認された。つまり，手続の進み方は公正・公平だったと思っているほど，自分の立場を十分に主張できたと思っているほど，進行は分かりやすかったと思っているほど，手続は迅速に進められたと思ってい

---

[17] ちなみに，労働者・使用者を合わせた数字で，「審理は充実していた」の回答が41.9%（204人），「どちらともいえない」が21.8%（106人），「充実していなかった」が36.3%（177人）であった。回答者全体（487人）の3分の1以上が「審理は充実していなかった」と感じているのであり，これは決して軽視できない数字である。

[18] 重回帰分析とは，原因となる変数（説明変数）と結果となる変数（被説明変数）との間に式（回帰式）を当てはめ，後者が前者によってどれくらい説明できるのかを定量的に分析する方法である。図表4のβ（標準偏回帰係数）の数値が，それぞれの項目（説明変数）が審理の充実性評価（被説明変数）に及ぼす影響の大きさを示している（βは-1～$+1$の間の値をとり，絶対値が大きいほどその項目の影響が大きいことを示す。なお，図表4にはないが，数値に$-$の符号が付いている場合は，マイナスの影響を示す）。また，統計的に有意な結果には，慣行的に，**，*，†の記号を添えてあるので（凡例参照），それらの記号がある箇所に注目すればよい。そのほか，表中のnは分析で使われたケース数を示し，また，調整済みR^2はこの分析モデルの説明力を示している。説明力とは，被説明変数が説明変数によってどれだけ説明できるかの程度のことであり，図表4に即していえば，審理の充実性評価には様々な要因が影響を及ぼしていると考えられるところ，図表4の分析で使用した7項目でどれだけ審理の充実性評価が説明できているのかということになる。図表4で調整済みR^2が.625とあるのは，この分析モデルで，審理の充実性評価の分散の62.5%が説明できていることを意味する。62.5%という数字は社会科学の分析モデルとしては良好な説明力を示す数字であるといってよい。

るほど，審理は充実していたと評価されていることになる。

「進行の迅速性」が充実性評価に影響を及ぼしていることから，「冗長である」「いたずらに時間をかけている」といった印象を当事者に与える進行は望ましくない。しかし他方，「進行の公正・公平性」「立場主張」「進行の分かりやすさ」の具体的内容として想定される公平かつ十分な発話機会の保障や手続の進行に関する丁寧な説明などは，いずれもそれなりに時間を要する事柄である。

図表4 審理の充実性の規定要因

	β
立場主張	.253**
証拠提出	.041
相手の主張理解	.016
進行の分かりやすさ	.160**
言葉の分かりやすさ	.013
進行の公正・公平性	.422**
進行の迅速性	.105**
n	461
調整済 R^2	.625

注) ** $p < .01$。

裁判所の事件統計をみると，労働審判手続の実際の運用では，必ずしも3回の期日を使い切っているわけではなく，調停成立の場合で66.5%，労働審判の場合で49.6%が，1回ないし2回の期日で終結している[19]。もちろんいたずらに期日を重ねることを求める趣旨ではないが，実務において進行の前倒し傾向や当事者の発言機会・プレゼンテーション機会の過少が指摘されていることとの関係でいえば[20]，3回の期日を有効に使って，公平かつ十分な発話機会を保障することや，進行に関して丁寧な説明を行うことなどに一層意を用い，当事者に充実した審理との評価を与えることも，当事者の満足度を高める効果が期待でき，それはとりわけ結果が不利に終わった当事者の満足度を高める上で効果的であるように思われる（審理の充実性の評価が解決の適正性の評価や結果満足の重要な規定要因であることについては，後述Ⅴ*1*・Ⅴ*3*も参照）。

---

19) 最高裁判所事務総局行政局提供の資料による（2011年12月末現在の数字）。
20) 例えば，東京地裁で定期的に行われている裁判官と弁護士の協議の場で，「労働審判が施行された当初の時期には，まず申立人，相手方に，それぞれ争点を明確にするために簡単な陳述，プレゼンテーションをさせていた」のに対して，最近の運用では「審判官が頭から時系列でいきなり審尋に入るというスタイル，最近そういうスタイルが増えてきているのかなという印象を持っています」「一通り言いたいことを頭から，時間の制限はもちろんあるのでしょうけれども，トータルで説明させていただくということは重要ではないかと思っております」などの意見が述べられている（「労働審判制度に関する協議会 第7回」判タ1315号15〜16頁〔2010〕参照）。

Ⅳ 専門性——労働審判員および労働専門部の効果

1 労働審判員の専門性

　労働紛争の適切な処理のためには，労働法の専門的な知識（法的専門性）および労働関係の実情・慣行についての専門的な知識経験（労働関係専門性）が必要とされる[21]。この点に関して，労働審判手続では「労働関係に関する専門的な知識経験を有する」（労審9条2項）労働審判員2名が手続に参加するものとされており，これは，従来の訴訟にはない労働審判手続の重要な特徴である。労働審判員としては，人事管理や労使関係の運営などにおいて，労使それぞれの側で経験を積んできた人々が想定されており，「そのような専門性をもつ労使の経験者が紛争解決に関与することにより，事実面での争点や紛争の実情の把握，および適切な紛争解決案の策定など，労働紛争の解決にあたり多くの面において有益な役割を果たしうる」ことが期待される[22]。

　図表5は，労働審判官および労働審判員の専門性（法的専門性および労働関係専門性）を測定する調査項目として用意した「（その審判官・審判員は）法律上の問題点を分かりやすく説明してくれた（法律説明）」および「（その審判官・審判員は）法律以外のことでも，労働関係のことをよく分かっていた（労働関係理解）」の質問に対する回答（「1 まったくそう思わない」～「5 強くそう思う」）を，裁判所のタイプ別に集計した結果である[23]。この図からは，労働審判官および労働審判員の役割分担について，以下のことが読み取れる。

　第1に，「法律説明」については，全般的に，労働審判官（裁判官）の評価が高い[24]。労働審判制度の設計上，法律上の問題点の整理・説明は主として裁判官である労働審判官の役割とされているが，実際の運用を通じて，当事者もまたそのように認識していることが読み取れる。

　第2に，「労働関係理解」については，特に中規模庁・小規模庁において，労働審判員の評価が労働審判官の評価よりも高い。労働事件の取扱い数がそれ

---

21) 労働紛争処理に必要な専門性については，菅野和夫「労使紛争と裁判所の役割」曹時52巻7号1頁以下（2000）参照。
22) 菅野ほか・前掲注4) 29頁参照。

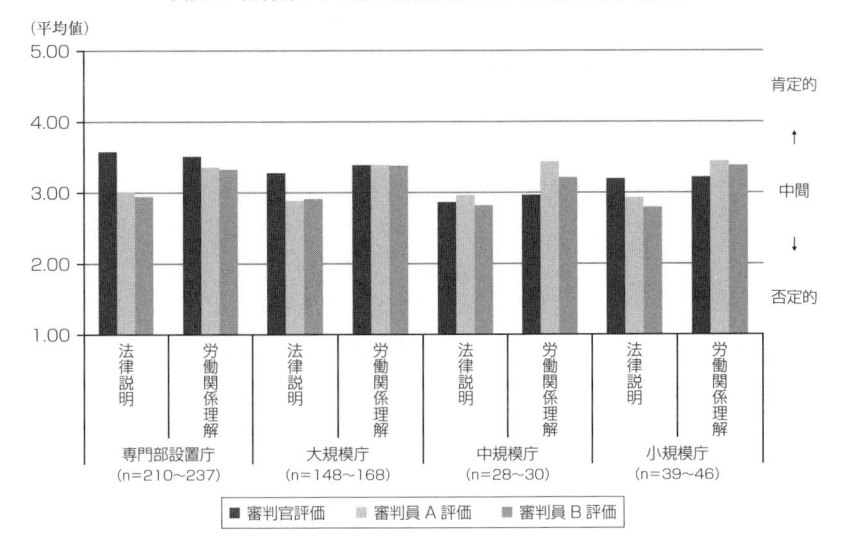

図表5　裁判所タイプ別の労働審判官および労働審判員の評価

(平均値)

専門部設置庁 (n=210〜237)／大規模庁 (n=148〜168)／中規模庁 (n=28〜30)／小規模庁 (n=39〜46)

各庁について　法律説明／労働関係理解

■ 審判官評価　■ 審判員A評価　■ 審判員B評価

ほど多いとはいえない比較的規模の小さな裁判所では，裁判官が労働関係の実情や慣行に関する知識・経験を蓄積する機会は相対的に乏しいものと考えられ，そのような場合にまさに，労働審判員がその弱点を補っていることが読み取れる。

---

23) 本調査における裁判所の分類は次のとおりである（東京大学社会科学研究所編・労働審判制度についての意識調査基本報告書〔2011〕7頁参照）。
　専門部設置庁：労働事件の専門部が設けられており，労働審判手続事件の新受件数も非常に多い東京地裁（本庁）および大阪地裁
　大規模庁：調査の前年の2009年の新受件数が50件以上の11地裁
　中規模庁：同じく20件以上50件未満の13地裁
　小規模庁：同じく20件未満の24地裁
　なお，2010年4月から新たに労働審判手続事件を取り扱うことになった東京地裁立川支部および福岡地裁小倉支部については，2009年の統計資料が存在しないため，便宜的に「小規模庁」に含めた。

24) ただし，中規模庁のみが，審判官の法律説明の評価が審判員Aの評価よりもわずかではあるが低くなっている。この結果が何を意味するかは慎重に検討する必要があるが，1つの可能性としては，中規模庁の回答者数が少ないため，事件や当事者の特殊な事情が反映された可能性も否定できない。

第3に，専門部設置庁および大規模庁では，「労働関係理解」について，労働審判員の評価が高いと同時に，労働審判官も高い評価を得ている。大量の労働事件が処理されている専門部設置庁および大規模庁では，裁判官が，法的な専門性だけでなく，労働関係の実情や慣行の理解の点でも専門性を蓄積しているということであろう。

なお，本調査では，労働審判官と労働審判員の協力関係（チームワーク）が当事者によってどのように評価されているかの質問も用意したが[25]，審判官，審判員A，審判員Bのいずれの評価においても，平均値が中間値「3」を超えて肯定的な回答となっており[26]，労働審判官と労働審判員の協力関係（チームワーク）は良好との結果であった。労働審判制度の制度設計では，〈法的専門性は労働審判官，労働関係専門性は労働審判員〉という基本的な役割分担を前提に相互の協力が期待されているが，本調査の結果は，当事者の目からみても全般的にこの仕組みがうまく機能していることが確認された。

2　「労働関係の実情・慣行」のスタンダードと制度の機能

本調査の結果は，さらに，労働審判員に体現される「労働関係の実情・慣行」の内実についても興味深い情報を提供している。

使用者側当事者を従業員規模別に4つのグループに分け，労働審判手続の結果が「労働関係の実情をふまえているかどうか（実情反映）」「法律上の権利・義務をふまえているかどうか（法律反映）」「結果に満足しているか（結果満足）」の各項目の回答（実情反映と法律反映は「1 まったくそう思わない」～「5 強くそう思う」，結果満足は「1 まったく満足していない」～「5 とても満足している」）の平均値を比較すると（図表6），「実情反映」「法律反映」「結果満足」のいずれにおいても，従業員100人未満の規模の小さな企業では評価が低く，それ以上の比較的規模の大きな企業では評価が高い傾向がみられる。この結果は次のように解釈できる。すなわち，現在の実務の慣行では，労働審判員は比較的規模の大き

---

[25] 質問の内容は，審判官については「その審判官は，審判員とよく協力していたか」，審判員については「その審判員は，審判官やもう1人の審判員とよく協力していたか」である（回答はいずれも「1 まったくそう思わない」～「5 強くそう思う」）。

[26] 審判官評価，審判員A評価，審判員B評価の順に，労働者側の回答で3.77，3.70，3.66，使用者側の回答で，3.71，3.40，3.42という結果である。

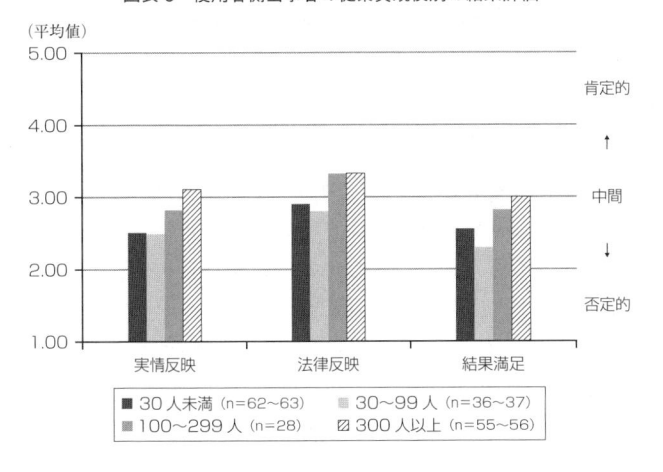

図表6　使用者側当事者の従業員規模別の結果評価

(平均値、横軸：実情反映／法律反映／結果満足、凡例：30人未満 (n=62〜63)、30〜99人 (n=36〜37)、100〜299人 (n=28)、300人以上 (n=55〜56)、縦軸1.00〜5.00、肯定的↑中間↓否定的)

な企業の労務担当者や労働組合の経験者から選ばれており[27]，労働審判員に体現される労働関係の実情・慣行のスタンダードは，大企業で支配的な労働慣行であるといえる。規模が大きな企業では，法令や判決などの法的ルールに関する知識およびコンプライアンスの意識が比較的しっかりしていると思われる。他方，中小企業の労働現場の実情および使用者の意識はそれとは異なったものでありえ，中小企業の使用者の目からみると，労働法および大企業で支配的な労働慣行に依拠する労働審判手続の結果は，意に染まない，不満なものになっている可能性がある。

このような解釈が成り立つとすれば，ここには，労働審判制度が果たしている機能と限界の両面が示唆される。まず，機能の点では，労働審判制度は，法的ルールを順守した大企業の労働慣行をスタンダードとして，そこから逸脱する中小企業の労働の実態や，その背後にある使用者の意識・慣行を是正する機能を果たしており，中小企業使用者の評価の低さ（結果に対する不満）は，労働審判制度がこのような是正機能を営んでいることをいわば裏側から示している

---

[27] 労働審判員の推薦母体は，労働者側は連合，使用者側は経団連である。労働審判員の推薦を含むそれぞれの問題意識につき，例えば，田中秀明「使用者団体からみた労働審判制度」ひろば64巻6号32頁以下（2011），新谷信幸「労働審判制度充実に向けた連合の提言」ひろば同号42頁以下参照。

といえる。

　他方，それは，労働審判制度の１つの機能的限界を示すものでもあるかもしれない。労働審判制度が依拠するスタンダードが大企業を中心に生成した労働慣行であるとするならば，労働審判制度は，そこからの逸脱に対する是正機能を発揮することはできても，このスタンダード自体を批判的な吟味の俎上に載せる機能は果たしにくい。大企業の労働慣行それ自体が法的にみて全く問題を含まないものであるとすれば格別，そうでないとするならば，必要に応じてその是正を図る仕組みもまた司法手続の中には必要であり，それはおそらく訴訟に託される重要な役割であると思われる[28]。

3　専門部の効果

　最後に，本調査の結果からは，労働事件専門部の効果が明らかになった。

　図表７は，労働審判手続に要した費用・時間，手続に関与した労働審判官・労働審判員の評価・満足度，結果の有利性，結果評価・満足度の各項目の回答（「１まったくそう思わない」～「５強くそう思う」）を裁判所のタイプ別に集計・分析した上で，統計的に有意な差が確認された項目を示したものである。これによれば，労働事件の専門部が設置され，大量の労働審判事件が処理されている専門部設置庁で扱われた事件の当事者に，「時間は短かった（迅速性）」「手続の一連の進み方は分かりやすかった（進行の分かりやすさ）」「その審判官は，法律上の問題点を分かりやすく説明してくれた（法律説明）」「その審判官は，法律以外のことでも，労働関係のことをよく分かっていた（労働関係理解）」「その審判官は，審理のために十分な準備をしていた（十分な準備）」の各項目で，統計的に有意に肯定的評価が多いことが明らかになった。このうち迅速性については，裁判所が行った裁判の迅速化に係る検証でも，専門部のある地裁では，その他の地裁よりも一貫して平均審理期間が短くなっていることが確認されている[29]。他方，本調査の結果は，それ以外の項目についても，当事者の視点を通じて，労働事件専門部の効果を示すものとなっている[30]。

---

28) 例えば，西谷敏「労働裁判改革の展望」法の科学 30 号 117 頁（2001）は，労働訴訟の課題として，労働関係の実情を踏まえる必要とともに，企業内で形成されてきた「慣行」や「常識」そのものを憲法や労働法の基本理念に照らして批判的吟味の俎上に載せることも労働訴訟の重要な任務であることを指摘する。

図表7　裁判所タイプ別の各評価項目の平均値の差

(表中の数字は平均値)

		専門部 設置庁 (n = 236〜240)	大規模庁 (n = 168〜174)	中規模庁 (n = 29〜31)	小規模庁 (n = 46〜47)
時間評価	時間の迅速性*	3.50	3.26	3.29	2.91
手続評価	進行の分かりやすさ**	3.68	3.35	3.48	3.04
審判官評価	法律説明**	3.58	3.28	2.87	3.20
	労働関係理解†	3.51	3.39	2.97	3.22
	十分な準備*	3.53	3.27	2.93	3.28

注) **$p < .01$　*$p < .05$　†$p < .10$.

　裁判所の紛争解決手続に専門性を組み込むことは，現在様々な分野で議論されており，その際，①専門的な知識経験を持つ者の参加および②専門部の設置は有力な2つの方向性である[31]。労働審判制度はこのうち①の専門的な知識経験を持つ者の参加を具体化するものであり，それが重要な効果を発揮していることは1で確認したとおりである。それと並んで本調査の結果は，②の専門部設置についてもその効果を具体的に示すものであり，労働審判制度の射程を超えて重要な知見と思われる。

V　紛争の実情に即した適正な解決

1　解決の適正性をめぐる評価の構造

　労働審判手続は，紛争の実情に即した適正な解決を目指すものである（労審1条）。では，当事者は，「紛争の実情に即した適正な解決」をどのような視点から評価しているのであろうか。以下では，解決の適正性をめぐる当事者の評

---

29)　最高裁判所事務総局「裁判の迅速化に係る検証に関する報告書（第3回）分析編」80頁(2009)参照。

30)　なお，労働専門部で労働関係理解の評価が高かったこととの関係でいえば，労働専門部に配置される裁判官がもともと労働問題のスペシャリストとは限らないことを考えるならば，専門部は，裁判官の専門性を高めるある種の教育的機能（専門性の研鑽機能）を果たしているとみることができる。

31)　その他では専門委員制度（民訴92条の2〜7）の活用という方法もあるが，本調査はこの点に関するデータを含んでいないので，ここでは論評を控える。

価の構造を分析することにする。ここで特に注目するのは，当事者が手続の結果が適正であるかどうかを判断するに際して，「労働審判手続の結果が法律上の権利・義務をふまえていること」および「労働関係の実情をふまえていること」の2つの要素をどの程度重視しているのか，また，審判か調停成立かという終結形態の違いがどのような影響を及ぼしているか（いないか）という点である。

具体的な分析に際しては，労使の立場の違いや結果の有利・不利の違いで結果の適正性の評価の構造が異なってくる可能性も想定されることから，まず，労働者側であるか使用者側であるか，結果が「有利・中間」であったか「不利」であったかの区別を組み合わせて，回答者を4つのグループに分けることにした。その上で，この4つのグループのそれぞれについて，費用（総額）の低廉性（「1非常に高い」〜「5非常に安い」），時間の迅速性（「1非常に長い」〜「5非常に短い」），審理の充実性（「充実した審理が行われたか」について「1まったくそう思わない」〜「5強くそう思う」），終局形態（労働審判＝0，調停成立＝1のダミー変数），「結果は労働関係の実情をふまえているかどうか（実情反映）」（「1まったくそう思わない」〜「5強くそう思う」），「結果は法律上の権利・義務をふまえているかどうか（法律反映）」（「1まったくそう思わない」〜「5強くそう思う」）の各因子が解決の適正性の評価（「今回の結果は具体的な事件の解決として適切であるか」）に及ぼす影響を重回帰分析の方法で測定した（図表8）[32]。

その結果をみると，第1に，「有利・中間」グループでは，労働者側・使用者側共通に，費用の低廉性，審理の充実性，「実情反映」，「法律反映」の各因子が解決の適正性の評価にプラスの影響を及ぼしていることが明らかとなった。つまり，費用が安いと思っているほど，審理は充実していたと思っているほど，結果は労働関係の実情を踏まえていると思っているほど，さらに，結果は法律上の権利・義務を踏まえていると思っているほど，労働審判手続の結果は具体的な事件の解決として適正であると評価されている。もっとも，各因子の影響の大きさ（表でβ値の大きさ）には違いがあり，労働者側では「法律反映」の影響が最も大きく，これに対して，使用者側では「実情反映」の影響が最も大きい。

---

[32] 重回帰分析については前掲注18)の説明を参照。

図表8　解決の適正性の規定要因（重回帰分析）

	労働者		使用者	
	有利・中間	不利	有利・中間	不利
	β	β	β	β
費用の低廉性	.101*	.203†	.159*	−.042
時間の迅速性	.039	−.011	.081	.163*
審理の充実性	.148*	.078	.241**	.424**
終局形態（調停ダミー）	.004	.115	−.115	.066
実情反映	.290**	.110	.511**	.343**
法律反映	.376**	.402**	.183*	.027
n	214	62	74	85
調整済 R^2	.534**	.319**	.650**	.498**

注）**$p<.01$　*$p<.05$　†$p<.10$.

　第2に，「不利」グループであるが，労働者側では，費用の低廉性および「法律反映」が解決の適正性の評価に影響を及ぼしており，これに対して，使用者側では，時間の迅速性，審理の充実性，「実情反映」が解決の適正性の評価に影響を及ぼしている。労働者側では「法律反映」が解決の適正性評価に影響を及ぼすのに対して，使用者側では「実情反映」が影響を及ぼすという違いがみられる。

　以上の結果からは，解決の適正性の評価の構造が労働者側と使用者側ではやや異なっていることが明らかとなる。労働者側は「法律上の権利・義務をふまえていること」をより重視して解決の適正性を評価しているのに対して，使用者側は「労働関係の実情をふまえている」ことをより重視している。ただし，その上で，使用者側でも，結果が「有利・中間」のグループでは，「法律上の権利・義務をふまえていること」が解決の適正性評価に相当大きな効果を及ぼしていることには注意しておく必要がある。

　他方，実務的な観点からいえば，この分析結果は，「不利」に終わった当事者の適正性評価を高めるポイントも示している。労働者側についていえば，上に述べたように，「法律反映」が解決の適正性評価に影響を及ぼしており，このことは，たとえ結果が不利であったとしても，法律的にそのような結果となることを丁寧に説明し納得させることで，その解決は適正であるとの評価を高めることができる可能性を示唆している。一方，使用者側の場合には，図表8の結果からは，「実情反映」以上に，審理の充実性の影響が大きいことが注目される。仮に結果が不利だったとしても，それが充実した審理の結果であれば，

解決の適正性の評価が高まる可能性があるのである。Ⅲ2の分析に立ち戻れば，公平かつ十分な発話機会を保障することや，進行に関して丁寧な説明を行うことなどの地道な積み重ねが重要であり，それによって当事者の「解決は適正であった」との評価を高めることができる可能性があるということになる[33]。

2 「法律上の権利・義務をふまえた」調停

労働審判法は，調停成立による解決の見込みがある場合にそれを試みるものと規定し，実際にも既済事件の7割が調停成立で終了している[34]。労働審判手続においては調停が重要な位置を占めており，このことに関わって本調査の結果についてもいくつかの分析課題が生じる。第1に，調停で成立した場合と調停が成立せず労働審判が下された場合で，解決の適正性についての当事者の評価が影響を受けているかどうかであり，第2に，調停成立での終了が多いことから，労働審判手続では一般的には妥協的・調整的解決が主流であるとの印象もあるが[35]，果たして当事者はこの点についてどのように考えているのかという問題である。

まず第1の問題についてであるが，前述の図表8の重回帰分析の結果は，労使の区別および結果の有利・不利の違いを問わず，調停で終結したことは，解決の適正性の評価に独立の影響を及ぼしていないことを示している。調停で終結したからといって，それだけでは，結果の適正性の評価は，プラスにもマイナスにも影響されないのである。別言すれば，解決の適正性評価にとって重要なのは，調停が成立したか労働審判かという終結の形式ではなく，それぞれの解決内容が，労働関係の実情を適切に反映し，法律上の権利・義務を適切に踏

[33) 実際，本調査の追加調査として行われたインタビュー調査（本書第2章26頁(3)〔佐藤岩夫執筆〕参照）において，使用者側当事者から述べられた不満には，結果もさることながら，「もっと言わせてほしかった」「せっかく書類を準備したのにそれについて質問もなく，発言もできなかったことが不満」など，審理の進め方についての不満が少なくなかった。

34) 最高裁判所事務総局行政局・前掲注5) 60頁第11表参照。

35) 例えば，野田進・労働紛争解決ファイル——実践から理論へ（2011）259頁，277頁以下は，労働審判手続の多くが調停で終結し，また労働審判の内容が和解に引きずられる傾向を「調停的審判」ととらえて，その問題点を指摘する。古川景一「労働審判制度の現状と課題」月刊労委労協637号35頁以下（2009），緒方桂子「労働法学と司法制度改革——労働審判制度の意義と課題」法の科学41号43頁以下（2010）も参照。

第4章　労働審判制度の基本的特徴の検証

図表 9-1　終局形態別の結果評価（労働者側）

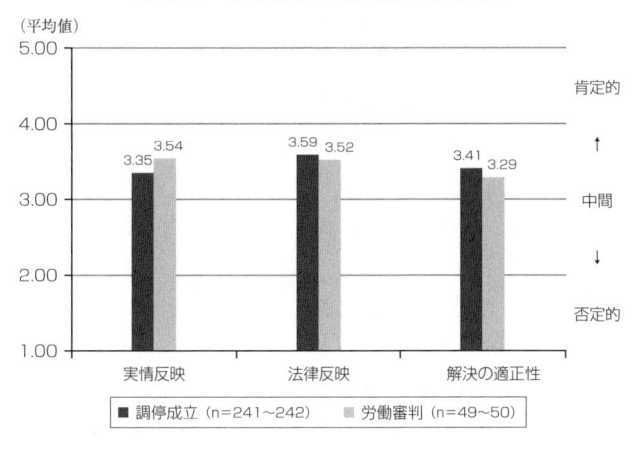

	実情反映	法律反映	解決の適正性
調停成立 (n=241〜242)	3.35	3.59	3.41
労働審判 (n=49〜50)	3.54	3.52	3.29

（平均値、1.00〜5.00：肯定的↑／中間／↓否定的）

図表 9-2　終局形態別の結果評価（使用者側）

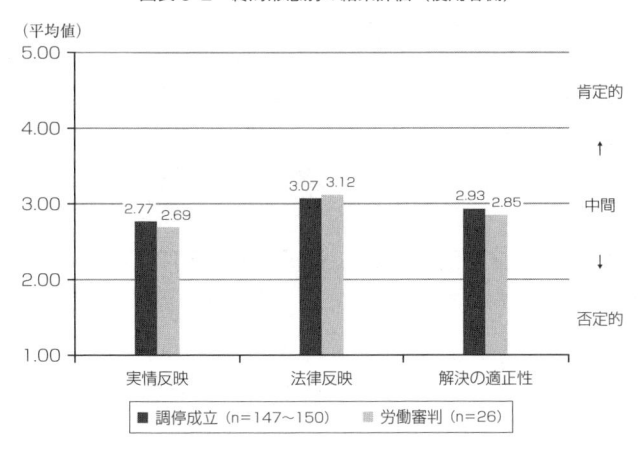

	実情反映	法律反映	解決の適正性
調停成立 (n=147〜150)	2.77	3.07	2.93
労働審判 (n=26)	2.69	3.12	2.85

（平均値、1.00〜5.00：肯定的↑／中間／↓否定的）

まえたものであるかどうかという実質である。

　次に，第2の問題については，調査結果からは，調停成立で終結したからといって，直ちに，法律上の権利・義務を軽視した過度に妥協的・調整的な解決が行われているわけでもないことも示されている。図表9-1および図表9-2は，調停成立による終結か労働審判による終結かで分けて，「実情反映」「法律反映」「解決の適正性」の回答（「1 まったくそう思わない」〜「5 強くそう思う」）の

95

平均値を比較したものであるが,「実情反映」「法律反映」「解決の適正性」のいずれについても, 調停成立と労働審判で統計的に有意な違いはみられない[36]。「法律反映」との関係でいえば, 調停成立の場合だからといって, 結果が法律上の権利・義務を踏まえている程度が低いと評価されているわけでも, 逆に, 労働審判の場合だからといって, 結果が法律上の権利・義務を踏まえている程度が高いと評価されているわけでもないということになる[37]。

さらに,「審判官は, 法律上の問題点を分かりやすく説明してくれたか(法律説明)」の質問への回答(「1 まったくそう思わない」〜「5 強くそう思う」)の結果を, 調停成立で終結した場合と労働審判で終結した場合に分けて集計すると, むしろ調停成立で終結した場合の方が, 評価が肯定的である傾向がみられる[38]。つまり, 調停で解決した当事者は, 審理の過程で労働審判官から法律上の問題点について分かりやすい説明を受けた上で, 労働審判の場合と遜色なく「法律上の権利・義務をふまえた」解決が実現できたと考えていることになる。

3 結果満足をめぐる評価の構造

最後に, 解決の適正性からさらに一歩進んで, 手続の結果への満足がどのような要因の影響を受けているかを, 先ほどの解決の適正性評価の場合と同じ方法で分析してみよう。先ほどと同様, 労働者側・使用者側の区別および結果の「有利・中間」「不利」の区別を組み合わせた4つのグループごとに, 費用の低廉性, 時間の迅速性, 審理の充実性, 終局形態(調停ダミー),「実情反映」,「法律反映」の各因子が「結果満足」に及ぼす影響を重回帰分析の方法で測定している(図表10)。

その結果からは, 第1に,「結果満足」の評価構造は「解決の適正性」の評価構造と関連はしているが全く同一というわけではないことが明らかとなる。「有利・中間」グループでは, 労働者側・使用者側に共通に, 審理の充実性,

---

[36] 労働者側(図表9-1)・使用者側(図表9-2)のいずれにおいても, 調停成立か労働審判かで「実情反映」「法律反映」「解決の適正性」の評価に統計的に有意な差はなかった。

[37] なお, 図表9-1をみると, むしろ調停成立の場合の方が「法律反映」の評価が高いが, この差は統計的に有意なものではない。

[38] 「法律説明」の回答の平均値は, 労働者側の回答では, 調停成立の場合が3.45, 審判の場合が2.92 ($p < .01$), 使用者側の回答では, 同じく3.51, 3.15 (n.s.) であった。

図表10　結果満足の規定要因（重回帰分析）

	労働者		使用者	
	有利・中間	不利	有利・中間	不利
	β	β	β	β
費用の低廉性	.112*	.053	.124	.077
時間の迅速性	.026	.074	−.102	.059
審理の充実性	.408**	.395**	.378**	.458**
終局形態（調停ダミー）	−.027	.256*	.030	.105
実情反映	.144†	.243*	.353**	.211†
法律反映	.231**	.092	.258*	−.022
n	215	61	73	85
調整済 R^2	.485**	.397**	.577**	.410**

注）** $p<.01$　　* $p<.05$　　† $p<.10$

「実情反映」，「法律反映」の各因子が結果満足にプラスの影響を及ぼし，さらに，労働者側では費用の低廉性も結果満足にプラスの影響を及ぼしている。これらの点は，解決の適正性評価の場合とほぼ同じであるが，しかし，各因子の影響の大きさ（表でβ値の大きさ）は，解決の適正性（前掲図表8）におけるとは微妙に異なり，結果満足（図表10）では，全般的に，審理の充実性の影響が大きく，その半面，「実情反映」や「法律反映」の影響は相対的に小さくなっている。「不利」グループにおいてもほぼ同様の傾向であり，審理の充実性の影響が大きい。全体として，解決の適正性の評価においては，「実情反映」「法律反映」という実体的要素が重要な影響を及ぼしていたのに対して，結果満足においては，それらの実体的要素に加えて，審理の充実性という手続的・プロセス的要素が重要な影響を及ぼしているのである。

第2に，ここでも，調停の成立それ自体が結果満足に及ぼす影響は限定的であることが確認される。調停成立が結果満足に有意な影響を及ぼしているのは労働者の「不利」グループのみであり，全般的にいえば，当事者の評価にとって重要なのは，調停か労働審判かという終局の形式ではなく，その解決を支える論拠（「法律反映」「実情反映」）および審理の充実であるということになる。

Ⅵ　まとめ

一般に，労働審判制度は，成功した制度であるといわれる。本稿では，労働

審判手続の特徴である「迅速性」「専門性」「適正性」について分析を試み，当事者の評価について種々の興味深い知見を得ることができた。筆者が特に注目するのは，①迅速性は労働審判制度の最も重要な特徴であり当事者からも高い評価を得ているが，しかし当事者は迅速性とともに充実した審理も期待していること，②労働審判制度の制度設計では，〈法的専門性は労働審判官，労働関係専門性は労働審判員〉という基本的な役割分担を前提に相互の協力が期待されているが，当事者の目からみても全般的にこの仕組みがうまく機能していると評価されていること，③労働審判手続は調停成立で終結することが多いことから一般的には妥協的・調整的解決が主流であるとの印象もあるが，しかし，調査結果に基づき当事者がどのような視点から解決の適正性を評価しているかを分析してみると，当事者は法律上の権利・義務を踏まえた解決であることを重視して解決の適正性を評価しており，調停成立の場合であっても相当程度法律上の権利・義務を踏まえた解決が実現できたと考えていること，などの点である。これらの知見が今後の労働審判制度および実務の改善にどのような示唆を与えるかは，本書第Ⅲ部（提言編）の議論に期待したいが，以下では，本稿の分析に関連し2点につきまとめの議論を行い，本稿の結びとしたい。

1 中小企業使用者の評価の低さ（不満）について

本調査の結果は，全般的傾向として，労働審判制度が当事者に満足度の高い解決手段を提供することに成功していることを示す一方，労働者側と使用者側とでは結果の評価や満足度に違いがみられ，とりわけ中小企業の使用者側当事者は，労働審判手続の結果についての評価が低く，満足度も低いことを示している（ⅡおよびⅣ2参照）。想定される利用者の一定のグループが制度のあり方について系統的に不満を持つ場合，それは制度の長期的安定を妨げる攪乱要因ともなりえ，中小企業の使用者の評価の低さ（不満）をどう考えるかは，検討を要する問題である。

この点について，本稿では，法令や判決などの法的ルールに関する知識およびコンプライアンスの意識が比較的しっかりしている大企業の労働慣行をスタンダードとする労働審判手続の結果と中小企業の使用者が従っている意識・慣行との間にギャップがあり，その結果，中小企業の使用者の目からみると，労働審判手続の解決結果が，意に染まない，不満なものになっている可能性を指

摘した（Ⅳ2参照）。中小企業の使用者側当事者の評価の低さは，労働審判制度が中小企業で通用している意識・慣行を是正する効果を発揮していることと裏腹の関係にある。

　そうであるとするならば，使用者，特に中小企業の使用者の評価や満足度が低いことは，必ずしも労働審判制度の病理的課題というわけではなく，むしろこの制度の正常な機能を示すものといえよう。今後，労働審判制度の利用が普及し，そこでの解決内容・水準が中小企業のレベルにも浸透していくならば[39]，長期的には，中小企業の使用者の意識・慣行と労働審判手続の解決水準とのギャップが縮小していき，結果として，使用者側当事者の評価が相対的に改善していく可能性も考えられる。筆者としては，中小企業の使用者側当事者の評価の低さ（不満）は，中小企業で通用している意識・慣行の長期的な改善過程の中での過渡的な現象と理解しておきたい。

2　労働審判制度の判定機能と調整機能の関係について

　周知のように，労働法学では，①労働審判制度の基本的な性格をめぐって，労働審判制度は一定の実体的なルールの適用を行って判断を下す判定作用を主とするものなのか，それとも，当事者の合意による紛争解決のために働きかけを行う調整的な作用を主とするものなのかが議論されており[40]，また，②実際の運用では既済事件の7割が調停で終結するという調停優位の傾向をめぐって，労働審判制度における判定機能の後退を批判する意見も示されている[41]。本調査の結果は，これらの議論に直接に解決を与えるものではないが，しかし，いくつかの点で重要な示唆も与える。

　まず，①の労働審判制度の性格規定の問題に関連して，本章Ⅴ1の分析結果から，当事者は，解決の適正性を評価するに際して，その解決が法律上の権利・義務を踏まえたものであるかどうかを相当程度重視していることが注目される。この傾向は特に労働者側の当事者で顕著であり，労働者側の場合，結果

---

39) 菅野ほか・前掲注4) 9頁以下は，労働審判制度の活発な利用が「労働現場における労働法や契約法の普及に寄与する」可能性を指摘する。本書第1章16頁*3*〔菅野和夫執筆〕も参照。
40) 菅野ほか・前掲注4) 37頁，山川隆一・労働紛争処理法（2012）154頁参照。
41) 前掲注35) 参照。

が自己にとって「有利・中間」である場合はもちろん，「不利」な場合であっても，その解決が法律上の権利・義務を踏まえたものであるかどうかということが，解決の適正性評価の最も重要な要素であった。これに対して，使用者側の場合は，確かに，法律上の権利・義務以上に，事案の実情を踏まえたものであるかどうかを重視する傾向がみられたが，しかし，法律上の権利・義務を踏まえたものであるかどうかも無視されているわけではない。労働審判制度の性格規定については，学説上，「労働審判手続は主として判定作用を行うものであり，それに調整的な性格が加味されたもの」との立場が有力であるが[42]，この理解は，本調査の結果にみられる当事者の評価の構造からも支持されるもののように思われる。

　次に，②の調停優位の現在の実務をどのように評価すべきかについて，本調査の結果からは，調停で解決した当事者も，審理の過程で労働審判官から法律上の問題点について分かりやすい説明を受けた上で，労働審判で終結する場合と遜色なく「法律上の権利・義務をふまえた」解決が実現できたと考えていることが明らかとなった（前述V2参照）。判定機能ということで，専ら終局形式（労働審判委員会による裁定）に注目するのであれば別であるが，事案の解決が法律上の権利・義務を踏まえて行われるかどうかの実質に着目して考えるのであれば，本調査の結果からは，当事者は，調停成立の場合であっても相当程度法的観点を踏まえた解決が行われていると考えているのであって，少なくとも，事件の多くが調停成立で終結しているとの一事をもって，労働審判制度の機能が過度に非法的・調整的解決に傾斜しているとまではいえないことが示されたといえる[43]。

---

42) 菅野ほか・前掲注4）37頁，山川・前掲注40）154頁参照。
43) なお，調停成立の場合にも相当程度法律上の権利義務を踏まえた解決が行われていることの原因としては，労働審判制度の設計上，調停が成立しない場合には労働審判委員会が裁定（労働審判）を行い，それに異議がある場合には訴訟に移行するという制度の仕組みが影響を及ぼしている可能性がある。このような制度設計の結果，当事者は，審判や訴訟移行の可能性を念頭に置きつつ調停による解決を模索することになり，そのプロセスは全体として「法の影の下での交渉（bargaining under the shadow of law）」の性質を持つものとなっているものと考えられる。

分析編

第5章 金銭的側面からみた労働審判制度[1]

高橋陽子
TAKAHASHI Yoko

● ABSTRACT ●

本稿では，労働審判手続における解決金の水準とその内訳，弁護士が解決金に与える効果の2点を検証した。分析結果から，①労働審判の解決水準は紛争調整委員会のあっせんより高く，裁判上の和解，判決に比べて低いこと，②労働審判と裁判上の和解の解決金（和解金）の多寡は，解決までの期間の長さによって決まる傾向があること，③労働審判の解決金には，損害賠償等が一定程度加味されている可能性があること，④労働者側弁護士は解決金を十分に引き上げる効果を持つが，事件の種類によっては解決金を引き上げる効果が小さく弁護士依頼が割高であること，⑤使用者側弁護士は解決金を引き下げる効果を持つという予想に反し，本調査のデータからは解決金を引き上げていること，などが明らかとなった。

I はじめに

日々起こる個別労働紛争の中から労働審判手続の申立てに至る数は，労働審判の結果として得られるであろう解決金の水準と，解決までに必要となる費用に影響を受ける。潜在的な申立者が予想する解決金が高いほど，そして費用が安いほど，申立件数は増えると考えられる[2]。では，現在の労働審判制度の下

---

1) 本稿は高橋陽子＝水町勇一郎「労働審判利用者調査の分析結果と制度的課題」労働120号 34頁以下（2012）を加筆修正している。
2) 使用者側からみれば，高い解決金は職場での個別紛争を予防する努力を促すため，個別労働紛争の数や労働審判の件数を減らす可能性がある。

での潜在的な申立者が，申立前に解決金の額や費用を予想することは可能なのだろうか。というのも，日本では解決金額や労働審判手続における最大の費用である弁護士費用など，申立てに係る金銭的な情報が統計等からほとんど得られないのである。

例えばイギリスでは，年に1度，司法省が雇用審判所における補償金（compensation）についての統計を発表している[3]。事件の種類ごとに，補償金の中央値，平均値，最大値，そして階級分布が集計されており，このような情報は，潜在的な申立者が申立てを行うか否かの意思決定をする際に有益と考えられる。本稿の第1の目的は，日本の労働審判制度における解決金の水準を，本調査を用いて初めて示すことである。

本稿の第2の目的は，労働審判制度における弁護士依頼の効果について検証することである。裁判所に支払う申立手数料は安価に設定されており，弁護士を依頼しなければ労働審判にかかる金銭的費用は小さなものである。潜在的な申立者にとっての関心は，弁護士への依頼の有無にかかわらず同程度の解決金を得ることができるか，それとも依頼すれば弁護士費用を上回る解決金の上昇が見込めるのかであろう。本稿では，弁護士は解決金をいくら引き上げるのか（使用者側では逆に解決金をいくら引き下げるのか）について統計分析を行った。

II 労働審判（調停・審判）雇用終了関係事件の解決水準

労働審判手続は原則非公開であるため，その実相は必ずしも明らかにされていない。とりわけ解決金については裁判所による公式統計がなく，どのような金額で解決が図られているのか明らかとなる情報がない。それゆえ，解決水準の計測は本調査実施の主要な目的の1つであった。本調査により初めて労働審判における解決水準を客観的に示すことができるが，その水準の高低を論じるためには，他の紛争解決制度の解決水準との比較という視点が重要である。そこで，IIでは事件を雇用終了事件に限定した上で，労働審判（調停・審判）における解決金が，（都道府県労働局）紛争調整委員会のあっせん，裁判上の和解，判決と比較してどのような位置にあるのかを検証する。

---

3) Ministry of Justice, Employment Tribunals and EAT Statistics.

図表1　労働審判と紛争調整委員会あっせんの解決水準（雇用終了事件）

	月額請求 (A)	請求額 (全体)	解決金 (B)	解決水準 (B/A)	問題発生から 解決までの期間
労働審判	29.5 万円	302.0 万円	100.0 万円	3.4 か月	6.4 か月
あっせん	―	50.0 万円	17.5 万円	―	2.4 か月

＊あっせんの数値は労働政策研究・研修機構統括研究員・濱口桂一郎氏による特別集計。

1　あっせんとの比較

　図表1の上段は労働審判，下段は紛争調整委員会のあっせんの雇用終了事件の値を示している。労働審判の月額請求は 29.5 万円，請求額（全体）は月額請求のほかに損害賠償等の請求額も含まれる請求の合計額であり，労働審判は 302 万円に対し，あっせんは 50 万円である[4)5)]。解決金は労働審判が 100 万円，あっせんは 17.5 万円と労働審判の方が高水準である。

　労働審判の解決水準は月額請求（≒月給）の約 3.4 か月分である[6)7)]。そして，問題発生日（解雇日）から解決までの期間は，あっせんが 2.4 か月に対し，労働審判は 6.4 か月とあっせんの方が迅速な解決となっている。ただし，労働審判は労働基準監督署や紛争調整委員会あっせんを経由した後に申し立てられる

---

4) 金銭の請求について，本調査の調査票には月給など「月当たりの請求」，退職金や損害賠償等の「その他定額の請求」を記載してもらった。本調査では「月当たり請求」は 29.5 万円（中央値）となっている。本調査が実施された 2010 年の厚生労働省「賃金構造基本調査」によれば，一般労働者の賃金は 29 万 4500 円と「月当たり請求」と同水準であることから，調査者の想定どおり「月当たり請求」には月額給与が記載されているものと考えられる。

5) 労働審判と異なり，あっせん申請書には「月当たりの請求」，「その他の定額の請求」のような内訳を記載せず，その2つの項目の合計に相当する金額が記入される。これは，労働審判の申立書でいうところの「労働審判を求める事項の価格」にあたる。労働審判の請求額（全体）については，あっせんとの比較のため，「月額請求」と「その他請求」，「問題解決までの期間」を用いてこれを推計した。

6) Ⅱでは，断りがない限り中央値を示している。中央値とは，値を小さい順に並べたときの中央の値であり，平均値に比べて外れ値（異常値）の影響を受けにくい性質を持つ。例えば，本調査の解決金の最大値は 1500 万円だが，この値は他の大多数の事件の解決金から大きく乖離している。このような外れ値を含むデータにおいて，中央値は平均値よりも実態に近い値を示す。

7) 事件別には，整理解雇 3.5 か月，懲戒解雇 4.3 か月，それ以外の解雇 3.9 か月，退職強要（勧奨）3.4 か月，雇止め 3.2 か月，本採用拒否 3.6 か月と，各事件とも 3〜4 か月分の解決水準である。

こともあり，解雇から申立てまでの期間が4か月と長い[8]。

2　裁判との比較

次に，裁判上の和解，判決と比較する（図表2）。解決までの期間は労働審判が6.4か月，裁判上の和解は15.6か月，判決は28.6か月である。解決金は労働審判が100万（平均131.4万）円のところ，裁判上の和解が300万（平均666.5万）円，判決は0（平均609.9万）円と，労働審判の解決金の水準は低い[9][10]。しかしながら，裁判は問題発生から解決までの期間が長いため，解決金の水準を正確に比較するには期間の長さも考慮する必要がある。そのための指標が図表2の4列目に示した「標準化した解決金」である[11]。労働審判が0.53に対し，裁判上の和解は0.48とほぼ同水準である。つまり，絶対額でみれば労働審判の水準は低いが，期間を考慮すれば，裁判上の和解と労働審判は同程度であることが明らかになった。

3　解決金の分布

図表2において判決の認容額は中央値と平均値では大きく異なっているが，これは解雇有効の場合は認容額が0円となる一方，解雇無効の場合は比較的高額な認容額を得るという，判決特有の偏った認容額の分布の影響による。この

---

[8]　紛争調整委員会のあっせんは濱口桂一郎統括研究員（労働政策研究・研修機構），裁判のデータは神林龍准教授（一橋大学）に特別集計いただいた。ここに感謝の意を表したい。なお，あっせんデータの詳細は労働政策研究・研修機構編・日本の雇用終了（2012），裁判データの詳細は神林龍編・解雇規制の法と経済（2008）を参照されたい。

[9]　判決では約7割の事件において解雇が有効で認容額が0円となるため，中央値は0となる。

[10]　裁判では解決までの期間が長い分，労働審判よりも中間収入控除の影響が大きいと予想される。神林編・前掲注8）の「東京地方裁判所解雇事件調査」の判決の認容額は中間収入控除後の額である。この調査には中間収入の額や再就職の時期は含まれないため，控除前の認容額はわからない。一例だが，神林編・前掲注8）のデータに含まれる解雇無効判決が出たある事件では，認容賃金が請求賃金よりも12万円程度少なく，この差額を中間収入控除額ととらえ，かつ，労働者が被告会社から解雇された直後に他社に再就職していたと考えた場合，中間収入控除なしでこの労働者に認められる賃金支払額は中間収入控除ありの場合と比べると最大で315万円程度高くなる。このため，図表2に示した判決の認容額は労働審判と比べるとその分相対的に過少であり，中間収入控除の影響をなくした場合の労働審判と判決の解決金の水準の差はより大きい可能性がある。

[11]　解決金の標準化の方法は，神林編・前掲注8）242頁の「標準化和解金」に従っている。

第 5 章　金銭的側面からみた労働審判制度

図表 2　労働審判と裁判の解決水準（雇用終了事件）

	A 月額請求	B 解決金・認容額	C 問題発生から 解決までの期間	(B/A)/C 標準化した 解決金
労働審判 （平均値）	29.5 万円 (46.0 万円)	100.0 万円 (131.4 万円)	6.4 か月 (8.3 か月)	0.53 (0.70)
裁判上の和解 （平均値）	40.0 万円 (48.2 万円)	300.0 万円 (666.5 万円)	15.6 か月 (21.7 か月)	0.48 (0.80)
判決 （平均値）	37.3 万円 (49.8 万円)	0.0 万円 (609.9 万円)	28.6 か月 (33.7 か月)	0.00 (0.39)

＊裁判上の和解・判決の数値は一橋大学経済研究所准教授・神林龍氏による特別集計。
（注）判決の認容額の平均値が 0.0 万円であることについては注 9）参照。

ように，解決金等が独特の分布を持つ場合，中央値による水準の比較だけではその特徴を十分に明らかにできないため，ここでは解決金の分布を比較する。まず図表 3（次頁）は，解決金の絶対額の分布を表わしている。労働審判は 0 〜100 万円未満が多く 46％，100 万円以上 200 万円未満が 37.1％ である。解決金が 500 万円を超える事件も 2.4％ とわずかながら存在する。裁判上の和解は 500 万円以上が 37.9％ と最も多い。判決は 0〜100 万円未満に 67.7％ が集中しているが，このほとんどが解雇有効判決によって認容額 0 円とされた事件である。一方で，解雇無効判決を得た事件の多くは 500 万円以上の認容額を得ている。

労働審判と裁判上の和解の解決金の中央値は，期間を考慮すれば同程度であることを図表 2 に示したが，その分布の形状も似ている（次頁・図表 4）。つまり労働審判でも，より時間のかかる裁判上の和解でも，期間を考慮した水準という点では得られる結論はほとんど変わらず，この 2 つの解決金（和解金）の絶対額の多寡は解決までの期間の長さで決まる傾向がある。ただし，ここで注意すべき点は，標準化した解決金が 1 を超える事件がどちらも 2 割ずつ存在することである。標準化解決金が 1 を超えるということは，解雇以降の月額賃金総額（月額請求×解決までの期間）以上の解決金を得ていることを意味する。つまり，労働審判においても，解決までの月額賃金総額を超えて，損害賠償等の要素を加算した解決金が支払われている可能性がある。

第Ⅱ部 利用者からみた労働審判制度（分析編）

図表3 解決金（絶対額）

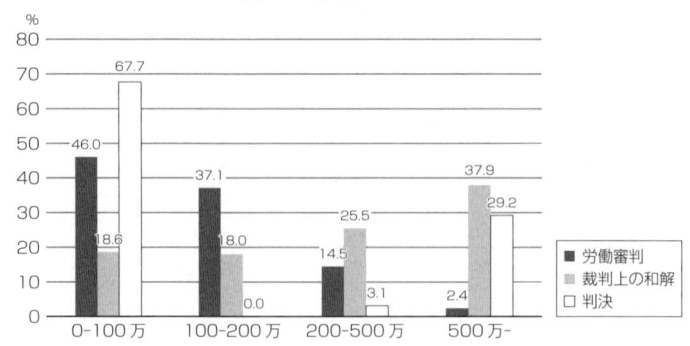

区分	労働審判	裁判上の和解	判決
0-100万	46.0	18.6	67.7
100-200万	37.1	18.0	0.0
200-500万	14.5	25.5	3.1
500万-	2.4	37.9	29.2

図表4 標準化した解決金（労働審判と裁判上の和解）

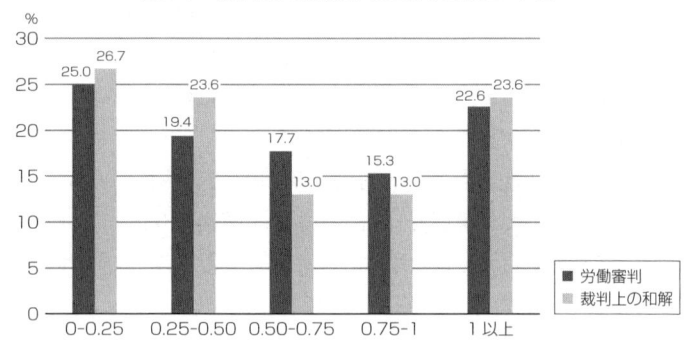

区分	労働審判	裁判上の和解
0-0.25	25.0	26.7
0.25-0.50	19.4	23.6
0.50-0.75	17.7	13.0
0.75-1	15.3	13.0
1以上	22.6	23.6

図表5 請求を超える解決金の水準

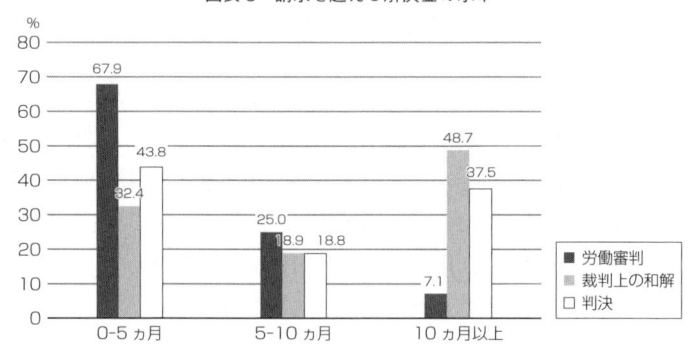

区分	労働審判	裁判上の和解	判決
0-5ヵ月	67.9	32.4	43.8
5-10ヵ月	25.0	18.9	18.8
10ヵ月以上	7.1	48.7	37.5

4 解雇に対する損害賠償

損害賠償等が解決金にどの程度考慮されているのかを検証するために，標準化解決金が1を超える事件に限定し，月額賃金総額を超えた分の金額の解決水準（（解決金－月額賃金総額）／月額請求）の分布を労働審判，裁判上の和解，判決で比較したのが図表5である。労働審判は0〜5か月未満が67.9%と多く，裁判上の和解，判決では10か月

図表6　終局後の就業状態と補償額

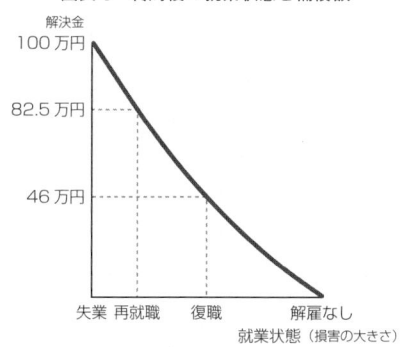

解決金
100万円
82.5万円
46万円

失業　再就職　　復職　　　　解雇なし
　　　　　　　　　　就業状態（損害の大きさ）

以上が多い（裁判上の和解は48.7%，判決は37.5%）。このことから，労働審判，裁判上の和解，判決のいずれも損害賠償等が解決金の中に加算されている可能性があるが，裁判上の和解や判決に比べ，労働審判においては損害賠償等の水準が低いという特徴がみてとれる[12]。

では，労働審判の解決金の中で補償される損害とはどのようなものだろうか。解雇から被った損害は，解雇されて失業状態に陥った者の方が，再就職できた者より大きいだろう。そのため，失業状態にある者にはより高い解決金が提示されなければ解決案に合意しないことが予想される。解雇による損害は，終局後の労働者の就業状態が失業，別会社への再就職，復職の順に大きいと仮定し，損害の大きさとそれを補償するために必要な金額との関係を表わしたのが図表6である[13]。失業者に対する解決金は100万円，再就職者に対する解決金は82.5万円，復職者に対する解決金は46万円で，予想どおり損害が大きいほど解決金の額は高い。労働審判を経て元の会社に復職した場合，解決金には解雇から解決までの間に失われた賃金の他に，解雇によって被った精神的苦痛に対

---

[12]　なお，月額賃金総額を超える解決金（＝損害賠償等）の中には賞与が含まれており，解決までの期間が長い裁判上の和解，判決では賞与に相当する部分が相対的に大きい分，損害賠償等の水準が高くなっている可能性もある。

[13]　ここでは終局後の就業状況が特定できる労働者票に限定して分析している。失業者は退職後，現在収入がない者（84人），別の会社への再就職者は退職後に所得のある者（70人），復職者は調停や審判の結果復職が認められた上で在職している者（5人）である。

する補償が考慮される可能性があり，これらは合わせて46万円である。次に，別の会社に再就職した場合には，これまで元の会社で蓄積してきた技能を転職後の会社で発揮できないことによる賃金の損失分が補償されていると考えられ，これが36.5万円（82.5万－46万）である。そして，解雇によって職を失うことに対する補償は54万円（100万－46万）である。

このような分析は，サンプルサイズの大きなデータを用い，事件の性質の違いや問題解決までの期間をコントロールするなどより精緻な形で行われるべきであるが，中央値を用いた単純な比較によると，労働審判の解決金には，転職に伴う賃金の損失や失業への補償がなされている可能性がみてとれる。

Ⅲ　労働審判における弁護士の意義と役割

労働審判における弁護士依頼率は高く，最高裁の統計によれば労働者側，使用者側ともに8割を超える。一方で，本調査によれば弁護士の費用が高いという評価は労働者側で46.9％，使用者側で53.3％と，労使ともに約半数が弁護士依頼に対する費用面での負担感を持っている。ただし，費用の負担が大きいことが直ちに弁護士依頼が割高であることを意味するわけではない。弁護士費用の負担は大きいが，弁護士依頼にはそれを上回る何かしらの効果（便益）があるかもしれない。Ⅲでは，弁護士依頼の効果について検証する。

弁護士依頼の効果として既に認知されているのは，弁護士依頼が調停成立率を高めることである。最高裁判所行政局の調停成立率の統計によれば（図表7），双方が弁護士を依頼しない場合の調停成立率は53％，双方が弁護士を依頼した場合は75％に達する。さらに使用者側で弁護士を依頼すると調停成立率は15〜28％ポイント高くなるが，労働者側が弁護士を依頼すると，相手方も弁護士を依頼する場合は6.7％ポイント上昇，相手方が弁護士を依頼しない場合はむしろ調停成立率は低下する。つまり，特に使用者側が弁護士を依頼することが調停成立率を上昇させている。

その他の弁護士依頼効果として，弁護士は労働審判委員会の心証形成の際に必要となる証拠を不足なく提示するなど，その専門性を生かして労働者側で解決金を引き上げ，使用者側では引き下げる効果を持つと予想される。また，申立書や答弁書などの書類の作成を弁護士が行うことで，依頼人の手間や負担を

軽減し，依頼人の労働審判の結果の満足度を高めることが予想される。これら3つの弁護士依頼効果を，本調査を用いて検証した。

図表7　調停成立率（最高裁判所行政局調べ）

		相手方（≒使用者側）		
		本人	弁護士依頼	差
申立人 （≒労働者側）	本人	53.0%	68.4%	15.4
	弁護士依頼	47.1%	75.1%	28.0
	差	−5.9	6.7	

1　労働者側弁護士による解決金上昇効果

　まず労働者側の結果を示す。弁護士が解決金に与える効果として，弁護士を依頼した事件と依頼しなかった事件の解決金の差額を測定している。ただし，この単純な差額は弁護士依頼の効果を過大に評価する可能性がある。例えば，解雇事件やハラスメント系の事件は，事件の複雑性からか他の事件に比べて弁護士依頼率が高い。しかも，それらの事件では請求額自体が大きいので，その結果である解決金も高い。このような場合，弁護士依頼の有無による解決金の差額は，弁護士依頼の効果だけではなく，事件の複雑性や事件の大きさなどの性質も含んでいる。

　そこで，事件の複雑性などの影響を取り除いた純粋な弁護士の解決金上昇効果を推定するために，傾向スコア法という統計手法を用いた[14]。具体的には，「弁護士を依頼する性質の事件（相対的に複雑な事件）」，「弁護士を依頼しない性質の事件（相対的に簡易な事件）」と，事件の種類を2つに分け，それぞれ弁護士依頼の有無による解決金の差額を計算した[15]。結果は図表8（次頁）に示し

---

14)　傾向スコア法（Propensity Score Reweighting）は，サンプルサイズの大きくないクロスセクションデータを用いた因果効果の計測に有効な推定方法である。従属変数は解決金額，独立変数は弁護士の有無，共変量（covariate）は，事件の種類，請求額（月額請求，その他定額請求），企業規模，社内労働組合の有無，労働者属性（雇用形態，役職，年齢，学歴，性別，問題発生時の年収，裁判経験）である。サンプルサイズは労働者側の推定で251，使用者側の推定で139である。

15)　統計学に接する機会のない読み手に向け，分かりやすさの確保のために，処置群を「弁護士を依頼する性質の事件」，対照群を「弁護士を依頼しない性質の事件」と説明している。図表8に示した推定結果の「差」の上段が処置群での因果効果（Average Treatment Effect on the Treated）に相当し72.5万円，下段が対照群での因果効果（Average Treatment Effect on the Untreated）で24.6万円，平均因果効果（Average Treatment Effect）は表に記していないが69.4万円である。

図表8　弁護士依頼の解決金上昇効果

	弁護士を依頼	弁護士を依頼せず	差
弁護士を依頼する性質の事件	156.0万	83.5万	72.5万円
弁護士を依頼しない性質の事件	78.3万	53.6万	24.6万円

ている。複雑な事件で弁護士を依頼すると平均156万円の解決金を得る一方，弁護士を依頼しなかった場合は83.5万円である。この差の72.5万円が，複雑な事件において弁護士への依頼が解決金を引き上げる効果となる。弁護士を依頼しない性質の事件では，弁護士を依頼した場合の解決金の平均額は78.3万円，依頼しなければ53.6万円で，この差額24.6万円が弁護士依頼の効果である。

この差額が弁護士費用を上回っていれば，弁護士を依頼することによる金銭面での便益が生じる。日本弁護士連合会が2008年に実施した弁護士報酬についてのアンケート調査によれば，懲戒解雇の事件での弁護士費用は50万円前後である[16]。つまり，複雑な事件での弁護士効果72.5万円は費用を上回り，弁護士に依頼することは十分な意義がある。一方，簡易な事件については弁護士費用の調査はないが，もし弁護士費用がこの弁護士依頼効果の24.6万円と同程度またはそれより高いならば，解決金という側面からは簡易な事件で弁護士を依頼する便益はない。

2　労働者側弁護士によるその他の効果

その他，手間や負担への効果，結果の満足度への効果についても，事件の性質ごとに推定した。全体の分析結果は図表9にまとめている。労働者側の結果をみると，弁護士を依頼する性質の複雑な事件では，弁護士依頼は書類等にか

---

[16]　調査結果は日本弁護士連合会「市民のための弁護士報酬の目安2008年アンケート結果版」36〜38頁にまとめられている。アンケートは「10年間勤務し，30万円の月給をとっていた労働者を，会社が懲戒解雇したので，労働者が解雇無効を理由に労働仮処分手続の申立をした」が，「その結果，会社は懲戒解雇を撤回したうえで，労働者は任意退職し，会社都合を原因とする退職金200万円と解決金200万円を労働者は受け取った」場合の，着手金，報奨金を尋ねている。労働者側の弁護士費用について，着手金で最も回答が多いのが20万円前後（44.6％），成功報酬で最も多いのは30万円前後（41.3％）であった。このアンケートでは，手続が仮処分と労働審判では報酬が異なるかも併せて尋ねており，着手金も報奨金も仮処分と労働審判では異ならないとの回答が9割，労働審判の方がやや安いという回答が1割弱であった。

図表9　弁護士依頼効果の結果のまとめ

	労働者側事件の性質		使用者側事件の性質	
	依頼する性質	依頼しない性質	依頼する性質	依頼しない性質
解決金	約73万円上昇	約25万円上昇	約72万円上昇	(約17万円低下＊)
手間や負担感	減少	—	—	—
結果の満足度	—	—	低下	—

＊統計学的に有意ではない。
(注)「—」は弁護士を依頼した場合としない場合で統計学的に有意な差はないことを示している。

かる手間や負担感を有意に減らしている。このように，複雑な事件では，弁護士依頼は解決金の額を約73万円上昇させ，手間や負担を減らす効果があるにもかかわらず，労働審判の結果の満足度には影響を与えていない。この背景には，弁護士依頼の効果が依頼人に十分認識されていない可能性がある。一方，弁護士を依頼しない性質の事件では，弁護士依頼による解決金の上昇は25万円程度で，これは弁護士費用で相殺される可能性がある。また，手間や負担感には影響を与えず，労働審判の結果の満足度も高めていない。

3　使用者側の弁護士依頼効果

使用者側の弁護士依頼の効果は図表9の右側にまとめている[17]。使用者側で弁護士を依頼すれば，解決金が下がると予想されたが，依頼する性質の事件では逆に72万円解決金を上昇させているという結果が得られた。さらに，手間や負担感には影響を与えず，結果の満足度は弁護士依頼によって低下している。なぜ使用者側で弁護士依頼が解決金を上昇させているのかについては，なお推測の域を出ないが，次のような解釈が考えられる。前述のとおり，使用者側の弁護士依頼は調停成立率を大きく引き上げる。使用者側弁護士は，解決金を平均で72万円引き上げてでも調停を成立させて，労働審判から通常訴訟への移行を回避する行動をとっているかもしれない。このような選択は，通常訴訟に移行した場合の時間や金銭面でのコスト等を考慮し，弁護士としては長期的にみて正しい選択・誘導をしているとしても，依頼人には通常訴訟に移行し

[17) 使用者側の分析に利用可能なサンプルサイズは130程度と小さく，この分析の結果には注意が必要である。

た場合の結果等が十分に予想できないため，依頼人の労働審判の結果の満足度を低下させている可能性がある。

Ⅳ 考　察

本稿の分析結果をもとに下記4点について考察を試みる。

(1)　あっせんと労働審判の関係

雇用終了事件における紛争調整委員会のあっせんの解決金は17.5万円，あっせん同様弁護士が関与しない場合の労働審判の解決金は83.5万円であり，あっせんの解決水準は低い[18]。あっせんが不調に終わり労働審判に至れば，使用者側はあっせんの5倍近い解決金を支払う可能性があり，使用者側にとってはあっせんで解決を図る方が紛争解決費用を低く抑えることができる。にもかかわらず，厚生労働省「個別労働紛争解決制度施行状況」によれば，あっせんの合意成立率は労働審判制度発足前後で大きな変化はなく，むしろ僅かに低下している[19]。このことは，現時点で労働審判はあっせんへの影響力をほとんど持たず，両制度は個別労働関係紛争の解決手段として独立していることを意味する。これが単に労働審判制度の認知度の低さによるものなのか，それとも両制度の利用者の属性が大きく異なるためなのかなど，その理由について今後より詳細に検証する必要がある。

(2)　裁判上の和解と労働審判の関係

労働審判の解決は，裁判上の和解のおよそ半分の時間で同様の結果が得られるため，労働審判制度の発足は，紛争解決に要する社会的費用の節約につながっていると考えられる。ただし，解決金に損害賠償等が加味される場合に，そ

---

[18] 弁護士を依頼する性質の事件で弁護士を依頼しなかった場合の解決金の額（図表8参照）。ただし，あっせんの17.5万円は雇用終了事件における解決金の中央値であるのに対し，労働審判の83.5万円は相対的に複雑な事件における解決金の平均値（推定値）であり，単純な比較は難しい。

[19] 厚生労働省「個別労働紛争解決制度施行状況」によれば，2005年のあっせんの合意成立率は43.2％に対し，2011年は38.3％と5％ポイント程度低下している（使用者側の不参加等による打ち切りの比率が49.7％から55.8％に上昇している）。

の額が裁判上の和解よりも低水準となっている。同種の解雇に対する損害賠償の額が裁判上の和解でより大きいならば，労働者側には労働審判で解決せずに，訴訟に移行するインセンティブが生じ，その分紛争が長期化している可能性がある（つまり，もし手続間で損害賠償の額に差がなかったならば，労働審判の解決率は現状以上に高かったはずである）。このように損害賠償等の額が手続間で大きく異なることの可否については，今後議論が必要である。

(3) 労働者側の弁護士の効果

労働審判制度では弁護士代理が推奨されている[20]。しかし，相対的に簡易な事件では，弁護士依頼による解決金の上昇分が弁護士費用に相殺される程度であることを考えると，すべての事件で弁護士が依頼されるべきか否かには議論の余地がある。簡易な事件では弁護士が申立書等の添削のみを行うなど，事件の性質に合ったサービスの拡充も検討されるべきである[21]。

(4) 使用者側の弁護士の効果

相対的に複雑な事件で，使用者側の弁護士は解決金を約72万円引き上げ，労働審判の結果の満足度を低下させるという結果を得た。この結果については，労働審判において使用者側の弁護士依頼が調停成立率を大きく高めることからも，使用者側の弁護士が解決金を引き下げる努力を怠っているというより，訴訟に移行させず，労働審判で事件を解決することに努力を払っていると解釈できるだろう。この点が使用者側に認識されておらず，労働審判ではなくより詳細な事実認定がなされる訴訟であれば自分に有利な解決が得られると考え，訴訟への移行を積極的に勧めない弁護士に対して不満を抱くようである[22]。こ

---

[20] 裁判所のウェブサイトには，労働審判手続は本人による申立ては可能であるが，申立ての段階から十分な準備をし，期日において状況に応じた適切な主張，立証を行うためには，必要に応じて，法律の専門家である弁護士に相談することが望ましいと記されている。

[21] 東京大学社会科学研究所が行った労働審判制度についてのインタビュー調査（本書第2章26頁(3)〔佐藤岩夫執筆〕）には，相対的に簡易な事件に相当する事件で，弁護士を依頼せず，自分で作成した申立書を裁判所に提出に行くと，申立書が法律のフォーマットに基づいていないという理由から受理してもらえなかった事例がある。このようなケースでは「書類の添削だけでも弁護士にやってもらえれば楽だったと思う」「裁判所に受け入れられる書類かどうかを誰かに確認してもらいたかった」などという意見が聞かれた。

のような不満を減らすために，使用者側の弁護士は事件が訴訟に移行した際の結果の見通しと，訴訟に伴う費用の大きさや時間についての十分な説明が必要であろう。

---

22) インタビュー調査には，使用者側で「労働審判じゃなくてもっとちゃんとした，裁判に持ち込めば絶対勝てるよ」と弁護士に言ってもらいたかったという事例がある。

分析編

第6章 労働審判制度に対する当事者による評価の全体構造

今在慶一朗
IMAZAI Kei-ichiro

● ABSTRACT ●
　審判手続と結果に対する態度の関係について検討を行った。全体的な傾向として，審判官・審判員，審判手続が公正で適切であったという印象が，得られた結果を妥当であると感じさせやすくすることが確認された。労働者側回答者と使用者側回答者の比較では，相対的な違いとして，前者は経験した手続の制度的な側面から結果の妥当性を評価しやすく，後者は審判官や審判員といった審判手続の対人的な印象に基づいて結果の妥当性を評価しやすい様子がうかがわれた。

I 分析の視点

　労働審判は，簡便で，迅速に紛争を解決する制度になることを期待され開始された。本書で使用されている調査データについて先行して行われた単純集計の結果をみると，労働者側回答者，使用者側回答者とも7割程度が労働審判に要する時間の予測について「はっきりと／ある程度予測がついていた」と回答し，4割の労働者側回答者と5割の使用者側回答者が実際にかかった時間について「非常に／やや短い」と回答していた[1]。一方，民事訴訟について類似の質問を行った調査[2]では，6割の訴訟当事者が「全く予想がついていなかっ

---

1) 東京大学社会科学研究所編・労働審判制度についての意識調査基本報告書（2011）。
2) 民事訴訟制度研究会編・2006年民事訴訟利用者調査（2007）。

た」と回答し，4割の訴訟当事者が「やや長い／長すぎる」と回答していた。質問文や回答方法が異なるため，統計的に厳密な比較をすることはできないが，全体的な傾向として，労働審判は民事訴訟と比較して，解決までの見通しがつきやすく，主観的には比較的早期に解決を導く手続であると当事者からとらえられている様子がうかがわれる。

　しかしながら，手続が簡便であることについては，それが当事者にとって真に好ましいことであるといえるのか疑問の余地もある。なぜなら，審理を尽くすためには一定の時間と作業が必要だからである。審理が十分に尽くされなくなるとすれば，簡便であるとしても当事者は当該手続によって導かれた結果に不満を感じたり，制度全体に対して否定的な態度を強めたりするであろう。

　手続に関する実証研究では，一般に，結果が自己に有利であったかどうかとは別に，手続が適切に執行されたと感じる当事者は，結果に対する満足感や決定に対する服従的態度を強め，当該手続を擁する組織，制度，社会に対して親和的な態度を強めることが確認されている[3]。こうした効果は先に触れた民事訴訟に関する調査で得られたデータの二次分析でも確認されており，図表1に示すように審理の進み方や審理を指揮した裁判官に対して好意的な評価をした当事者ほど，結果を妥当であると感じやすく，訴訟制度全体に対する信頼感を強めやすいことが確認されている[4]。また，適切な手続が当事者にもたらす効果は，当事者本人に対してだけでなく，紛争の解決をはかる裁判所や行政機関にとっても有益であると考えられる。たとえ不利な結果を与えられた当事者であっても，手続の質がよければ自発的に当該結果を受容し，義務を履行しやすくなるため，司法機関，行政機関は新たに強制的な手続をとることなく，効率的に紛争を解決することができるからである。

　このように，審理を尽くすことによって結果に対する当事者の納得や自発的服従が導かれるとするならば，過度に手続が簡便であることは，当事者や司

---

[3] Lind, E. A. & Tyler, T. R., The social psychology of procedural justice, 1988（菅原郁夫＝大渕憲一訳・フェアネスと手続きの社会心理学——裁判，政治，組織への応用（1995），Tyler, T. R., Boeckmann, R., Smith, H., & Huo, Y. J., Social justice in a diverse society, 2000（大渕憲一＝菅原郁夫監訳・多元社会における正義と公正（2000）。

[4] 今在慶一朗「訴訟経験は制度への信頼につながるのか」菅原郁夫＝山本和彦＝佐藤岩夫編・利用者が求める民事訴訟の実践——民事訴訟はどのように評価されているか（2010）。

第6章　労働審判制度に対する当事者による評価の全体構造

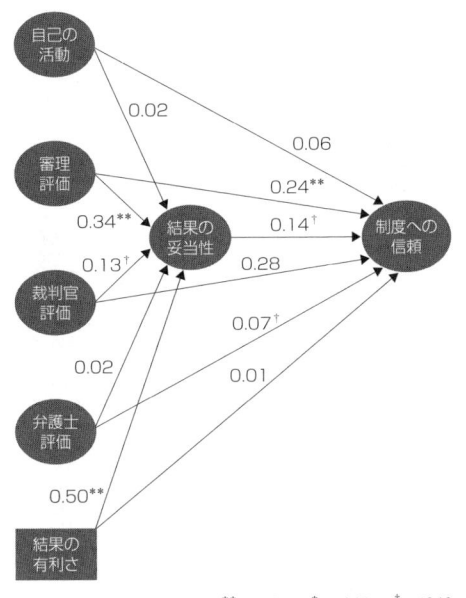

図表1　「民事訴訟利用者調査」の分析結果

[図：パス図。「自己の活動」「審理評価」「裁判官評価」「弁護士評価」「結果の有利さ」から「結果の妥当性」および「制度への信頼」へのパス係数。
自己の活動→結果の妥当性：0.02、自己の活動→制度への信頼：0.06
審理評価→結果の妥当性：0.34**、審理評価→制度への信頼：0.24**
裁判官評価→結果の妥当性：0.13†、裁判官評価→制度への信頼：0.14†
弁護士評価→結果の妥当性：0.02、弁護士評価→制度への信頼：0.07†
結果の有利さ→結果の妥当性：0.50**、結果の有利さ→制度への信頼：0.01
結果の妥当性→制度への信頼：0.28]

$^{**}p<0.01$, $^{*}p<0.05$, $^{†}p<0.10$

注）＊＊と＊は、統計的に有意であると判定される場合の記号であり、†は完全に有意であるとまではいえないがその傾向があると考えられる場合に付される。

法・行政機関にとって好ましいとは言いがたい状況をもたらすおそれもある。

しかし、先行して行われた単純集計の結果を見る限り、労働審判制度について、手続が簡便であることによる弊害が生じているとは考えにくい。その理由としては、労働者側と使用者側で差はあるものの、両回答者とも審判官、審判員や手続について肯定的な評価をしていること、また、民事訴訟に移行することが少なく、審判官・審判員が解決をあっせんする審判に至ることも少なく、高い割合で当事者の自発性に基づく調停が成立していることが挙げられる[5]。

このように、単純集計の結果をみると、労働者側、使用者側とも全体的に手

---

5)　本書第2章42頁〔佐藤岩夫執筆〕。

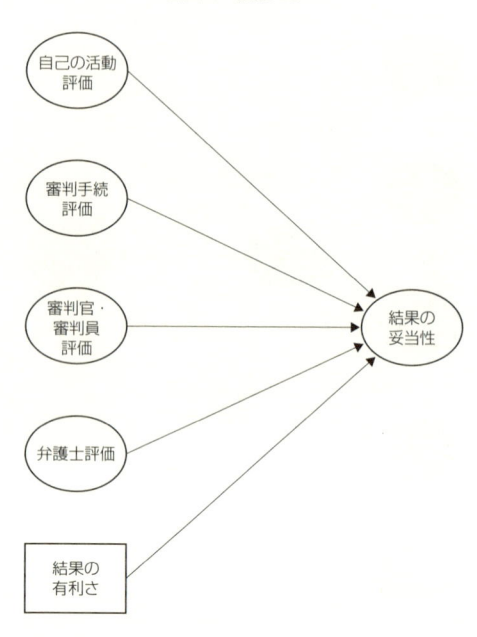

第Ⅱ部　利用者からみた労働審判制度（分析編）

図表2　仮説モデル

（自己の活動評価）
（審判手続評価）
（審判官・審判員評価）
（弁護士評価）
［結果の有利さ］
→（結果の妥当性）

続に対して肯定的な回答をしていたことから，労働審判は簡便な手続であると同時に，利用者に対して手続が適切に執り行われているという印象を同時にもたらし，そうした印象が調停の成立や，結果に対する好意的な評価に結びついていると推測される。そこで，本稿では，当事者の審判手続に対する印象と結果に対する評価の関連性について検証を行う。

また，手続と結果評価に関連性があるとしても，手続のどのような側面が特に強い影響力を持つのかは明らかではない。ここでは，先に触れた「民事訴訟利用者調査」の分析結果を手がかりとして，当事者による労働審判手続の諸側面に対する印象と，それらによる結果のとらえ方への影響について検討する。

図表2は，「民事訴訟利用者調査」で検討されたものとほぼ同様の仮説モデルである。「民事訴訟利用者調査」では，立場や属性の違いによって差異はあるものの，ここに示された手続の諸側面によって当事者の結果に対する態度が影響を受けることが確認されている。

「自己の活動評価」は，当事者が自己の主張を展開するために必要な情報を十分に提示できたと思う程度である。「審判官・審判員評価」と「弁護士の評価」は，中立的な立場から判断を下す審判官・審判員と，当事者を弁護する弁護士が，それぞれ役割を果たすために必要な資質を持ち，公正，適切に対応していたと思う程度である。「審判手続評価」は，審判手続が公正に，適切に進められたと思う程度である。手続に対する印象には，対人的な側面と構造的な側面が含まれることがしばしば指摘されてきた[6]が，「審判手続評価」は，他の手続の諸側面について尋ねた「自己の活動評価」「審判官・審判員評価」「弁護士評価」と併せて分析することにより，これらに含まれない側面，すなわち，手続に関する規則や手順などの非対人的，構造的，制度的な側面の効果を確認することを意図している。

この仮説モデルでは，手続の諸側面のほかに「結果の有利さ」に対する認識も含まれている。調停や訴訟への移行を含め，当事者の結果に対する最終的な受け止め方（「結果の妥当性」）は，当然のことながら，結果がどの程度自己に有利であるか，もしくは不利であるか（「結果の有利さ」）によって影響を受けると考えられる。しかし，そうした結果の有利さによる影響を差し引いても，審判における自己の活動，手続，審判官・審判員，弁護士に対する評価が「結果の妥当性」に対する認識に影響を与えると予測している。

なお，本稿の以下の分析で用いる質問項目は図表3（次頁）に示すとおりである。

II 分析結果

ここでは共分散構造分析という手法を使用する。これは，図表3に示した複数の質問項目で得られた得点から共通する因子を統計的に推測し（例えば，「自己の活動評価」は2つの質問項目を使ってそれらに共通する因子を，「審判手続評価」は3つの項目を使ってそれらに共通する因子を推定する），それら因子間の関係を探

---

[6] Bies, R. J. & Moag, J. S., Interactional justice: Communication criteria of fairness. In Lewicki, R. J. (Ed.), Research on negotiation in organizations, Vol. 1, pp. 43-55, 1986 ; Tyler, T. R. & Lind, E. A., A relational model of authority in groups. In M. Zanna (Ed.), Advances in Experimental Social Psychology, Vol. 25. pp. 115-191, 1992.

図表3　分析に使用した質問項目

自己の活動評価
労働審判手続の中で，自分の側の立場を十分に主張できた。
労働審判手続の中で，自分の側の証拠を十分に提出できた。

審判手続評価
労働審判手続の一連の進み方は分かりやすかった。
結果はともあれ，手続の進み方は公正・公平だった。
今回の労働審判手続では，充実した審判手続が行われた。

審判官の評価
その審判官は，中立的な立場で審判手続を行った。
その審判官は，あなたの言い分を十分に聞いてくれた。
その審判官は，信頼できる人物だった。
その審判官は，あなたに対してていねいに接してくれた。
その審判官は，法律上の問題点をわかりやすく説明してくれた。
その審判官は，法律以外のことでも，労働関係のことをよく分かっていた。
その審判官は，あなたの事件の審判手続のために十分な準備をしていた。
その審判官は，手続を適切に進めていた。
その審判官は，審判員とよく協力していた。

審判員の評価
（A，Bそれぞれについて同様の項目）

その審判員は，中立的な立場で審判手続を行った。
その審判員は，あなたの言い分を十分に聞いてくれた。
その審判員は，信頼できる人物だった。
その審判員は，あなたに対してていねいに接してくれた。
その審判員は，法律上の問題点を分かりやすく説明してくれた。
その審判員は，法律以外のことでも，労働関係のことをよく分かっていた。
その審判員は，審判官やもう1人の審判員とよく協力していた。

審判官・審判員評価
今回の労働審判手続で，その審判官に満足していますか。
今回の労働審判手続で，審判官Aに満足していますか。
今回の労働審判手続で，審判官Bに満足していますか。

弁護士の評価
その弁護士は，あなたの味方になってくれた。
その弁護士は，あなたの言い分を十分に聞いてくれた。
その弁護士は，信頼できる人物だった。
その弁護士は，あなたに対してていねいに接してくれた。
その弁護士は，法律上の問題点を分かりやすく説明してくれた。
その弁護士は，手続の進行経過や今後の見込みを十分説明してくれた。
その弁護士は，法律以外のことでも，労使関係のことをよく分かっていた。
その弁護士は，あなたの事件のために十分な準備をしていた。
その弁護士は，手続を迅速に進めようとしていた。
その弁護士は，手続を適正に進めようとしていた。

結果の有利さ
今回の調停ないし審判の結果は，全体として，あなたにとって有利なものでしたか，不利なものでしたか。

結果の妥当性
今回の結果は公平なものである。
今回の結果は労働関係の実情をふまえている。
今回の結果は法律上の権利・義務をふまえている。
今回の結果は当事者双方の事情を偏らずに考慮している。
今回の結果は当事者間の力の不均衡を是正している。
裁判所における調停や審判の結果なので実現が大いに期待できる。
今回の結果は具体的な事件の解決として適切である。

る手法である[7]。なお,「結果の有利さ」だけは該当する質問項目がひとつしかなかったため,因子を推定することなく,そのままの得点を利用した。

この分析法を用いて,先に示したモデルの妥当性を検証するが,審判官と審判員に関しては,下記に記す理由から,分析を始める前に項目数を抑制するための予備の分析を行った。

1 審判官・審判員項目の選択

「民事訴訟利用者調査」による分析では,第三者は裁判官のみであったが,労働審判では裁判官,労使双方の団体から選出される審判員の合計3名の第三者がおり,この調査においては,3名各々についてほぼ同様の質問を行っている。このため,第三者に関する質問項目が多数あるが,このことは方法上の理由から,検証するモデルの妥当性を過度に低く推定することにつながる。その概略を述べると,共分散構造分析では項目間の関係について推定を行うが,項目間の関係に還元できないいわばノイズに当たる内容が含まれていると,その量に応じてモデルの妥当性は低く判定される。そして,個々の項目についてわずかに含まれているだけであるとしても,項目数が多ければノイズの量は合計されてしまい,全体としては妥当性が低く判定されてしまうことになる。こうした統計手法上の制約を解決するために,ここでは,審判官ならびに審判員に関する項目のうち,最も代表的な項目を選び出すことにした。

---

[7] 変数間の因果関係を探る方法としてはほかに重回帰分析がある。重回帰分析の場合,複数の項目から得られた得点を1つの変数として使用しようとすると,各項目の得点を平均化することが一般的である。平均化は,複数の得点を合計し,項目数で割ることによって行うが,これは各得点の重みをすべて同じとみなすことを意味している。しかし,ある変数をとらえようとする際には,項目間で重み付けを変えた方が良い場合がしばしばある。例えば,「理系の学力」という変数を測定しようとして,「数学」「生物学」の2科目のテストの得点を利用しようとする場合,相対的に理系的な性格が強い数学の得点を重視し,生物学の得点を割り引いて合計した方が良いと判断し,数学と生物学の得点を単純に足して2で割るのではなく,数学の得点を2/3,生物学の得点を1/3にして異なる重み付けをして合計するような方法がこれにあたる。共分散構造分析は,こうした項目ごとにどの程度の重み付けを行うのが適当であるのか因子分析を使って推定し,その結果から変数を作り出し,さらに,導き出された変数間の因果関係を推定するといった計算を一度に行う方法である。重回帰分析ではなく共分散構造分析を使用することのメリットはいくつかあるが,本稿の分析においては,こうした複数の項目から変数を作り出す際の得点の重み付けについて考慮した。

図表4　審判官・審判員の多面的評価と満足感の関係

審判官(員)の多面的評価 → 審判官(員)満足感

図表5　審判官・審判員の諸側面の評価と満足感の関係

	審判官	審判員A	審判員B
評価因子→満足感	0.88**	0.91**	0.88**
CFI	0.963	0.943	0.970

**$p < 0.01$,　*$p < 0.05$,　†$p < 0.10$

注) **と*は，統計的に有意であると判定される場合の記号であり，†は完全に有意であるとまではいえないがその傾向があると考えられる場合に付される。図表6についても同様。

　その手順は次のとおりである。まず，共分散構造分析を使用して，審判官に関して尋ねた8項目を使い，それらの項目に共通する因子を推定し，図表4に示したような推定された因子と，審判官に対する満足感の関係について分析を行った。この結果，図表5に示したように，因子から満足感に対する係数の値が0.88という非常に高い値であり，複数の項目によって多面的に測定された審判官の印象が，審判官に対する満足感というひとつの項目に集約されうることが示された。次に，審判員A，審判員Bについても同じ方法で分析を行ったところ，審判官と同様の結果が得られた。

　このような分析結果を踏まえ，本稿の予測を検証するためのモデルの分析においては，審判官に対する満足感，審判員Aに対する満足感，審判員Bに対する満足感から推測される因子を「審判官・審判員評価」として使用することとし，多数の項目を使用することによって生じるモデル適合度の低下を抑制することにした。

2　モデルの分析

(1) 全　体

　はじめに，回答者全体を対象とした分析を行った。分析の結果は図表6のとおり。まず，モデル全体の妥当性を示すCFIの値をみると，0.920であった。

第 6 章　労働審判制度に対する当事者による評価の全体構造

図表 6　分析モデルの係数の値

	全体	労働者	使用者	すべて立ち会い	修正モデル
パス係数					
自己の活動評価→結果の妥当性	−0.04	−0.09	−0.09	−0.04	—
審判手続評価→結果の妥当性	0.24*	0.37*	0.15	0.22*	0.23**
審判官・員評価→結果の妥当性	0.34**	0.24†	0.44**	0.34**	0.34**
弁護士評価→結果の妥当性	0.05†	0.06	0.01	0.07*	—
結果の有利さ→結果の妥当性	0.46**	0.46**	0.41**	0.46**	0.46**
相関係数					
自己の活動評価←→審判手続評価	0.71**	0.72**	0.68**	0.71**	—
自己の活動評価←→審判官・員評価	0.64**	0.57**	0.73**	0.65**	—
自己の活動評価←→弁護士評価	0.35**	0.35**	0.37**	0.36**	—
審判手続評価←→審判官・員評価	0.90**	0.90**	0.89**	0.89**	0.90**
審判手続評価←→弁護士評価	0.41**	0.43**	0.44**	0.46**	—
審判官・員評価←→弁護士評価	0.35**	0.34**	0.44**	0.39**	—
自己の活動←→結果の有利さ	0.56**	0.57**	0.55**	0.57**	—
審判手続評価←→結果の有利さ	0.59**	0.64**	0.53**	0.59**	0.59**
審判官・員評価←→結果の有利さ	0.65**	0.63**	0.64**	0.66**	0.65**
弁護士評価←→結果の有利さ	0.29**	0.37**	0.30**	0.31**	—
CFI	0.920	0.914		0.922	0.954

$**\ p < 0.01,\ *\ p < 0.05,\ †\ p < 0.10$

CFI は 0.950 を超えた場合，想定したモデルが実際の観測データによく当てはまることを意味するが[8]，0.900 以上で 0.950 未満の場合には望ましくはない

---

8)　共分散構造分析では，個々の変数間同士の関係を推定するだけでなく，分析の全体的な評価を行う。例えば，変数 Y に対して，変数 X_1, X_2, X_3 が影響を与えるというモデルを想定し，

が許容範囲であるとされ，本結果はこの許容範囲に当たる。

次に，個々の変数間の関係についてみると，「結果の妥当性」に対して統計的に有意な関係が認められた変数は，「結果の有利さ」，「審判官・審判員評価」，「審判手続評価」であった。「弁護士評価」による効果については，明確に有意な効果があるとは判定されず，有意な傾向があるとされるにとどまった。「自己の活動評価」についてはその効果が確認されなかった。最も強い影響が確認されたのは「結果の有利さ」であり，結果が有利であったと思う当事者ほどその結果を妥当なものと考え，結果が不利であったと思う当事者ほど不当なものであったと考えやすいといえる。「結果の有利さ」と「審判官・審判員評価」，「審判手続評価」の相関係数をみると 0.6 前後のやや高い値が確認され，「審判官・審判員評価」と「審判手続評価」の相関係数は 0.9 という非常に高い値を示したことから，当事者にとってこれら 3 つの変数は分かちがたく結びついていると推測される。しかし，それらの効果は同時に有意と判定されたため，「結果の有利さ」，「審判官・審判員評価」，「審判手続評価」は独自の効果を持つと考えられる。

(2) 労働者・使用者別

同じモデルを用いて労働者側回答者・使用者側回答者別に係数を算出し，各変数の影響力の違いについて検討を行ったところ，モデルの適合度を示す CFI の値は全体分析よりもわずかにではあるが低下したことから，統計学的には回答者を分割するよりも全体として分析する方がモデルのあてはまりは良いといえる。しかし，その値は未だ許容範囲にあり，また，回答者の属性の違いを把握するという実践的な目的のためには各々を別々にとらえることも有益であると考え，考察を行った。

分析の結果，「結果の有利さ」からの係数がいずれも 0.40 程度であり，これが労働者側回答者，使用者側回答者に対して同程度，結果の妥当性に影響を与

分析した結果，各変数間の関係が確認されたとしても，実は決定的に重要な X_4 という変数が別にあったとする。このような X_4 が入っていない，X_1，X_2，X_3 だけが Y の原因であるとみなすモデルは，現実の現象を十分にとらえているとは言い難い。調査で得られたデータを分析者が想定したモデルにあてはめて計算を行い，モデルを説明するために必要な変数が過不足なく盛り込まれていると判定されれば，モデルの「あてはまりが良い」とみなせる。

えることが確認された。その一方で，いくつかの相違点もみられた。第1は「審判手続評価」による影響であり，労働者側回答者ではその影響が統計的に有意とされたが，使用者側回答者ではその影響が確認されることはなかった。反対に，「審判官・審判員評価」は使用者側回答者では統計的に有意な影響が確認されたものの，労働者側回答者ではその影響が明確には確認されなかった。労働者側回答者，使用者側回答者とも「審判手続評価」と「審判官・審判員評価」の間には高い相関関係が認められたことから，両変数とも「結果の妥当性」との関連性があると考えられるが，相対的には，労働者側回答者は使用者側回答者よりも経験した審判を制度的な側面からとらえ，審判で得られた結果の妥当性を判断しやすいと考えられるのに対して，使用者側回答者は労働者側回答者よりも審判官や審判員といった審判手続の対人的な印象に基づいて審判の結果の妥当性を判断しやすい傾向があると考えられる。

さらに，相関係数の値の違いについて比較したところ，「自己の活動評価」と「審判官・審判員評価」について，使用者側回答者，労働者側回答者ともに相関係数の値が有意であることが確認された上で，使用者側回答者の相関係数の値が労働者側回答者のそれよりも統計的に有意に高いことが示された。これは使用者側回答者，労働者側回答者とも自己の活動と審理手続を関連付けてとらえているものの，使用者側回答者の方が労働者側回答者よりもさらにその傾向が強いことを示唆している。組織的に対応することが可能な使用者側の当事者は，審判官や審判員を評価する際，法的知識や紛争解決の経験などが豊富なだけに，十分な活動を保障してくれた審判官や審判員を高く評価しやすいのであろうか。

(3) すべて立ち会った回答者のみ

回答者の約9割は審判手続にすべて立ち会っていたと回答していた。代理人に任せきってしまっていたなどの理由により，回答にあたって手続を想起しにくい回答者の場合，「結果の有利さ」など有力な変数を構成する項目と他の変数を構成する項目が混同されてしまう可能性があると考えた。そこで，直接手続を経験した当事者についてのみ分析を行う目的で，すべて立ち会ったと回答した者だけを対象として分析を行った。CFIの値は回答者全員を対象とした分析よりもわずかではあるが上昇したことから，モデルは手続を十分に経験した

人についてより適合的であると考えられる。

「結果の有利さ」,「審判官・審判員評価」,「審判手続評価」が「結果の妥当性」に対して統計的に有意な効果があると判定され,「自己の活動評価」にはその効果が確認されなかったことから,全体的な傾向としては回答者全員を対象とした分析結果とほぼ同様であるといえる。ただし,「弁護士評価」については回答者全員を対象とした分析結果と異なり,「結果の妥当性」に対する係数が非常に小さい値ではあるものの,その効果が有意であることが確認された。

(4) 変数削減による修正モデル

これまでの3つの分析を通して,「自己の活動評価」と「弁護士評価」の係数が低く,「結果の妥当性」に対して安定した効果がある様子は確認されなかった。このため,当事者は自己の活動や弁護士を労働審判に関する評価の対象として関連付けていない可能性があると考えられる。そこで,モデルから「自己の活動評価」,「弁護士評価」を除き,再度分析を行った。

CFIの値は0.95を超え,モデルがデータに十分適合していることが確認されたことから,当事者が自己の活動や弁護士に関する評価と結果の妥当性や審判に関する諸側面を分けてとらえている様子がうかがえる。結果の妥当性に対する係数の値をみると,「結果の有利さ」,「審判官・審判員評価」,「審判手続評価」の効果が統計的に有意であるとされ,これまでの分析結果と同様であった。

III 分析結果からの示唆

1 審判官・審判員,審判手続について

全体分析から,「結果の妥当性」に対しては「結果の有利さ」の認識が最も強く影響することが示されたが,その効果を差し引いても,当事者は,審判官・審判員,審判手続が公正で適切であったという印象によって,当該手続によって導かれた結果が妥当なものであるという印象を強めると考えられる。従来,民事訴訟等の手続に関しては,当事者はそれが公正で適切であると感じることによって,結果に対する受容的態度を強めることが確認されてきたが,分

析結果は，労働審判手続が同様の効果を持つことを示唆している。審判にすべて立ち会った回答者のみを対象とした分析でも，おおむね結果は同じであったが，全体分析よりも適合度が上昇したことから，実際に審判手続を目の当たりにした当事者の場合，モデルに一致した反応を示しやすくなるといえる。

なお，変数間の関係を調べる分析で係数が有意であるものと有意ではないものが混在していたにもかかわらず，それら諸変数間の単純相関の係数をみると，値の大きさに差はあるものの，おおむね変数間に中程度以上の相関関係があることが確認された。こうした分析結果については，いくつかの解釈が可能である。第1は，相関関係がある変数間で，「結果の妥当性」に対する効果について差があったとしても，その強さは相対的なものであり，いずれも「結果の妥当性」と関連性を持つということである。仮に，統計的に有意な効果があると判定されなかった変数でも，有意とされた変数を除いて再度分析を行えば，その効果は有意と判定されることになる。第2は，変数間にさらに複雑な因果関係があるとも考えられる。例えば，「審判官・審判員評価」と「審判手続評価」について非常に高い相関関係が確認されたが，前者が後者の原因となっている可能性がある。

他方，「審判官・審判員評価」と「審判手続評価」について高い相関関係が確認されたにもかかわらず，同時にその効果が統計的に有意と判定された。ここで確認された「審判手続評価」の効果には，審判官・審判員の対人的な側面に還元され得ない側面，すなわち，構造的，制度的側面に関する効果が現われていると推測される。当事者は審判官・審判員といった手続を取り仕切り，判断を下す権威者の人格的側面と，それに次いで審判の進め方に関する規則や手順といった構造的側面という2つの観点から結果の妥当性を評価していると考えられる。

2 主張，証拠提示について

「自己の活動評価」については，結果の妥当性に対する影響が有意とされた「審判官・審判員評価」や「審判手続評価」との相関関係が確認されているにもかかわらず，「結果の妥当性」に対する独自の影響が有意とは判定されなかった。これは，「結果の妥当性」との結びつきがより強い「審判官・審判員評価」や「審判手続評価」と効果が重複しており，その部分を除いてしまうと

「自己の活動評価」による固有の効果が認められなかったことを意味している。このため，主張や証拠提示が十分できたと感じている当事者は，結果に納得しやすいと考えられるものの，それは，審判官・審判員による対応，もしくは審判手続が適切であるという印象と結びついており，それらに還元されうるものと理解するべきであろう。すなわち，自己の主張や証拠提示が行えたという印象は，審判官や審判員から事情を聴取されたり証拠を吟味されたりした印象や，制度上そうした機会が設けられていたといった印象と不可分の関係にあると考えられる。

3 弁護士について

「弁護士評価」については，「自己の活動評価」同様，「結果の妥当性」に対する影響が有意とは認められなかったが，他の変数との相関係数の値もやや低かった。先に行われた単純集計の結果をみると，弁護士に対しては高い評価が確認されており，当事者が弁護士の活動に対して満足している様子がうかがわれたが，本分析結果は当事者の弁護士に対する好意的な評価が，結果の妥当性に直接強い影響を与えるわけではないことを示唆している。これらの結果を総合すると，当事者は弁護士が十分に代弁者としての役割を果たしてくれたと感じたとしても，得られた結果の原因を弁護士に帰属することはないのではないかと推測される。弁護士が法律や制度に関する専門知識を提供し，交渉の展開や戦術をアドバイスすることによって，当事者はより望ましい結果を確保しやすくなるようにも思われるが，当事者にとっての弁護士はあくまで代弁者であって，審判を下したり，調停案を作成したりする際の責任者ではない。このため，得られた結果が有利であっても不利であっても，その責任や原因を求める対象とはみなされないのではないであろうか。それはちょうど，患者が看護師の働きに感謝することはあっても，健康の回復について責任を求めないことと似ている。ただし，審判に欠席することなく，実際に審判手続を経験した回答者に関する分析結果をみると，係数の値は非常に小さいものの，結果の妥当性に対する弁護士評価の効果が確認されたことから，裁判所における弁護士の活動を目の当たりにした当事者は，その影響力を若干感じやすくなると考えられる。

第6章　労働審判制度に対する当事者による評価の全体構造

4　立場の相違について

　労働者側回答者と使用者側回答者では,「結果の妥当性」に影響を与える変数について若干の違いもみられた。労働者側回答者の場合,「審判手続評価」の効果が確認されたのに対して,使用者側回答者の場合,「審判官・審判員評価」という対人的な変数の効果が確認された。使用者側回答者の場合,顧問弁護士をはじめとした法律関係者との接触が容易である,あるいは,過去に訴訟経験があるといったことから,担当した裁判官を他の裁判官と比較したり,裁判官に対して抱く期待をもとにその資質を評価したりすることが可能であるため,労働者側回答者と比較して,裁判官が示す言動について評価する姿勢が強くなり,彼らの結果に対する影響力を強く見積もりやすくなるのかもしれない。ただし,両者とも「審判手続評価」と「審判官・審判員評価」の相関係数が高いことから,その違いはあくまで相対的なものといえる。

　また,使用者側回答者は労働者側回答者よりも,「自己の活動評価」と「審判官・審判員評価」をより密接に関連付けてとらえていることが示された。両者とも「自己の活動評価」と「審判官・審判員評価」の相関関係は有意とされたことから,その差は相対的なものであるが,使用者側回答者の方が主張の論点を整理し,豊富な証拠を揃えて,組織として十分な準備をもって審判に臨んだとしても準備した主張や証拠が実際に審判で効果を発揮するためには,審判官・審判員がそれらをどのように取り上げるのかに依存すると考える傾向が強いのかもしれない。これに対して,労働者側回答者の場合,訴訟などの法的な場での紛争解決には慣れていないため,主張や証拠提示が効果的に行えたかどうかを他の要因に関連付けることなく,自己の能力やスキルに帰属しやすいのかもしれない。

Ⅳ　モデルの修正とまとめ

　実際には,様々な要因が結果の妥当性に対して影響を与えることは当然であるが,理論的な観点からすれば,比較的大きな影響が安定して,確認される変数を特定するのが適当である。そこで本稿では,全体分析や労使別分析を通して,結果の妥当性に対して統計的に有意な効果が確認されなかった自己の活動

と弁護士評価を除いた分析を行った。その結果，適合度の値は想定したモデルが実際に得られたデータに対して良くあてはまるとみなせる水準まで上昇し，「結果の妥当性」に対する「結果の有利さ」，「審判官・審判員評価」，「審判手続評価」の係数の値はほとんど変化しなかった。これは，結果の妥当性がこれら3変数によって十分予測されうる変数であることを示唆している。

　ただし，ここで注意しなければならないのは，ここで統計的に有意な効果が確認された変数は「結果の妥当性」に対して有力な説明変数であるにすぎないということである。反対に，有意な効果が確認されなかった変数であっても，それは「結果の妥当性」に対して説明力を持たなかったにすぎない。労働審判については当事者の結果に対する印象だけでなく，様々な評価次元があると考えられる。例えば，「民事訴訟利用者調査」では，個々の審判の結果に対する当事者の反応だけでなく，訴訟を経験した後で抱いた日本の訴訟制度全体に対する印象を尋ねており，そうした制度全体に対する印象の要因についても検討を行っているが，本データにそうした項目は含まれていなかった。労働審判制度については，さらに多面的な評価のポイントを設定し，その要因を特定する作業を行っていく必要があるであろう。

分析編

第7章 民事訴訟利用者調査との比較

菅原郁夫
SUGAWARA Ikuo

● ABSTRACT ●

　本稿では労働審判の利用者調査の結果と2006年に行われた民事訴訟の利用者調査の結果を比較することによって，労働審判の審理形態への評価から導き出される民事訴訟の審理形態への示唆を求めた。比較の結果，労働審判では，当事者が時間と費用に関し見通しが立てやすく，その結果，紛争の発生から審判まで時間がかなり短くなっている点，労働審判では，審理の迅速性と充実性の評価がいずれも訴訟以上に高くなっており，民事訴訟以上に迅速性と充実性の両立が図られている点などが見出された。そこからの示唆として，民事訴訟に対しては，費用や審理時間の可視化の必要性と，審理の充実と迅速化に向けた改善の方向性として，期日準備の充実や審理の分かりやすさといった要素が重要となる可能性などが見出されている。

I　はじめに——本稿の目的

　労働審判の利用者調査に先立ち，民事訴訟に関しては，2000年に司法制度改革審議会が行った「民事訴訟利用者調査」[1]（以下，「2000年調査」とする）を皮切りに，2006年，2011年に同様の調査が実施されている。今回の労働審判利用者調査は当初から民事訴訟利用者の評価との比較を行うことが意図されて

---

1) 報告書として，司法制度改革審議会・「民事訴訟利用者調査」報告書（2000）があり，この報告書は現在司法制度改革審議会のホームページ（http://www.kantei.go.jp/jp/sihouseido/tyousa/2001/survey-report.html）でみることができるほか，ジュリ1208号（2001）付録CDの「司法制度改革審議会全記録」の中にも収録されている。

おり，質問項目のいくつかは民事訴訟調査と同じものが設定されている[2]。そのため，それらの質問項目を比較することによって，利用者にとっての，労働審判と民事訴訟の共通要素と相違要素を明らかにすることが可能となっている。本稿の目的は，この民事訴訟の利用者調査との比較を通じて，労働審判の評価の特徴把握を図ると同時に，労働審判の審理形態への評価から導き出される民事訴訟の審理形態への示唆を求める点にある。

II　民事訴訟利用者調査について

1　民事訴訟利用者の概要

2000年の司法制度改革審議会「民事訴訟利用者調査」の目的は，「司法制度の利用者の意見・意識を十分汲み取り，それを制度の改革・改善に適切に反映させていくことであり，利用者の意見を実証的に検証していく」ことであった[3]。それ以降，民事訴訟制度研究会が，公益財団法人日弁連法務研究財団および最高裁判所の協力を得て行った2006年民事訴訟利用者調査（以下，「2006年調査」とする），2011年民事訴訟利用者調査（以下，「2011年調査」とする）も同様の目的の下に行われている。これらの調査はいずれも，全国の地方裁判所の民事通常事件を対象に，その利用者に，自らの訴訟における，利用動機や期待，訴訟に至る経緯，審理過程の評価，手続関与者に対する評価，訴訟結果に対する評価，訴訟制度一般に対する評価等を尋ねるといった内容になっている。初回の2000年調査は，面接方式により行われ，回答者591人，回収率36.6％の成果を収めたほか，2006年調査からは郵送調査の手法が採用され，回答者921人，回収率31.5％の成果を収めた[4]。2011年調査に関しては，現在集計作業が行われているが，2006年調査と同じ方法で調査が行われ，2006年調査

---

[2] この点に関しては，東京大学社会科学研究所編・労働審判制度についての意識調査基本報告書（2011）1頁，12頁参照。

[3] 司法制度改革審議会・司法制度改革審議会意見書——21世紀の日本を支える司法制度（2001）117頁。

[4] 報告書として，民事訴訟制度研究会編・2006年民事訴訟利用者調査（JLF叢書 Vol. 13）（2007）がある。

と同程度の回収率が達成されている。そして，2011年調査は2006年調査と同じ調査方法を採用したことから，2006年から2011年までの利用者評価の経年比較も可能となっている[5]。2000年調査および2006年調査に関しては，報告書のほかに2次分析がなされたほか[6]，それらの成果は政策形成のための基礎資料としても引用され，各所においてその利用が図られている。前述のように，労働審判調査の質問票の作成にあたっては，2006年調査の質問票と可能な限り構成を合わせる形となっている。さらに，2006年調査の質問項目は，2000年調査を引き継ぐものでもある。その意味では，今回の労働審判調査の結果は，これらの両民事訴訟利用者調査と比較が可能ということになる。ただ，2000年調査は面接方式であったので，その直接の比較は適当ではない面もある。そこで，本稿の分析では，主に2006年調査を直接の比較対象とし，参考として2000年調査の成果を引用する形で分析を行うことにする。

2 2006年の利用者調査の概要

はじめに，労働審判調査との比較の対象となる2006年調査について，その概要を紹介する。同調査の調査時期は，2006年8月から12月までで，調査対象は，2006年6月に終局に達した全国146の地裁本庁および地裁支部の民事通常事件の当事者3145人（法人を含む）であった。調査対象者は，はじめに対象地裁を前年の既済件数分布に基づき一定法則に従い抽出し，ついで抽出された各地裁の終局事件を無作為に抽出し，その事件の当事者1人を調査対象者とするという形（層化なし確率比例二段抽出法）で抽出した[7]。調査方法は，2000年利用者調査とは異なり郵送調査で行われた。その理由は，当時の個人情報への意識の高まりに配慮した点にある。その結果，郵送調査での回収率を上げるため，2006年調査では，総合的調査計画（Total Survey Design）の考え方に基

---

5) 2011年調査に関しては，本稿の脱稿後に民事訴訟制度研究会・2011年民事訴訟利用者調査（2012）が刊行された。今後は，2011年調査との比較も可能である。
6) 2000年調査に関しては，佐藤岩夫＝菅原郁夫＝山本和彦編・利用者からみた民事訴訟（2006），2006年調査に関しては，菅原郁夫＝山本和彦＝佐藤岩夫編・利用者が求める民事訴訟の実践（2010）がある。また，それらの成果は，最高裁判所事務総局・裁判の迅速化に係る検証に関する報告書〈施策編〉（2011）22頁などに引用されている。
7) この手順に関しては，民事訴訟制度研究会編・前掲注4）9頁以下を参照のこと。

づいた調査方法をとっている[8]。この手法は調査実施に関する様々な制約の下で，未回収の可能性を多面的に防止することを強調するものであり，具体的な配慮としては，質問紙の機能的なレイアウトへの配慮，質問紙・依頼状送付用封筒の宛名の手書きと切手の貼付，依頼状への手書きのサイン，回答返送通知の同封，希望者への謝礼・集計結果の送付といった点が挙げられる。その結果，前述のように全体の有効回答数 921 通，回収率 31.5% を確保している。

実際に回収した事件の概要は以下のようなものである。まず事件類型に関しては，一番回答が多かったのは，「金銭の貸し借りの問題」(以下，「金銭関係」とする) で，28.7% であった。次が，「土地・建物の売買，貸し借り，建築の問題」(以下，「土地建物関係」とする) で，26.8% あった。そのほか「交通事故，労災事故，医療事故などの損害の問題」(以下，「交通事故」とする) が全体の10.6%，「商品の売買・サービスの欠陥の問題」に関するものが 8.1% となっていた。また，それらに続くのは，自然人の場合には「相続・離婚・親子の問題」で 7.3%，法人の場合は，「取引関係の問題」の 5.9% といった内容であった。

金銭関係が多いというのは現実の事件分布を反映しているのではないかと思われるが，交通事故が 10.6% というのは，現実の事件分布よりも若干高い可能性がある。

また，原告被告比率は，原告が 62.7%，被告が 37.3% で，原告の回収率が高めになっている。これは，調査事件に欠席事件が含まれていたことが 1 つの原因と思われる。弁護士選任率は 74.5% で，弁護士の付かない本人訴訟の当事者は 25.5% であるが，これもやはり実際の弁護士選任率よりは少し高い可能性があった。訴額は，極端に高額な回答を除き，95% までの範囲で計算したところ，平均 1433.8 万円となった。分布上一番多いのは，訴額が 100 万円から 300 万円の事件であった。

調査対象は終局区分が判決，和解，取下げの事件に限定されていたが，それぞれの比率は，和解 49.6%，判決 42.0%，取下げ 4.5% であった。この点も，欠席事件も入れて調査した割には，和解で終わった事件の比率が実際よりもや

[8) この手法については，詳しくは次の文献を参照のこと。T.W.マンジョーニ (林英夫監訳＝村田晴路訳)・郵送調査法の実際 (1999)。

や高い可能性がある。勝敗に関しては，和解も含めての質問であることから，明確に勝ち負けを聞くことができなかったこともあり，有利な結果に終わったか，不利な結果に終わったかといった形で尋ねている。それに関しては，40.4％が有利な結果に終わったと答え，34.5％が不利な結果に終わったと答えている。有利な結果に終わった当事者の回答がやや多めではあるが，ほぼ有利・不利が同じ割合で含まれたことになる。

以上が回答者の概要であるが，利用者の評価の状況は，本稿に示すほか，詳細は報告書を参照いただきたい。ごく一部を示すならば，「日本の民事裁判制度は，国民にとって満足のいくものだと思いますか」という質問に対しての肯定回答（「少しそう思う」，「強くそう思う」の合計）は24.1％，「日本の民事裁判制度は，国民にとって利用しやすい制度だと思いますか」という質問に関しては，それを肯定する回答が23.6％であった。

III 民事訴訟と労働審判の比較

1 比較の基本的視点

(1) 比較対象の設定

2006年調査の対象は民事の通常事件である。その中には労働関係事件と思われるものが含まれる。その意味では，本来ならば，民事訴訟の中の労働関係事件と労働審判事件の利用者評価を比較すべきところともいえるが，残念ながらその数は必ずしも多くはない[9]。また，労働審判に登場する事件と民事訴訟に登場する労働関係事件が同種のものばかりとも限らない。条件をそろえたより精緻な比較は将来の調査に期待するとして，ここではやや範囲を広げ，通常

---

[9] 2006年調査における労働関係事件の特徴に関しては，佐藤岩夫「労働訴訟当事者の訴訟評価の特徴——2006年民事訴訟利用者調査の分析」東北学院法学71号646頁以下（2011）がある。また，件数は少ないが，2006年調査の「職場における問題」事件と労働審判利用者調査の結果を比較分析したものとして，佐藤岩夫「労働審判に関する利用者の評価——2006年民事訴訟利用者調査および労働審判利用者調査の結果の比較」民事研修654号2頁以下（2011）がある。後者の結果も，労働審判の方が費用および時間の見通しがよい点，手続過程や手続関与者の評価が高い反面，使用者側の結果評価が必ずしも高くはない点など，本稿の比較結果とほぼ同様の内容となっている。

事件一般と労働審判の評価を比較することにする。その理由は以下にある。

　民事訴訟の利用者調査の結果，利用者の制度に対する評価が明らかになりつつあるが，その評価は必ずしも高いわけではない。訴訟制度に関する満足度に関しては，2000年調査で18.6％が満足を示したにとどまり，2006年調査でも24.1％にとどまっている。それに対し，労働審判に関しては，制度開始以来利用件数が急増し，各方面での評価も高い[10]。その労働審判の，民事訴訟と大きく異なる特徴としては，原則として3回以内の期日で審理が終結する点や労働関係に関する専門的な知識を有する労働審判員が関与する点などが挙げられている。仮に，個々の事件差以上に，そういった特徴が利用者に高く評価されている可能性があるとすれば，今回，個々の事件の特徴にまずはこだわることなく，可能な範囲で民事訴訟の利用者の評価と比較することによっても，上記の高評価と労働審判の審理構造との関係性を明らかにすることができるものと考える。そして，そういった形で労働審判の利点の普遍的な要素を見出すことができるならば，その利点を，満足度や利用しやすさの評価の伸び悩む民事訴訟に応用することもまた可能になろう。

　そのような視点から，本稿では一定の留保は考慮に入れつつも，やや視点を広げ，民事訴訟全般との比較を行うことで，労働審判で達成された成果の他の領域への応用可能性を模索することにする。

(2) 比較の視点と限界

　以上の視点から，通常事件全体を比較対象にはするが，2006年調査の分析の結果，訴訟の各方面に関する自然人当事者と法人当事者，原告と被告の評価が異なることが見出されている[11]。同時に，労働審判は労働者たる自然人が申立人となり，使用者たる法人が相手方になる場合がほとんどという定型性の高い紛争であり，労働審判の利用者調査も，こういった定型性を前提に，労働者と使用者に対し別の調査票を用い，別々に集計を試みている[12]。したがって，

---

[10] 2006年の制度開始時には，4月から12月で申立件数が877件であったものが，2010年では，申立件数が年間で3375件に達している。この運用および評価に関しては，「特集／個別労働紛争の実際と法的処理の今後」ジュリ1408号8頁以下（2010）を参照のこと。

[11] 例えば，2006年調査に関しては，民事訴訟制度研究会編・前掲注4）32頁，40頁，42頁，43頁，45頁，51頁，54頁，77頁などを参照のこと。

図表1　訴訟当事者と事件類型（2006年民事訴訟利用者調査）

	自然人原告（365人）		法人被告（141人）	
商品	17	4.7%	14	9.9%
金銭	117	32.1%	27	19.1%
土地	84	23.0%	27	19.1%
職場	15	4.1%	13	9.2%
交通事故	47	12.9%	13	9.2%
騒音	2	0.5%	3	2.1%
国	11	3.0%	3	2.1%
相続（個人）	38	10.4%	─	─
取引（法人）	─	─	26	18.4%
その他	50	13.7%	31	22.0%
合計	381	104.4%	157	111.3%
	（複数回答あり）		（複数回答あり）	

それらの当事者評価の特徴を明らかにするためには，民事訴訟に関しても，これらの当事者属性に限定を付すことによってより正確な比較が可能になるものと思われる。そこで，以下の分析に関しては，訴訟に関しては，自然人原告（以下，単に「原告」とする）と法人被告（以下，単に「被告」とする）をそれぞれ労働審判の申立人である労働者（以下，単に「労働者」とする）と相手方の使用者（以下，単に「使用者」とする）に対比して分析を試みることにする。対象とする訴訟事件の具体的内容は図表1のような内容となっている。また，紙幅の関係もあり，比較項目も，申立時期，申立理由，費用評価・時間評価，手続評価，裁判官・審判官評価，結果評価に限って行うことにする。

2　調査結果の比較

(1) 申立時期（図表2〔次頁〕参照）

民事訴訟と労働審判では，紛争が生じてから訴訟あるいは審判の申立てをするまでの期間が大きく異なる。民事訴訟では訴えを提起する原告，労働審判では申立てを行った労働者に関して，紛争が生じてから訴えの提起ないしは審判

---

12) 東京大学社会科学研究所編・前掲注2) 12頁，佐藤岩夫「『労働審判制度利用者調査』の概要」ジュリ1435号107頁（2011）参照。

図表2 申立時期

45.0%
40.0% — 39.5%
35.0%
30.0%
25.0%
20.0%
15.0%
10.0%
5.0%
0.0%

3か月以下: 原告 0.3%、労働者 39.5%
6か月以下: 原告 8.6%、労働者 23.3%
1年以下: 原告 37.4%、労働者 19.3%
2年以下: 原告 28.5%、労働者 11.8%
3年以下: 原告 13.8%、労働者 4.1%
3年を超える: 原告 11.3%、労働者 2.0%

■原告　□労働者

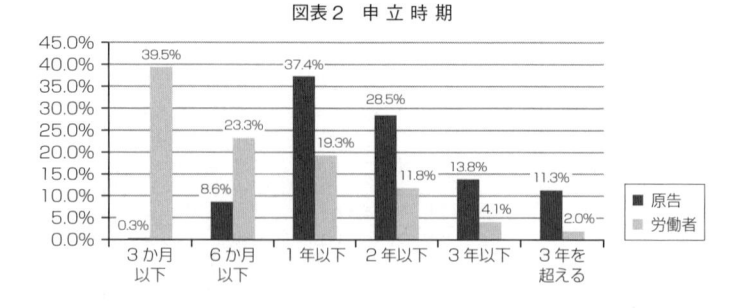

の申立てまでの期間を集計したところ，民事訴訟では，1年以内の事件が46.3％にとどまるのに対し，労働審判では同じ事件の割合が82.1％に達している。民事訴訟では2年以内の事件までをカウントしても74.8％にとどまるが，労働審判では同様の割合が93.9％に達している。民事訴訟では紛争が生じてから相当期間が経過してから訴訟が提起されるのに対して，労働審判では紛争が生じた後，かなり短期間の間に審判が利用されていることがわかる。実際，半数以上（62.8％）の事件で6か月以内に審判が申し立てられている[13]。理論的には労働審判は訴訟に前置される位置付けであることを考えるならば，ある程度予想される結果ともいえるが，ここでの数値の差は，労働審判が民事訴訟に比べ圧倒的に身近な紛争解決制度であることを示唆しているようにも思われる[14]。

(2) 申立理由（図表3，図表4参照）

労働審判調査および2006年調査では，原告および労働者に制度の利用動機，被告および使用者には制度に対する期待を尋ねている。それらに関しては，両

---

[13] 民事訴訟に関しては，郵送による質問紙調査の場合，原因となった紛争の発生時期を特定することが難しい場合も少なくない。例えば，貸金の取り立ての場合，回答者によっては，紛争の発生時期を契約を結んだ時と解するものもいれば，滞納の始まった時期と解するものもあろう。さらには，回答者によっては督促等を行ってなお支払いのない段階をもって紛争の発生時期と解した可能性もある。民事訴訟の内容の多様性故に，こういった誤差が多く含まれる可能性が大きいのに比べ，労働審判の場合には，そういった可能性は低いかもしれない。

[14] なお，ここでの差は労働紛争は経済的に日々の生活に直結する問題であるだけに，できるだけ早期の解決が強く望まれるといった事件の個性に関係する面もあるように思われる。

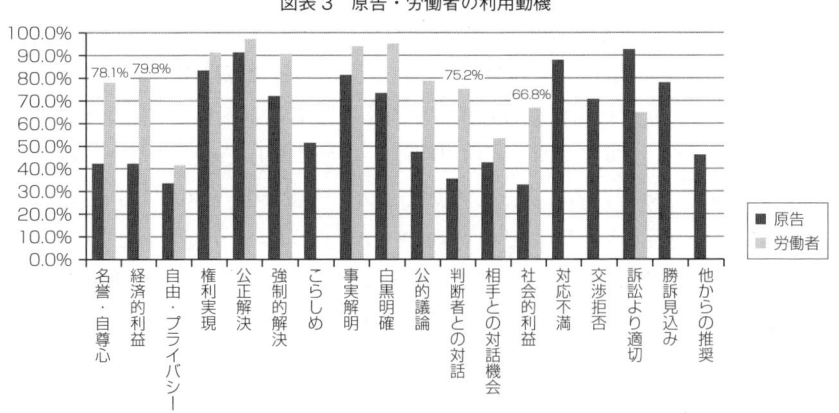

第 7 章　民事訴訟利用者調査との比較

図表 3　原告・労働者の利用動機

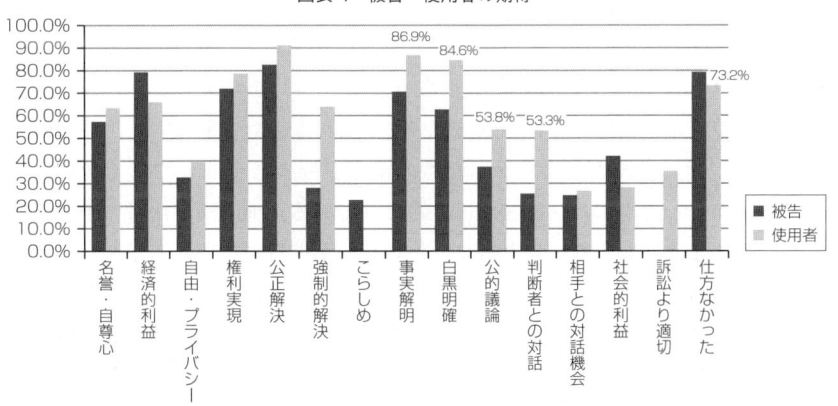

図表 4　被告・使用者の期待

調査とも，複数の質問項目に関し当該動機や理由がどの程度あてはまるのかを5段階尺度で尋ねている。図表 3，図表 4 はこの 5 段階尺度中，「強くあてはまる」「少しあてはまる」といった肯定回答の合計の割合を出し，グラフ化したものである[15]。2 つの調査に共通する項目で，原告・労働者間で大きな差が出るのは，「名誉・自尊心」，「経済的利益」，「社会的利益」，「判断者との対話」

---

15) 後掲の図表 9，図表 10，図表 12 も同様の集計をなしている。

139

といった項目で，労働者の方でそれを動機として肯定する割合がかなり高くなっている。これに対し，被告・使用者間では，大きな差の出るものは少ない。その中で，「強制的解決」，「判断者との対話」といった点に関してはやや差が大きくなっており，使用者の肯定回答が多くなっている。また，差はそれほど大きくはないが，「事実解明」，「白黒明確」などに関しても，使用者の肯定回答割合が高くなっている。訴訟との対比では，労働審判当事者に対し，「訴訟より適切」か（訴訟当事者には「他では解決できない」）という質問をしているが，この質問に関しては，労働者の方で圧倒的に肯定回答が多かった（労働者：65.0％，使用者：35.9％）。それに対し，使用者の方で最も多かった肯定回答は，「仕方なかった」であった（73.2％）。

(3) 費用評価・時間評価

a) 予 測（図表5，図表6参照）　費用予測に関しては，審判当事者と訴訟当事者で大きな差が出た。労働者は，ある程度予測ができたとする当事者が56.7％おり，はっきり予測が立った当事者（15.6％）を加えると，72.3％が何らかの形で費用に関する予測が立っていたことになる。これに対し，原告の方は，逆に，全く予測が立たなかったものが48.7％で，何らかの形で費用に関する予測が立ったものは，51.3％にとどまっている。他方，使用者の予測程度は被告とあまり変わらない。ともに，何らかの形で費用に関する予測が立っていた当事者は50％台であり（使用者：57.9％，被告：56.8％），全く予測が立たなかったのは40％台であった（使用者：43.2％，被告：42.2％）。この点は，使用者，被告ともに法人であり，リピート・プレーヤーとしての経験知が示されているところであろう。

また，審判や訴訟に要する時間に関しては，労働者の場合，何らかの形で予測が立っていたものは68.2％に達するのに対し，原告の場合は，64.2％が全く予測が立っていなかったと答えており，何らかの形で予測が立ったのは35.8％にとどまっている。これに対し，被告対使用者の場合，やはり審判当事者の方が遙かに予測が立つ割合が高く，使用者の71.9％が何らかの形で予測が立っていたと答えている。訴訟の方は，法人被告であっても，予測が立っていたのは45.7％で，54.3％が全く予測が立たなかったと回答しており，状況が大きく異なることが示された。

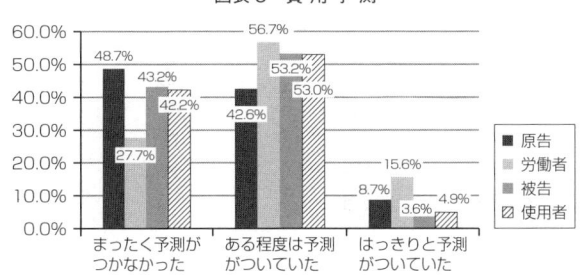

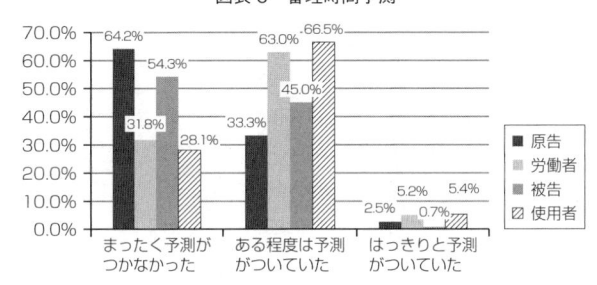

第 7 章　民事訴訟利用者調査との比較

図表 5　費用予測

（棒グラフ：原告／労働者／被告／使用者）
- まったく予測がつかなかった：48.7%／27.7%／43.2%／42.2%
- ある程度は予測がついていた：42.6%／56.7%／53.2%／53.0%
- はっきりと予測がついていた：8.7%／15.6%／3.6%／4.9%

図表 6　審理時間予測

（棒グラフ：原告／労働者／被告／使用者）
- まったく予測がつかなかった：64.2%／31.8%／54.3%／28.1%
- ある程度は予測がついていた：33.3%／63.0%／45.0%／66.5%
- はっきりと予測がついていた：2.5%／5.2%／0.7%／5.4%

b）評　価（図表 7，図表 8〔次頁〕参照）　実際に紛争解決に要したコストに関しては，労働者の場合，原告と比較すると，「非常に高い・やや高い」とする割合が約10ポイント低くなり（原告：51.2％，労働者：40.3％），逆に「非常に安い・やや安い」とする割合が10ポイント以上上がる（原告：9.1％，労働者：22.4％）。これに対し，使用者の場合，被告よりも「非常に高い・やや高い」とする割合が高くなるのに加え（被告：42.4％，使用者：50.0％），「非常に安い・やや安い」に関しても，僅かながら使用者の方が多くなる（被告：8.8％，使用者：12.8％）。

審理期間に関しては，2006 年調査とスケールが異なることから直接の比較は難しいが，一見して目に付く違いは，「非常に短い・短すぎる」[16]という評価が，訴訟では原告 2.8％，被告 3.6％ であったのに対し，労働審判では同様

16）　2006 年調査では「短すぎる」という選択肢であり，労働審判調査では「非常に短い」という選択肢であった。

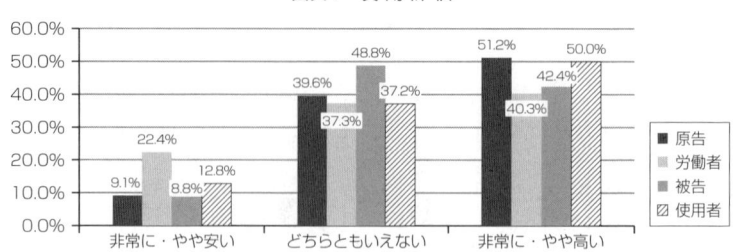

図表7　費用評価

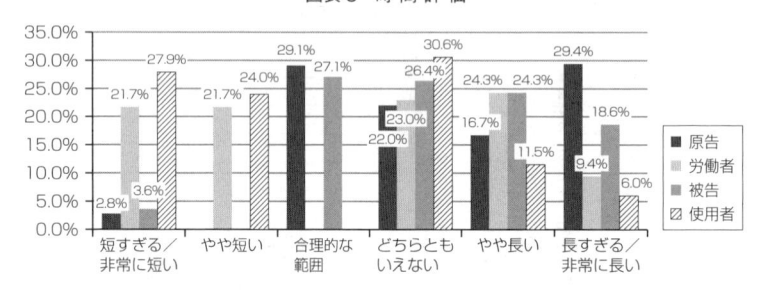

凡例：原告／労働者／被告／使用者

	非常に・やや安い	どちらともいえない	非常に・やや高い
原告	9.1%	39.6%	51.2%
労働者	22.4%	37.3%	40.3%
被告	8.8%	48.8%	42.4%
使用者	12.8%	37.2%	50.0%

図表8　時間評価

	短すぎる／非常に短い	やや短い	合理的な範囲	どちらともいえない	やや長い	長すぎる／非常に長い
原告	2.8%		29.1%	22.0%	16.7%	29.4%
労働者	21.7%	21.7%		23.0%	24.3%	9.4%
被告	3.6%		27.1%	26.4%	24.3%	18.6%
使用者	27.9%	24.0%		30.6%	11.5%	6.0%

の比率が，労働者で21.7%，使用者で27.9%に達する点である。また，逆に「長すぎる」に関していえば，訴訟ではその比率が原告29.4%，被告18.6%となるのに対し，労働審判では，労働者9.4%，使用者6.0%となる。訴訟では原告被告を問わず，訴訟が長いと評価する傾向にあるのに対し，労働審判では逆に短いと評価する傾向にあることがわかる。労働審判の審理回数制限の効果が端的に表われている点といえる。

(4)　手続評価（図表9参照）

手続評価に関しては，労働者の場合，原告と比較すると，大きく差が出るのは，「進行の分かりやすさ」（原告：33.1%，労働者：58.4%），「言葉の分かりやすさ」（原告：43.7%，労働者：70.9%）といった項目であり，労働者の肯定回答割合が原告のそれを大きく上回っている。また，質問内容が異なるものの，労働者では「進行の迅速性」に関し72.8%の回答者が肯定回答をなしているのに対し，原告に対する類似質問の「時間の効率性」に関しては31.0%がそれを

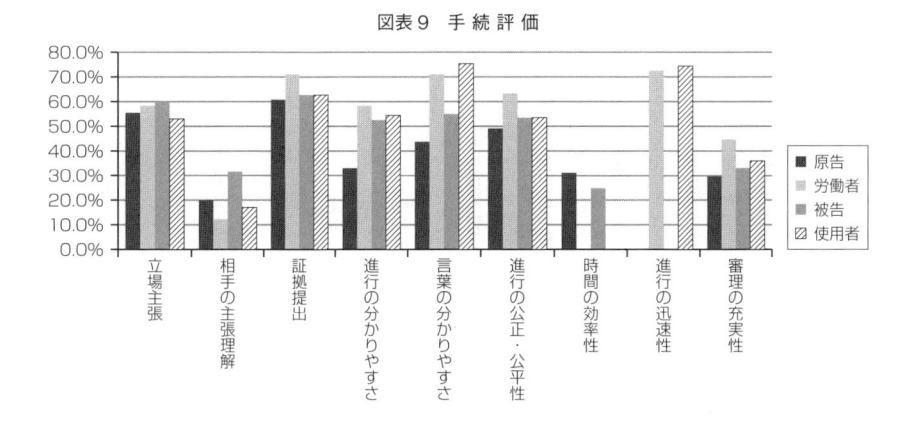

第 7 章　民事訴訟利用者調査との比較

図表 9　手 続 評 価

肯定するにとどまっている。ここにも大きな評価差がある。さらに，迅速性を高めた場合には評価が低下することが懸念される「立場主張」（原告：55.6％，労働者：58.6％），「証拠提出」（原告：60.6％，労働者：71.2％），さらには「進行の公正・公平性」（原告：48.9％，労働者：63.1％）に関しても差は前述の 2 項目ほど大きくはないものの，労働者の肯定回答率が原告のそれを上回っている。また，「審理の充実性」に関しても労働者の肯定回答率が原告のそれを上回っている（原告：29.7％，労働者：44.8％）。全般に，労働者の手続評価の方が，原告のそれよりも高かったといえる。

　他方，使用者と被告を比較した場合，「言葉の分かりやすさ」に関しては，労働者同様，使用者の評価が被告の評価を大きく上回る（被告：54.9％，使用者：75.4％）。また，「進行の迅速性」に関しても，被告の「時間の効率性」(24.8％) に比較した場合，使用者の肯定回答が被告のそれを大きく上回る点は (74.7％)，労働者の場合と同様である。しかし，他の評価に関しては，使用者の評価は，被告と比べそれほど高いわけではない。「証拠提出」（被告：63.0％，使用者：62.6％），「進行の分かりやすさ」（被告：52.6％，使用者：54.6％），「進行の公正・公平性」（被告：53.7％，使用者：53.6％）に関しては，使用者と被告の評価はほとんど変わらず，「審理の充実性」（被告：33.1％，使用者：36.1％）に関しても僅かに使用者の肯定回答率が高くなるにとどまる。そして，むしろ「立場主張」（被告：59.9％，使用者：53.0％）と「相手の主張理解」（被告：31.6％，使用者：16.9％）に関しては，被告の肯定回答率が高くなっている。これらの評価

143

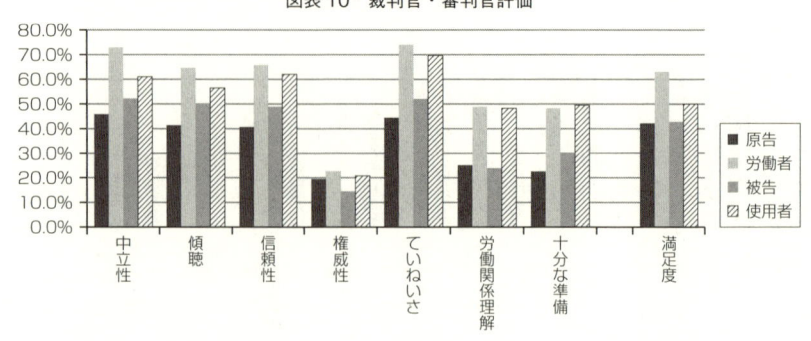

第Ⅱ部　利用者からみた労働審判制度（分析編）

図表10　裁判官・審判官評価

（グラフ：中立性、傾聴、信頼性、権威性、ていねいさ、労働関係理解、十分な準備、満足度の各項目について、原告・労働者・被告・使用者の評価を示す棒グラフ）

をみる限り，受け手の使用者にとっては労働者ほど労働審判の手続は肯定的にはとらえられていないように見受けられる。

(5) 裁判官・審判官評価（図表10参照）

　労働者の審判官評価と原告の裁判官評価を比較した場合，共通する質問項目すべてにおいて労働者の肯定回答比率が高くなっており，その差は，ほぼすべての項目において20ポイント以上となっている。審判官と裁判官への満足度に関しても，その差が20ポイントを超えている（原告・裁判官：42.3％，労働者・審判官：62.5％）。

　それに対し，使用者と被告を比較した場合，やはりほぼすべての項目において使用者の肯定回答割合が被告のそれを上回るが，その差は，原告・労働者間のそれよりはかなり小さくなっている。20ポイントを超える差を示すのは，「（審判官）労働関係理解」（被告・裁判官：23.5％，使用者・審判官48.6％。なお，この項目は被告に対しては裁判官の裁判外の知識の有無を尋ねる質問になっている）のみであり，他の質問項目に関しては，その差が10ポイント程度に減じている。特に，裁判官・審判官に対する満足度に関しては，使用者の肯定回答割合が被告のそれを上回るものの，その差は約7ポイントにとどまっている（被告・裁判官：43.0％，使用者・審判官50.3％）。これらの差の減少は，原告に比べ被告の肯定回答割合が増加したことと[17]，労働者に比べ使用者の肯定回答割合が減じたことの両方の理由によるものと思われる。

図表11　結果の有利不利評価

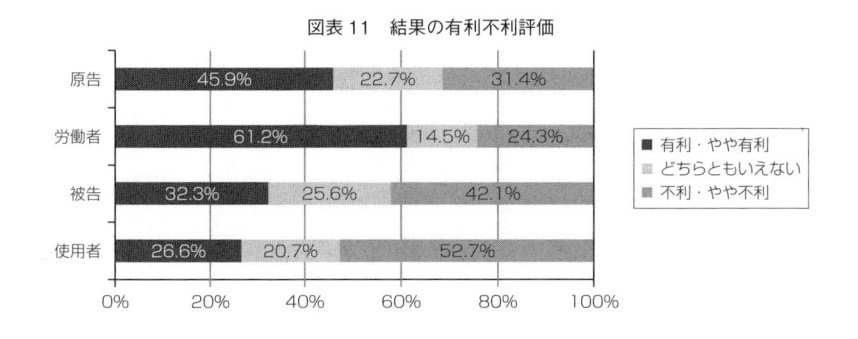

	有利・やや有利	どちらともいえない	不利・やや不利
原告	45.9%	22.7%	31.4%
労働者	61.2%	14.5%	24.3%
被告	32.3%	25.6%	42.1%
使用者	26.6%	20.7%	52.7%

(6) 結果評価

a) 有利不利評価（図表11参照）　調査回答者がどのような結果を得ていたかに関しては種々の質問がなされているが，労働審判調査と2006年調査に共通する項目の1つとして，紛争解決結果が回答者にとって有利であったか否かを尋ねた質問を比較する。労働者と原告とを比較した場合，労働者の方が有利な結果に終わった（「有利」「やや有利」の合計）と回答した当事者の割合が高く（原告：45.9％，労働者：61.2％），「どちらともいえない」と答えた回答者（原告：22.7％，労働者：14.5％）および不利な結果に終わった（「不利」「やや不利」の合計）とする回答者（原告：31.4％，労働者：24.3％）に関しては，原告の方が多くなっている。原告の場合も，被告と比較した場合には有利な結果に終わった回答者がやや多めであったが，労働者の場合はその割合がさらに高くなっている。既に行われた民事訴訟利用者調査の分析結果からは，結果の有利さが訴訟過程や訴訟関与者に対する評価に肯定的な影響を及ぼすことが明らかになっていることから[18]，今回の労働審判調査の労働者に関しては，同様の傾向がより強く出ている可能性に留意しなくてはならない。

---

17)　裁判官に関する評価は，自然人・法人間で比較した場合，法人の方で高くなる傾向にある。民事訴訟制度研究会編・前掲注4）55頁参照。

18)　例えば，2006年調査に関しては，民事訴訟制度研究会編・前掲注4）51頁，55頁，78頁などを参照のこと。また，結果評価に関する踏み込んだ分析としては，今在景子「当事者は訴訟の結果をどのように評価するのか」菅原ほか編・前掲注6）222頁以下がある。それによれば，当事者の結果評価は，有利不利のほかに理由付けに納得できるか否かといった要素も大きく影響することが示されている。

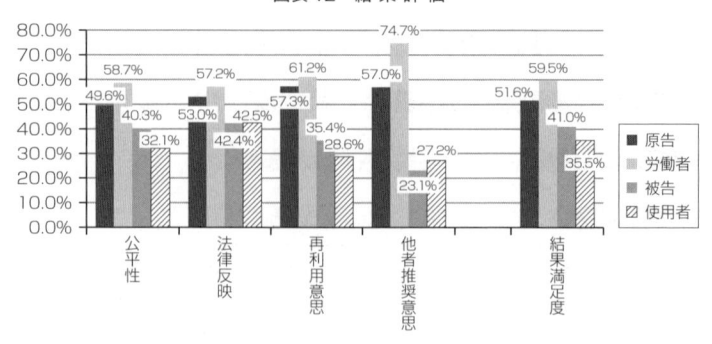

第Ⅱ部　利用者からみた労働審判制度（分析編）

図表12　結果評価

	原告	労働者	被告	使用者
公平性	49.6%	58.7%	40.3%	32.1%
法律反映	53.0%	57.2%	42.5%	42.4%
再利用意思	57.3%	61.2%	35.4%	28.6%
他者推奨意思	57.0%	74.7%	23.1%	27.2%
結果満足度	51.6%	59.5%	41.0%	35.5%

　これに対して，使用者と訴訟の被告とを比較した場合，全く逆の傾向となる。使用者の場合，不利な結果に終わった当事者の回答割合が被告以上に高く（被告：42.1％，使用者：52.7％），「どちらともいえない」と答えた回答者（被告：25.6％，使用者：20.7％）および有利な結果に終わったとする回答者（被告：32.3％，使用者：26.6％）に関しては，被告の方が多くなっている。有利な結果とは反対に，不利な結果は種々の評価にネガティヴな影響を及ぼすことが明らかになっているが，今回の労働審判調査の使用者の評価に関しては，労働者と比較しても，さらには被告と比較してもその傾向がより強く出ている可能性を考慮しなくてはならない。

　b）　紛争解決評価（図表12参照）　労働審判や訴訟によって得られた結果に対する評価を比較してみると，労働者と原告とを比較した場合，すべての質問項目に関し，労働者の肯定回答割合の方が高くなる。特に「他者推奨意思」に関しては，労働者の肯定回答割合が74.7％と原告のそれ（57.0％）よりも約18ポイント高くなっており，回答者の3人に2人以上が，労働審判の制度を同様の立場にある人に勧めようという意思を持っていることが示されている。また，「結果満足度」に関しても，労働者の肯定回答割合が原告のそれを上回っている（原告：51.6％，労働者：59.5％）。前述のように，労働者の回答者は多くが有利な結果を得ていたが，その状況がこれらの評価に影響を及ぼしているものと思われる。

　それに対し，使用者と被告とを比較した場合，使用者に不利な結果に終わっ

た当事者がより多かったことを反映してか,「公平性」(被告：40.3%, 使用者：32.1%),「再利用意思」(被告：35.4%, 使用者：28.6%) に関しては, 被告の肯定回答割合の方が使用者のそれよりも高くなっているし,「結果満足度」に関しても, 被告の肯定回答割合の方が高くなっている (被告：41.0%, 使用者：35.5%)。こういった評価は, 使用者回答者に不利な結果に終わった当事者がより多かったことを反映しての結果と思われるが, その中において,「他者推奨意思」に関しては, 使用者の肯定回答割合が被告のそれを上回っている (被告：23.1%, 使用者：27.2%)。ただ, この点は使用者の方の肯定回答比率が上がったというよりも, 被告の「他者推奨意思」がかなり低くなっていることによるものと思われる[19]。

IV 労働審判から民事訴訟への示唆

1 民事訴訟と労働審判の比較がもたらすもの

労働審判と民事訴訟の利用者評価を比較した場合, 多くの側面において違いがみられる。一般に労働審判に対する評価の方が高いものが目立つが, その違いが労働者・原告間と使用者・被告間に共通してみられるものと, 労働者・原告間においてのみ顕著なものが存在する。同じようにみえる差であっても, 後者の労働者の方のみに高い評価がみられる場合は, 労働者の調査回答者に有利な結果に終わったものが多かったことを考えると, その解釈には注意を要する。というのは, 民事訴訟の利用者調査では, 結果の有利さが種々の評価に影響を及ぼすことが見出されており[20], ここでの高評価が労働審判自体の特徴から導かれているのか, はたまた, 自分が有利な結果を得たことから導かれているのかが明らかではないからである。実際, 今回の労働審判調査においても, 不利な結果に終わった当事者のみ (「不利」,「やや不利」の合計74人) に関して集計を行うと, 多くの評価は低下する。例えば, 手続評価に関し, 肯定回答の割合が「立場主張」は27.0%,「相手の主張理解」は6.8%,「証拠提出」は50.0

---

19) これらの質問に関する民事訴訟における判断構図については, 菅原郁夫・民事訴訟政策と心理学 (2010) 220頁以下を参照。
20) 前掲注18) の文献参照のこと。

％，「進行の分かりやすさ」は 41.9％，「言葉の分かりやすさ」は 60.8％，「進行の公正・公平性」は 28.4％，「進行の迅速性」は 64.9％，「審理の充実性」は 9.6％ となり，それぞれの評価がかなり低くなっている。したがって，現状で高評価がみられる労働者の評価も客観的な制度評価という観点からはやや割り引いて考える必要があるし，逆に，現状で相対的に評価の低い使用者の評価もやや底上げして評価してみる必要がありそうである[21]。そういった観点も含め以下，主立った点について検討を進める。

　はじめに，費用と時間に対する予測および評価の点について考える。この点は，労働者・原告間および使用者・被告間に共通して顕著な違いがみられる。民事訴訟と比較した場合，特に時間に関する予測と評価に関しその差が大きく，労働審判が利用者にとって時間的な意味で予測が立ちやすく，かつ早い手続の終結をもたらすものと評価されていることが示されている。後述のように，こういった評価がこの制度の利用促進に大きく寄与しているものと思われる。

　また，手続の評価に関しても，「言葉の分かりやすさ」，「進行の迅速性」に関しては，労働者，使用者ともに民事訴訟よりも高い評価が得られている。一般的に考えれば，手続を迅速に進めることによって，時として当事者に理解不能な部分をもたらすことが危惧されるが，労働審判の場合にはそういったことがなかったようである。

　また，同様にこの「進行の迅速性」との関わりで危惧されるのは，手続の迅速化が図られることによって十分な主張や証拠の提出ができなくなるのではないかといった点である。これらの点に関しては，労働者と使用者の評価がやや異なるところもある。しかし，労働審判では不利な結果に終わった当事者の多い使用者の評価においても「証拠提出」の肯定評価は訴訟に比べ遜色はなく，

---

21) 今回の調査に示された結果の有利不利分布が現実の分布状況を反映したものであるか否かは，さらに検討を重ねる必要性があろうと思われる。仮に現実を反映したものであったにしても，訴訟当事者との比較，あるいは労働者・使用者間の比較を行うときには，結果の有利不利を何らかの方法で統制した上で行うべきであろう。今後の課題である。なお，佐藤・前掲注9)「労働審判に関する利用者の評価」14 頁は，客観的に労働審判手続の結果が労働者に有利に偏っている可能性のほかに，新たな制度の導入により司法的対応が可能になったことによって，従来司法的対応が難しかったそれ以前の状況に比べ，相対的に有利な状況が生じた可能性を指摘する。その可能性も否定できないが，さらには有利な結果に終わった労働者がより多く調査に回答した可能性もあろう。

「立場主張」に関しても，やや被告の評価よりは落ちるものの大きな差はみられない。もちろん，これらの評価に関しては，労働者の評価は原告のそれをすべて上回っている。そして，「審理の充実性」に関しても労働者の評価は大幅に，そして使用者の評価は僅かではあるが，いずれも訴訟当事者の評価を上回っている。

また，同様に注目すべき点は，「審理の迅速性」が高く評価される中で，審判官に対する評価も高く維持されている点である。労働者の評価はすべてに関し裁判官の評価を大きく上回っている。この点は有利な結果に終わったものが多いという点から割り引いて評価しなくてはならないところであるが，不利な結果に終わった当事者の多かった使用者に関しても，差は小さくなっているものの，やはりすべての項目において，審判官への評価が裁判官への評価を上回っている。特に注目すべき点は，迅速化が感じ取られる中において「傾聴」に関する評価が低下せず，むしろ訴訟以上に高評価をもたらしている点である。

以上の肯定的評価に対し，注意を要するのは，結果評価および結果満足度である。過程評価や審判官評価においては労働審判当事者の高い評価が目立ったが，結論ともいえる結果評価に関しては，有利な結果に終わった当事者の多かった労働者の方では高い評価が目立つが，不利な結果に終わった当事者の多かった使用者の方では，「公平性」，「再利用意思」が訴訟当事者の評価よりも低かった。これらの結果は，不利な結果に引きずられる面が大きいと思われる。とはいえ，「再利用意思」や「他者推奨意思」は単純な結果評価とは異なる制度評価を含む評価であることを考えると[22]，他に評価を低くしている要因がある可能性も存在する。さらなる分析は必要であるが，例えば，使用者は単に不利な結果が多かっただけではなく，利用動機において，「事実解明」，「白黒明確」，「公的議論」，「審判官・審判員との対話」といった点に被告以上に強い要求を示していた点を考えるならば，これらの要素に関して要求が十分に満たされていないことが原因である可能性もあり得よう。また，加えて気になる点は，審理に要した時間の評価の点において，使用者のうち審理期間を「非常に短い」と評価した回答者の中で，25％が審理時間に「満足していない」という評価をなしている点である。これらの評価は審理時間が足りないという評価

---

22) この点に関しては，菅原・前掲注19) 220頁を参照。

である可能性があろう。こういった点を考えるならば，労働審判では迅速性と充実性は必ずしも背反していたわけではなさそうであるが，同時に，ここでも使用者に関しては，迅速性だけでは満たしきれない何らかの要求が存在している可能性が示されたといえよう。

2 民事訴訟への示唆と今後の課題

以上の比較から，どのような点が民事訴訟のあり方に示唆されるであろうか。まず，時間と費用の明確さのもたらすものに関しては注目すべきものがある。この点は特に主体的に審判手続を利用した労働者に着目すべきであろう。労働者の場合，72.3％が費用に関し何らかの予測が立っており，時間に関しても68.2％が何らかの予測を立てていた。この状況は訴訟当事者とは大きく異なる。そして，2006年調査においては，訴訟当事者に訴訟に対する躊躇の有無を尋ね，躊躇を感じたものに，その理由を尋ねている。その結果，躊躇理由としての上位2理由は，時間と費用の問題であった[23]。そういった懸念の結果でもあろうと推測されるが，同調査では訴訟原因の発生から訴訟までの間に平均で2.4年を要していたという結果が示されている[24]。これに対して，労働審判の場合は，先に示したように3か月以内の申立てが39.5％に達し，1年以内では同割合が82.1％に達している。時間と費用への不安の除去が申立てへの時間を大幅に短縮することに寄与したことが推測される[25]。そして，もしこの推測が正しければ，民事訴訟においても，何らかの形で時間と費用に関する目途を示す（もちろん，安く短いことは好ましいが）ことが，利用促進をもたらす大きな要因となる可能性がある。特に，ここ数年の実務の努力により，かつてに比べ，民事訴訟の審理時間はかなり短縮されている[26]。しかし，前述のように，それ

---

23) 民事訴訟制度研究会編・前掲注4) 37頁。なお，2000年調査における費用と審理時間の予測と訴訟躊躇との関係に関しては，藤田政博「訴訟利用にともなう費用と時間」佐藤ほか編・前掲注6) 105頁以下が，2006年調査に関しては，同「訴訟をためらう原因は何か」菅原ほか編・前掲注6) 74頁以下が詳しい。これらの分析では，費用と時間に関する予測の有無が訴訟利用を躊躇させるか否かに影響を及ぼしていることが示されている。

24) 民事訴訟制度研究会編・前掲注4) 23頁。

25) この時間と費用の要因のほかに，労働審判が調停という合意を前提とする制度の上に成り立っているという要素，労働審判員のような専門家が関与しているという要素も大きく影響している可能性も考えられる。

が必ずしも利用者にわかる形にはなっていないように思われる。実際の審理時間を短くする努力と同時に，それを利用者に伝え，見える形にすることにも工夫が必要であろう[27]。方向性としては2つの可能性が考えられよう。1つは，労働審判のように事件類型に合わせた特別手続として審理回数の制限を設けるといった可能性であり，もう1つは，事件類型ではなく，当事者の意思に着目し，訴訟上の合意としては審理回数を制限するといったことを認めるといった可能性である。冒頭に紹介したように，民事訴訟の利用者調査では，利用しやすさの評価が必ずしも高くない。この費用と時間の点に関する配慮が，利用しやすさの評価にも影響を及ぼすことが期待される。

　さらにもう1点，民事訴訟への大きな示唆は，迅速化と充実化の両立という点である。労働審判では，多くの利用者が手続は迅速であると評価したにもかかわらず，「立場主張」，「証拠提出」といった手続評価は低下しなかったし，「審理の充実性」に関しても民事訴訟以上の評価が得られている。また，審判官の評価一般が高い点，特に「傾聴」の評価が高い点は注目に値しよう。これまで，これらの要素，すなわち，十分な「立場主張」，「証拠提出」，「傾聴」といった要素は迅速さを阻害する要素として指摘されてきた点である。それらが，労働審判においては迅速性と両立している可能性が示されたといえる。もちろん，これはあくまでも当事者の評価であり，客観的にみた場合の審理状況はこれらの評価と異なる可能性はある[28]。また，使用者の評価の中には，むしろ審理期間が短すぎるといった批判が存在する可能性がありうる点も無視し得まい。さらにいえば，合意を目指す審判手続と厳格な事実認定を要する判決手続では，自ずと充実の内容が異なるという指摘はありえよう。しかし，少なくとも，この調査で，労働審判という裁判所での現実の紛争解決手続の当事者の評価の中で迅速性と充実性が背反するものでない可能性が示されたことは非常に有益なことであろう。当事者が迅速な審理でありながら，十分に主張や証拠を

---

26) この点に関しては，最高裁判所事務総局・裁判の迅速化に係る検証に関する報告書〈概要編〉(2011) 20頁以下参照。
27) すべての事件に対しての対処は難しいとしても，労働関係事件のように定型性の高い事件に関しては，期日回数を制限するといった特別手続を創設する，あるいは，複雑な事件に関しては，終期を明確にした審理計画を立てるなどの時間と費用に関する可視化の試みが必要であろう。

提示したと感じることができる審理形態，あるいは，迅速でありながら自分の言い分は十分に聞いてもらったと感じることができる審理形態とはいかなるものか，どのような要素の組み合わせがこの両感覚を促進するのか，また，いかなる範囲でそれを民事訴訟に取り込むことができるかを今後検討すべきであろう。迅速性と充実性は，訴訟の場においては相矛盾する要請を内包するものであり，両立不可能と考えられてきた問題でもある。しかし，労働審判調査の結果はその問題の解決の糸口を示しているようにも思われる。ここでも，答えの可能性としてはいくつかのものが考えられよう。例えば，審理回数の制限によっては，徹底した事前準備がなされ期日が充実した可能性がある。また他の可能性としては，審判官以外の審判員の存在が分かりやすい審理をもたらし，それが充実感を導いたという可能性もあり得よう。さらには，後述のように労働事件の専門家が関与したことが充実した審理をもたらした可能性もあろう。ここでこれらの可能性の当否についての結論を出すのは困難であるが，今回の調査はいくつかの検討の方向性を示唆しているものといえよう。

最後に，残された課題のいくつかを示そう。本稿の分析では2006年調査に明確な比較対象が見当たらなかったことから特に言及をしなかったが，労働審判の1つの特徴である専門的な知識を有する労働審判員の関与といった点に関しても今回の調査では高い評価が得られている[29]。民事訴訟においても専門

---

28) 本文では分析を試みなかったが，審理過程の評価で唯一訴訟に比べ評価の低い項目に「相手の主張理解」がある。これは労働者，使用者に共通する傾向である。最終的には審判で終わる可能性はあるものの，基本的には話し合いのための手続である審判において，相手方の主張の理解が訴訟よりもできないというのは意外な結果といえる。筆者はかつて訴訟利用者の類似の評価を目にしたことがあるが，それは訴訟上の和解に関する調査においてであった。その調査では，和解に応じた理由として，「相手方が主張を聞いてくれた」あるいは「相手への主張ができた」といった理由よりも，「裁判官の勧め」や「弁護士の勧め」といった理由の方が圧倒的に多かった。話し合いの結果であるはずの和解像とは一致しない結果であった。このような結果に関し，筆者は，当事者同士の対話以上に裁判官との対話を重視する交互面接方式が原因である可能性を指摘した。そして，そういった手続のあり方に関しては，手続的公正感の欠落による弊害が存在しうることも指摘した。労働審判に関しても同様の現象が生じていないか，慎重に検討をなす必要があろう。訴訟上の和解に関する調査結果に関しては，菅原・前掲注19) 71頁以下，特に90頁以下を参照のこと。

29) この点の紹介に関しては，佐藤・前掲注12) 110頁以下参照。本書第4章86頁Ⅳ〔佐藤岩夫執筆〕も参照。

知識を必要とする場面が増えている。そういった場面への対応の1つのあり方として，労働審判の審判員の位置付けの分析を深めることも今後の課題といえよう。また，紙幅の関係でここでの分析では割愛したが，審理の充実，迅速化のいずれの側面においても代理人の果たす役割には大きなものがある。特に，よく準備をし，集中した審理故の充実感であるとしたならば，代理人の果たす役割は決して小さくないことも考えられる。その分析は今後に残された課題である。

第8章 労働審判紛争の社会的構造
―― 問題定義の記述形式を通じて

分析編

樫村志郎

KASHIMURA Shiro

● ABSTRACT ●

　本稿は，労働審判調査の当事者の一部に対して行われた追加インタビュー調査14ケースの結果を素材として，労働審判制度の対象となる紛争の当事者がその紛争に関して抱く意味世界のあり方を解明するための方法にかかわる知見を呈示する。まず，分析の準備として，素材となるインタビュー記録は逐語的な会話記録からモノローグたる語りへと転換されるが，こうした転換を通じても一定の重要な意味付与的特徴が保持されることが主張される。次に，紛争の語りは，紛争を構成する出来事に価値を付与しつつその価値における変化の発生を呈示し，その理由や原因を説明するという特徴を持つことが，語りを引用しつつ例証される。結論として，このような語りから推測される紛争当事者の意味世界は，紛争を構成する出来事を，その社会的背景とともに実践的かつ価値付与的に，構造化するものであることが示唆される。

I　本稿の課題

　本稿は，労働審判調査の追加インタビュー調査[1]の結果として得られた，14件の労使紛争に関する当事者の語りを素材として，今日の日本社会で労働審判制度の対象として現実に存在する使用者と労働者の紛争（以下では，単に「労働審判紛争」と呼ぶことにする）の社会的諸性質を明らかにすることを念頭に置き，

---

[1] このインタビューは，労働審判制度利用者調査の対象者の一部について，2011年12月から2012年夏までに行った（本書第2章26頁(3)参照）。インタビュー調査の参加メンバーは，佐藤岩夫，高橋陽一，入江秀晃，小佐井良太，山田恵子，中山和彦，および筆者である。

154

そのための予備的分析として，紛争の開始時における問題定義のあり方を解明しようとするものである。問題定義とは，労働審判紛争の当事者がその紛争の対象となる問題，対立，もめごと等を言語により記述したものをいう。紛争当事者は，紛争対象について，ただ一種の記述のみを行うということは一般にない。むしろ，紛争当事者は，紛争の諸段階において異なる問題定義を採用するし，またある段階における問題定義の内容は矛盾を含むことも稀でない。また，問題定義は，要約的に表現されることもあるし，一連の出来事の連鎖的記述として展開された表現をとることもある。

図表1　ケースの当事者

	男性	女性	合計
労働者側	5	3	8
使用者側	6	0	6
合計	11	3	14

本稿は，インタビューの回答の中に表われている当事者の問題定義に着目し，労働審判紛争の発生の段階において，当事者がそれをどう記述するかを解明することで，その紛争への社会的あるいは道徳的な意味付けを，あるがままに明らかにしようとするものである。

II　方　法──記述データとしてのインタビュー記録

1　本稿の素材

当事者のこれらの語りを含むインタビューは，原則として2名の研究会メンバーが，1名または2名の回答者に対して聞き取りを行うという形式で行われた。本稿で対象とするすべてのケースについて当事者と同席者の許可を得て録音された。14ケースの録音は反訳作成者に委託して，逐語的に書き起こされた。本稿では，この反訳を「インタビュー記録」と呼ぶ。本稿では，インタビュー記録に基づき，単一の語り手によるものとして筆者が要約するなどの編集を加えた語りを素材として，分析を行う[2]。

---

[2] この語りは，インタビュー記録を2つの段階で処理したものである。第1に，インタビュー記録には，インタビューにおける発話の間やいいよどみ等の水準での発話の詳細が書き起こされていない。第2に，筆者が要約編集した語りには，インタビュー記録に含まれていた質問者と回答者による会話的相互行為の詳細は含まれていない。

第Ⅱ部　利用者からみた労働審判制度（分析編）

図表2　インタビュー質問項目

1.	事案の概要（労働審判申立てまでの経緯）
2.	労働審判手続の経緯とその後（労働審判手続の経緯，労働審判手続後の状況：異議申立てで訴訟に移行，復職，他に就職等）
3.	紛争・トラブルに関する特記事項（不満，感情など）
4.	労働審判制度に関する特記事項（審判の進め方への不満，審判官・審判員への特別な印象等）
5.	その他特記すべき事項
6.	関連資料の入手の有無

2　インタビューの実施

　当事者側に同席者のある場合が使用者側に2ケース，労働者側に1ケースあり，当事者自身を含まない当事者側同席者数はいずれも1名であった。これらの同席者は，語りの内容から判断すると，当事者の紛争対処行動について相談を受けたり，ともに行為したりした人たちだと判断される。このため研究者である質問者を除くと，語りに関与した人々の数は17名になる。

　14ケースのうち，8ケースは労働者側当事者であり，6ケースは使用者側当事者である。すべてのケースは異なったケースであり，同一ケースについて労使両側から聞き取りがなされたことはなかった（聞き取りの基礎になった量的調査のサンプル構成上，当事者とケースのマッチングはなされていない）。当事者たちの性別は，労働者側では，同席者のない7ケースのうち，5ケースが男性，2ケースが女性であり，同席者のあった1ケースでは当事者が女性で同席者は男性であった。使用者側では，同席者のない4ケースのうち，当事者としては，男性が4ケースであり，女性は存在しなかった。同席者のあった2ケースでは，当事者はすべて男性であり，同席者は，男性が1ケース，女性が1ケースあった。

　インタビューに先立ち，質問者の間では，ケース報告のために押さえるべき要点を6項目に設定した（図表2）。図表2の（　）内はそれぞれの項目で特に聞き落とさないように注意する点である。聞き取りにおける質問等の具体的表現や順序は，個々の質問者に委ねられた。

3 インタビュー記録におけるトピック

インタビューの回答には，回答者と質問者の関心から，当事者の意味付けの社会的基礎を推測するために利用可能な，いくつかの共通トピックが存在する。それらは，大まかにいうと次のようなものになる。

・初期における問題定義ないしはじまり・きっかけの記述
・弁護士利用を含む相談行動ないし解決資源の探索あるいは「紛争の変容」
・労働審判の過程と結果およびそれらの評価

これらのトピックは，労働審判紛争の具体的内容とはいちおう切り離して，紛争のいわば手続的構造を描き出すために利用できる。この手続的構造とは，労働審判紛争の当事者が，労働者であれ使用者であれ，紛争状況からもたらされる諸課題に対処するためにとることのできる行動手段やその行使順序から構成される社会的手続をいう。社会学的にみると，労働法はそのような社会的手続において使用される重要な資源であるとともに，その社会的手続を構造化するための重要な基盤でもあると想定できる。

4 インタビュー記録からの語りの作成

(1) 一般的方針

以下の本稿の検討におけるインタビュー記録の用い方について次の点をあらかじめ注意しておきたい。

第1に，本稿では，インタビューの語り自体にみられる様相（例えば，インタビュー記録におけるトピックとしての問題定義の出現位置）とその語りにおいて語られている事態そのもの（例えば，語られたその時点に属する当事者の経験における問題の認識）の双方に同時に着目する。通常，インタビュー調査は，語られた事態そのものについての知見（後者）のみを得ることを目的として行われ，その事態がいかにインタビューにおいて語られたかそれ自体（前者）は分析の対象にならない。通常のインタビュー調査では，語りそれ自体の様相からいかにして語りの対象事態の様相を知るかは，分析者自身の方法論的実践として行われるためである。本稿では，当事者の語りそれ自体の様相には当事者の問題経験の重要な要素が含まれていると考えるので，語りそれ自体の様相にも注目していきたい。

第Ⅱ部　利用者からみた労働審判制度（分析編）

　第2に，それにもかかわらず，以下の本稿の検討では，当事者の語りがインタビューにおける質問や促しによって生成されていく有様を逐語的に引用して再現することは行わず，エスノグラフィックな研究で研究対象者の発言が引用される場合のように，単一発話者による語りとして編集して引用する[3]。

(2) 作　成　例

　読者の理解のため，インタビュー記録から語りを作成する編集作業の一例を示しておく。例えば，回答者は次のような発言をした。

「私が元々新聞折り込みで求人情報などを掲載している会社に勤めておりました。ちょうど転職先がないかなと探していたときに，お取引先であった広告代理店から経験者を探しているというようなお話をいただきまして，ちょっとお話を聞かせてくださいということがまずそもそものきっかけなんです。そこでお話をしまして，いろんな条件提示を何回かしていたんですが，この条件でよければ。会社名が見えていいんですか。私がよければお見せしてもいいんですよね。見えないほうがいいんですか。」

　これに引き続き，固有名の処理についての会話が行われたのち，回答者は次のように続けた。また，このインタビューには同席者（以下で「彼」として言及されている人）があった。

「ああ，そうか。このような形でいただきました。この内容に納得したら，ここに署名捺印の上提出してくださいということで，もらいました。私も彼にこれを見てもらって，ちょっと気になるねと最初は言っていたんですが，ここ，契約期間が空白なんです。この状態で渡されまして，納得できるようであれば署名捺印の上出してくれと言われました。ここに関して私のそのときの認識ですが，年俸制ということで書いてありますので，年俸の契約を更新したりというときに記入されるんだろうな。もし雇用期間だったとしても記載がないので，私は期間の定めのない雇用だなという判断をしておりました。」

---

3) このように，語り手の用語や表現を尊重しつつ単一発話に整理していく際に，その方法論的実践は通常明示されない。本稿でも発言をまとめて逐語的に引用するのが適切と判断する場合に限り，その部分を「　」で示して明示することとしている。ただし，用字法等については，語り手のではなく反訳作成者の判断であるので，筆者が引用する際に逐語的に再現する必要はないと考えられる。

以上のようなインタビュー記録は，本稿では次のように要約して示されている（Ⅲ*3*(1) ケース #01 ）。

「労働者は，新聞折り込みで求人情報などを掲載している会社に勤めており，ちょうど転職先を探していたところ，取引先であった広告代理店から経験者を探しているという話をもらい，条件交渉のうえ契約となった。見せられた契約書では，契約期間が空白であったが，年俸制ということで，試用期間後か更新時に1年と記入されるのか，期間の定めのない雇用だと判断した。」

言うまでもなく，このような要約・編集作業には，要約・編集者の判断が加わる。例えば，この例では，筆者は，「新聞折り込みで求人情報などを掲載している会社」という表現は語り手自身の前会社への認識（まっとうだが小さな会社）を表現するものとみて要約せず残し，「私が元々」という表現は，インタビューに答える際の前置きとしての意味のみを持つとみて省略している。また，「ちょうど」は転職先が前社よりも好ましいという軽い判断を示す用語法として残している[4]。

Ⅲ 労働審判紛争における初期の問題定義の形式的構造

1 予備的考察

以下では，労働審判紛争の経験あるいはその語りの初期において，紛争の当事者が紛争の内容となる問題をいかに認識し，表現しているかに着目する。

インタビュー記録を読むと，14件のすべてについて，解雇などの雇用の終

---

[4] こうした編集を行う第1の理由は，逐語的引用によって引き起こされる様々な煩雑さをできるかぎり回避するためである。例えば，インタビューにおいて当事者たる語り手がある表現を探して短く沈黙するとき，質問者がその表現を提供することがあるが，そのような場合に質問者の寄与があったという事実，あるいは質問者が間の手を入れたという事実は，常に分析的価値を持つとは限らないのである。その第2の理由は，本稿の基礎となったインタビューにおいては，質問者は非判断的立場をとっており，語りの生成への質問者による寄与が回答者による裏書きを得て回答者の語りの一部となる場合を判別できるからである。その第3の理由は，紛争に関する当事者の語りは，会話のように，相互行為としての生成に密着した構造を持つのではなく，物語としての構造を持つと想定されることである。そこで，この種の語りは，モノローグとして編集された形においても，その本質的特徴は分析可能であると考えられる。

了それ自体が問題になっているか，あるいは，雇用が終了し，それ自体は争われていないが，賃金の不払い等が問題になっていると理解できる。また，これらの問題定義は，例外なく語りの冒頭部分において現われているという特徴がある。インタビューは回答者の経験を質問者に理解させるために情報を順序立てて伝達するという語りである。こうした語りが問題が何かを述べることから開始されるという特徴を持つのは，当然のことでもある。それは，紛争を当人がどう経験したかを他者に伝達する上で，問題定義が基礎的な重要性を持つ情報であることを示している。

ところで，一般に，労働審判紛争は，問題発生時までの雇用期間の長短により，系統的に異なった社会的性質を示すように思われる。第1に，使用者と労働者が相互に期待を形成しあい，それに従う行為を調整するためには，時間が必要である。第2に，雇用関係が長くなると，その継続への期待も高まる。第3に，雇用関係が長くなると，生活のより多くの面が雇用関係の継続に依存するようになる。そして，使用者と労働者は，これらの事情がお互いの間に存在することについて，常識的で類型的な了解を持っている。こうして少なくとも一般的には，問題発生までの雇用関係の長短は，本稿で注目する労働審判紛争の形式的諸次元——問題の定義，相談行動，弁護士利用または法的制度の存在の認識，解決——に，少なくとも潜在的な影響を与えると想定できよう。本節の残りの部分で論じるように，インタビュー記録は，この想定を裏付けているように思われる。

2 労働審判紛争の類型化

14ケースの労働審判紛争は，次の3つの類型としていちおう整理することができるように思われる。この類型化は，整理の便宜のためのものであり，それぞれに属するケースは，以下で検討するとおり，相互に重なり合う実質的な特徴を持ち，すべての点で異なった紛争形式をとるというわけではない。インタビュー調査に先立って回答された問題の内容とその問題発生時の労働者の働き方を図表3-1～3-3に要約して示す（なお，問題発生時の働き方についての質問F3は労働者側回答者のみに向けられている）。

図表3-1 短期雇用型ケース

ケース	問題	調査票F3（問題発生時の働き方）
#01（労働者側）	試用期間終了2日前に解雇通告	正規の従業員
#02（労働者側）	入社1週間目に解雇通告	正規の従業員
#05（労働者側）	就労開始後1か月余で解雇通告	派遣社員
#07（労働者側）	3か月試用期間経過後に解雇通告	正規の従業員
#10（使用者側）	入社後7日目に事故，1か月後に再事故で解雇	（言及なし）
#14（使用者側）	3か月試用期間経過後に解雇	（条件付き採用）

図表3-2 非短期有期型ケース

ケース	問題	調査票F3（問題発生時の働き方）
#03（労働者側）	時間給の15分未満のカット分の支払い	パート
#04（労働者側）	超過勤務分の時給の未払い	パート
#08（労働者側）	契約社員となり3回更新後不更新と通告された	契約社員
#13（使用者側）	暴力事件等による解雇	準社員（期間の定めがないパートタイマー）

(1) 短期雇用型ケース

　これは，問題発生時までの当該使用者との雇用関係の継続期間が短いものである。これらは本稿では「短期雇用型ケース」と呼ぶことにする。これは，「試用期間」の終了時あるいは就職後数か月までの時点で，解雇が通告されるものである。使用者は，この期間の労働者の勤務ぶりから，雇用関係の延長を行わないと決定している。これに対して，労働者は，そうした決定の合理性を問題視する。14ケース中この特徴を持つものが6ケースある。

(2) 非短期有期型ケース

　これは，問題発生時までの当該使用者との雇用期間が1年以上あるものであって，かつ，契約社員，パート，準社員等，何らかの期限のある性質を持つ労働関係（図表3-2）である。これらのケースは本稿では「非短期有期型ケース」と呼ぶことにする。その中には，労働者が職場への不満等から退職を決定するが，その不満の一部として賃金不払いを請求するというもの（#03，#04），期間満了を理由とする雇用関係解消の理由を争うもの（#08），暴力事件等を理由とする解雇を争うもの（#13）がある。

図表 3-3　非短期継続型ケース

ケース	問　題	調査票 F3（問題発生時の働き方）
#06（労働者側）	20年勤務後事故不申告等により懲戒解雇	正規の従業員
#09（使用者側）	無断で帰宅した労働者を解雇した	（言及なし「社員」とのみ）
#11（使用者側）	虚偽理由により同業他社へ転職のため退職金不支給	（言及なし「労働者」とのみ）
#12（使用者側）	能力不足による解雇	（言及なし「従業員」とのみ）

(3) 非短期継続型ケース

　これは，問題発生時までの当該使用者との雇用期間が1年以上あるものであって，かつ，正規社員等，一定の期限の付されていない労働関係（図表3-3）である。これらのケースは，本稿では「非短期継続型ケース」と呼ぶことにする。その中には，使用者が労働者の重大な義務違反等を理由として解雇を決定し，労働者がその理由を争うもの（#06，#09，#12）と，自発的な退職に伴う義務違反を理由にして使用者が退職金不払いを決定し，その理由が争われるもの（#11）がある。

　労働審判紛争は，これらの類型に属するものに限定されないことは当然であり，労働審判制度の下で処理されるケースをより多く観察すれば，さらに他の類型も見出すことができると思われる。以下で行う本稿の分析は，労働審判紛争の全体を適切に代表するものとは到底いえない。しかし，労働審判紛争のいくつかの典型がこれらのケースに表われていることは間違いない。

3　労働審判紛争の3類型における問題定義

(1) 短期雇用型ケース

ケース #01

　　労働者（女性，30代）は，新聞折り込みで求人情報などを掲載している会社に勤めており，ちょうど転職先を探していたところ，取引先であった広告代理店から経験者を探しているという話をもらい，条件交渉の上契約となった。見せられた契約書では，契約期間が空白であったが，年俸制ということで，試用期間後か更新時に1年と記入されるのか，期間の定めのない雇用だと判断した。試用期間が3か月だという説明を受けて，2月4日から勤務を開始した。会社は本当に少人数でやっており（10人以下）労働者が

第 8 章　労働審判紛争の社会的構造

勤務した F 営業所は，自分を入れて 3 名の営業社員，所長が 1 名，その上にコンサルティング会社のコンサルタント（週 1 回来る）が実質的な人事権などを持ち，その上は，すぐ本社（社長）であった。本社は東京に所在する。また，事務員 1 名とデザイナー 1 名が勤務していた。契約書の正式の写しは交付されず，当時契約書を見せられた同席者（男性）は，期間を書き入れてもらう方がよいなどの話をしていた。勤務開始前に秘密保持の書類，就業規則，年俸規程を渡され，期間について確認したが，年俸規程には，「アルバイトと契約従業員を除く」とあったことなどから，自分は正社員と認識した。2 月 4 日から勤務を開始したが，4 月 23 日に，コンサルタントから「このままでは難しい」あるいは「正直厳しい」とあやふやなニュアンスで言われる。4 月 28 日には，社長とコンサルタントと営業所長を交えて話され，

「『会社としての決定は君を継続雇用しないという結果になりました』と突然言われる。そこでもちろん私も食い下がって，働かせてくださいという話はするんですが動きそうにないと。私がもしそれでも駄目だということになれば，今後の私の勤務はどういうスケジュールになるんですかと確認したところ，4 月 28 日の時点だったのに 4 月 30 日以降はもう出てこなくていい。引き継ぎとかもあると思うから，そこは 5 月の連休明け，2 日間くらい出てきてもらうことになると思うと。時給で払うから。」

　ケース #01 を素材として，労働審判紛争における問題定義に共通してみられる様相を確認しておこう。
　第 1 の様相は，問題定義の複合構築性というべきものである。それは，問題定義が単なる情報のランダムな集積ではなく，その内部において意味的構造を持つ構築物であることである。例えば，ケース #01 では，問題定義は，最も短い形式では，インタビュー依頼時における予備的調査票（「インタビュー調査のお願い」）に記入されている。それは「試用期間終了 2 日前に突然，『2 日後から来なくてよい』と言われた。」というものである。それは，上の記録要約では，4 月 28 日における社長，コンサルタントと労働者自身によるやりとりとして，展開されている。すなわち，予備的調査票に記入された形式は，インタビューの語りにおけるやりとりを，この当事者自身が要約したものと，読む

者には理解される。ここでは，問題定義として表明される当事者の語りの諸部分の間に，要約と展開という関係があるのであって，問題定義が単なる情報のランダムな集積ではなく，その内部において意味的構造を持つ複合的構築物であることが示唆される。

　第2に，問題定義のこの複合的構築性の一様相は，問題が〈積極的に評価されるべき出来事〉と〈消極的に評価されるべき出来事〉という連続体の上に位置付けられる出来事群から成り立つことである。例えば，ケース#01では，労働者が相手方会社に転職したことは，労働者自身の欲求に応じたものである（「ちょうど」）とともに，相手方からの働きかけもあったこと（「話をもらい」）により，〈積極的に評価されるべき出来事〉であることが暗示されている。他方，4月23日のコンサルタントの発言や，28日の会社側の発言は，労働者の予期に反する（「突然」の）出来事であり，不当に差し迫った決断を強いられる（「4月28日の時点だったのに4月30日以降はもう……」）出来事として述べられており，〈消極的に評価されるべき出来事〉であることが暗示されている。さらにこのように価値の異なる2種の出来事群は，時間的前後関係によっても結合されているから，そこには価値の増減を伴う「変化」の存在が示されている。

　第3に，問題定義は，価値の異なる2群の出来事の間の価値変化を説明するものである。すなわち，語り手は，価値変化が生じた原因や理由が何かという疑問の存在を語りの中で少なくとも暗示しており，語りそれ自体の中でその疑問への答えを述べる。例えば，ケース#01では，契約書の契約期間が空白であったこと，契約書の正式な写しが交付されなかったことなどは，価値低下の予兆であり，年俸制をめぐる考慮から自分が正社員であると判断したことなどは，その価値低下が予見できない，不合理なものであることの根拠をなすものである。

　これらの3点の様相は，ケース#01の語りについていえば，引用部分の全体が，問題定義の要約的表現の意味を解説したり説明したりするという構造を持つ語りであるということを意味する。すなわち，この拡張された解説や説明を聞くことにより，質問者（やその他この定義を聞き理解する読み手や聴き手）は，要約的定義の基礎にある当事者の意味世界へと接近できるということである。

　他のケースでの問題定義の語りも，同様にして，理解することができることを示そう。

第 8 章　労働審判紛争の社会的構造

ケース #10

　使用者（運輸業，資本金 300〜1000 万円未満，従業員 10 人未満）のため，相手方労働者は，個人営業の外注業者として前年 12 月の繁忙期に仕事をしたが，1 か月仕事ぶりを見て非常に優秀だった。たまたま 12 月にやめる社員が 1 人いたので，ハローワークに求人を出していたが，入れ替わりにということで声をかけ，採用した。労働契約を結んでおけばよかったのだが，そうしていなかった。ところが 1 週間もしないうちに会社の車を無断で使って人身事故を起こしたが，その話題になると事務所に来ず，仕事場でも携帯でも連絡がつかなくなった。始末書や事故報告書も提出しなさいと言っても出さない。これは困ったということで顧問の社会保険労務士に相談したが，口約束でも雇用しているので，ちゃんとした手続を踏まないといけないという話だった。後でわかったことは，他の会社でも過去にこういう事例を起こしていたようだ。当社のような個人でやっている会社は，働かない人に食わせる余裕はなく，自分自身も車を運転してかけずり回っているのに，当人の監督はできない。後手後手になっているうち，第 2 回目の事故（車対車の物損）を起こした。

　「それも 1 月もたたないうちに。なんとその相手方が私どものお客様だったわけですよ。で，ぶつけたことを一切報告もしなかったんですね。その人身事故もあったから負い目を感じていたんでしょうね。自分の範疇でなんとかしようと思った，よく考えればですよ。思ったんでしょうけれど，結局事故を起こして 10 日目に相手方からうちの方に電話連絡で発覚して，これは本当にもういよいよ駄目だと。
　申し訳ないけれど，次の就職先を探してくださいという話をしたわけですね。やっぱり専門家にも入ってもらいたかったので，引き続き社会保険労務士さんには相談はしていましたが，三者面談しようとするともう逃げちゃうんですよ。相変わらずですね。それで，結局最初の事故があって，2 回目の事故が起こり，もうこれ以上は雇用できないということで口頭で伝え，もちろん書面も渡しているんですよ。でも本人は受け取っていないって言いますから，言い張りますから。だから，サインしてハンコを押したものを，その場でもらわない限りは失敗したなと。」

　ケース #10 は，使用者による語りであるが，労働者の語りと共通の形式的

特徴を持っている。つまり，当該労働者が外注業者として「非常に優秀だった」こと，「たまたま」当社をやめる社員がいたことなどは〈積極的に評価されるべき出来事〉である。そして，「結局事故を起こして10日目に相手方からうちのほうに電話連絡で発覚して，これは本当にもういよいよ駄目だと」と要約される出来事は，〈消極的に評価されるべき出来事〉である。

　ところで，労働審判制度の利用について被申立人である使用者の場合には，要約される問題定義たる出来事は，申立人である労働者にとってそれが自己の利益や権利の侵害であるということと同一の意味では，〈消極的に評価されるべき出来事〉として述べられる必要はない。しかし，雇用する労働者が事故を起こし会社の得意先でもあるその相手方からの連絡でそれを知らされるという出来事は，使用者にとっては，法律上の権利ではないにせよ，重要な利益の侵害であり，対処を要する出来事であることは間違いない。実際，インタビュー記録によれば，一連の発端になる出来事は使用者にとっても，〈消極的に評価されるべき出来事〉として，記述されるという特徴がある。また，被申立人は「自分も被害者だ」という言い方をすることがある。

　そして，当初に労働契約を結んでおかなかったことや，小さな会社であるため使用者自身が車を運転して働かなければならないことから従業員個々人を監督することができないことなどは，当初の〈積極的に評価されるべき出来事〉がこれらの事情の発生により〈消極的に評価されるべき出来事〉へと変化したことの説明になっている。

(2) 非短期有期型ケース

ケース #04

　労働者（女性，50歳代）は，学校（中高および修道院）に給食を提供する会社に約2年半ほど，5.5時間のパートとして勤めていた。時間を延長してもよいと言われていたが，ある時期から1年半ほど，仕事は，中高の学生食堂と修道院のメニュー作りが仕事であり，厨房に出る必要はほとんどなかったが，社会保険に入らなければならない金額にならないように，仕事が終わらなくてもタイムカードを押すという形にしていた。同一敷地内にある保育園がこども園として規模が大きくなり，保育園の給食のために雇われた栄養士が2人やめるなど，1年のうちに8人もやめていった。自分は，も

との仕事のほか，そちらでパソコンを教えるとか，掛け持ちになり，5.5時間でもギリギリだったが，食券を売るなどのため朝8時に出て，〔午後〕2時半に閉まり，お金の計算も自分だけがしなければならないことになり，どうしてもその時間を超えるような状態だったが，それは仕方がないと思って。しかし，こども園になったころから，アレルギーの子があって制約が多くなり，朝5時ぐらいに出ないとならなくなった。それまではタイムカードを調整した時間で押していたが，「何かあったときに責任を取る必要があるので」と言ったところ，「いる時間中押しててくれ」ということになり，時間超過の問題もあったが，それは後で考えるということで，1日15時間とかになった。こども園の方は，正社員の栄養士がやめた後，正社員の分と（本来の）パートの分と両方しなければならず，大変だったが，新たに雇われた正社員の栄養士が，この労働者自身と折り合いが悪く，自分がいたらもうやめると言ったため，自分を他のところに異動させることになった。その話合いをしていたが，3月31日，今日で終わりという日に「紙切れ1枚で異動するっていう，栄養士じゃなくて調理の人しかいない場所に異動するというファックスが送られてきた」。自分もプライドがあるから，何かしたみたいな扱いじゃないかと思うし，栄養士がいい，調理人が悪いというわけではないが，自分はやはり調理では雇われていない。自分は1か月前ぐらいからやめようかと，嫌だなと思っていたから，商工会議所の起業塾等に通って，パートの雇用関係などについて知っていた。そこで年次休暇もとれるから，4月1日から年次休暇をとり，それを消化した時点でやめようと思っていた。

「で，辞めたその日に，未払い金の請求というんですか。郵便で送って，届いた時点で社長から慌てて電話がかかってきて，『払いたいけど，お金がないから払えない』とかいろいろ言って，『私との信頼関係があったからどうこう』って，いろいろ言われたんですけど，信頼関係があるんだったらこんなにはならないと。それで，辞めて，一応郵便を出したんですね。出した後に，何も言ってこないし，『払うから』とか，『いつまで待って』とか，そういうふうに何回か言ってきたんですけど，ぜんぜん何もなかった。」

詳細な分析は省略するが，ケース#04でも，出来事の価値低下への説明として，問題定義を読むことができるであろう。ここでは，非短期有期型ケース

167

の特徴に関連性を持つ点のみを指摘しておこう。第1に気付かれるのは，労働条件の変更についての記述において，短期雇用型ケースと異なり，突然の出来事という強調点が希薄化し，労働者としての能力の公正な評価への要求が強化されていることである。具体的には「紙切れ1枚で異動する」ことへの不満と，栄養士たる自分にふさわしくない「調理の人しかいない」地位への異動であることの不満を強調する記述になっている。第2に，賃金が支払われない超過労働は，使用者の必要に応じての協力という〈積極的に評価されるべき出来事〉として記述されており，使用者側が労働者のそのような寄与や能力を評価しないことへの不満を正当化している。第3に，使用者は労働者がそのような不満を持つことを当然予期すべきであると想定されているが，それを使用者が予期できなかったと記述されている（「慌てて電話がかかってきて……」）。これらの点から，この問題定義では未払い賃金の支払いの遅れが不当なもので，自己によるその請求の根拠があるものだという説明がなされているが，その説明はパート勤務という労働形態のあり方に即して行われている。

(3) 非短期継続型ケース

ケース #06

労働者（男性，50歳代）は，水などの環境測定器の組み立ての下請け会社で，20年間働いていた。6月に仕事場でアルコールランプを落として紙くずに引火し消火器を使用したところ思い切り部屋に粉末が広がるという事件を起こし，始末書を書いた。それが伏線となったと思うが，8月に，一応クーラーはあるが押さえきれないほどの猛暑の日に，ぼーっとして，タウンエースというちょっと長い内輪差のある車で曲がった際にぶつけてしまい，結構深い傷を付けた。もともと古い車なので，勝手に「この位の傷，いいんじゃないか」と自分勝手に思い込んだが，2～3日して会社の人が見つけ，社長に報告した。叱責されたその場でいきなり「首」と言われた。確かに自分が悪いが，いきなりというのに納得がいかない。多忙な時期にはほとんど有休もとらないくらいにしていたのを，全然評価していないし，個人会社でワンマンで現場のことがわからないと思う。また，以前の上司に影響を受けて，親睦にあまり参加しなかったため協調性がないと思われていたと思う。自分としては「仕事ができればいいんじゃないか」と思っていたこともあり，

減俸などはあれだがいきなり首というのに納得がいかなかった。

　「まあ8月中一応私も自分で片付けみたいに，強引に居座っていてもいいですけれども，もう次の人が決まっているみたいですね。結局仕事の邪魔をする，私本人としてはね。居座ろうと思ったらたぶんできるんでしょうけれどもね。だから，一応会社で言っても，まだ退職届を出していませんでしたから，出したら結局おしまいですからね，『だから裁判がつくまでいてもいいんだ』と弁護士さんは言っていましたけれども，今まで一緒に働いていた人の邪魔をするのもちょっと，私の本意じゃありませんしね。だから，次の日からもう，ときどき弁護士さんの事務所に行って何か話して。」

ケース #09

　使用者（船舶修理業，資本金1000～3000万円未満，従業員30～99人，経営者）によれば，自分が見ていたわけではないが，月曜日の朝，相手方労働者がいつものように出勤して，シフト表をみて「こんなんで，やってられねえな」と言って帰った。そこで，仕方がないので違う人をそのシフトに入れたら，次の日また来て，今度は従業員がみな渡されているセコムのカードや会社の鍵を残し，「そういうカードや鍵を置いて帰るのは，やめるということか」と言われたが，無視して帰った。使用者も電話をして理由を聞くと，数日前の土曜日に出勤した人で焼肉をしたとき，その労働者について「現場に行っててもこうなんだぜ」という話になったという。使用者もそういうことの認識があり，注意していたが，現場の人から「自分のところに欲しくない」という話になって，使用者がシフトを月曜日に変えたことが「やってられない」ということの原因だった。もともと，少人数の職場だから，今までも何十年もそれでやって来ている。ここだけでなくみんながやるという仕事で，不満は誰も持たないが，たまたま焼肉のときの話を誰かが本人に電話をした。シフトというのは，その後も誰かが休めば変わるし，船が入って来なかったらまた変わるし，シフトが変わるのは日常茶飯事のことだ。そこで，使用者は，みんなを集めてそんな電話をかけたのは「誰なんだ」と調べたが，出てこなかった。

169

第Ⅱ部　利用者からみた労働審判制度（分析編）

　　「俺は，『本当のことを言えばいいんだ。本当の話をすれば本人もわかるわけだから，そこで何か電話で話を大きくしたり，変なことを言うから，こんなになるんだろう』と言ったんですよ。『みんな聞いている通り，俺はそういう変なことを言ってないだろう。みんな，意見を聞いていたから，「わかった。じゃ，来週の月曜日から変えようか」と言っただけじゃないか』と。そういう話で，本人は『来いよ』と言っても，来ないわけですね。で，10日ぐらい休んだかな。そうしたら，急に向こうの弁護士から訴えて来たんです。」

　　なおこの労働者は，外国人で，不法滞在のころから，当社固定でもなく仕事をしてきたが，子どもができて小学校に行かなければならなくなった。そこでこの会社に入りたいということで，こちらも困ったが働かせることになった。東京で働いていた奥さんが一斉検挙にあったりしたこともあり，学校の先生や，社員，下請けみんなで嘆願書や書類を作ってあげた。その折には弁護士もいろいろ出てきたが，「俺がやってやるから」と言って通した。そうしたらどんどん高飛車になってきて，そういうふうなことを言い出すようになったのだ。社会保険にも入らないと会社として困るという事情があったが，「いつ帰るかわからないのに，入らない」と言ったりしていた。これは最終的には強制的に入った。

　以上の2ケースでは，当事者は，相互に労働関係に終了期限が付されていないと想定している。当事者たる労働者が長期にわたって相手方たる使用者の下で働いてきたことは，〈積極的に評価されるべき出来事〉として，暗示されている。事故や無断退勤という〈消極的に評価されるべき出来事〉が記述され，出来事の価値低下の説明が必要になっている。そこで，これらのケースでも，やはり出来事間の価値低下の説明が行われようとしている。
　その際には，他類型のケースにみられる特徴と並んで，労働関係の継続性が当然の前提となり，説明の資源として利用されていることが1つの特徴であろう。例えば，〈消極的に評価されるべき出来事〉は，「いきなり首」または「急に……弁護士から訴えて来た」のように，予想外の出来事として記述されるが，それは，「減俸」とか「呼び出し」のような，より通常的な展開の中で生じう

る出来事との対比で記述されている。

Ⅳ　結　　論

　本稿では，インタビューの回答において，当事者が問題定義を呈示する仕方とその内容とに着目し，その紛争の当事者が持つ社会的あるいは道徳的な意味世界のあり方を明らかにした。この目的のため，当事者による問題定義過程がある解明可能な形式的構造を持つ可能性について議論し，データによる例証を提供した。

　本稿の分析は次のような一般的示唆を与える。当事者に抱かれるものとしての紛争の意味世界の多くの様相は，まず，その紛争が生じる場面の社会的なあり方の中に位置づけられるが，この場面は，多様で多層的な社会的構造を持つ。問題定義は，この場面の持つ社会構造をある仕方で反映している。このため，紛争の当事者が持つ，紛争の諸側面への意味付けは，それ自体が，複合的で，ときには矛盾を含むものになる。当事者による紛争対処手続の実践的使用は，これらの複合的で対立的な意味付けに基づいて行われる[5]。

　データ上の諸制約から，本稿で呈示した具体的知見の多くは，せいぜい暫定的なものにとどまる。結論としては，次のような方法論的論点を暗示するにとどめなければならない。

　通例的分析においては，当事者による語りは，当事者の動機付けという心理的状態か，紛争過程の諸事実の連鎖過程という社会的状態かのいずれかを，研究者が把握するための素材を提供するにすぎない。しかし，これらの状態は，当事者による語りの行為そのものと同一ではないから，通例的方法によれば当

---

[5] 当事者の持つ時間的展望の長短に着目すると，その多様性，多層性を例示することができよう。例えば，長期的には，労働者にとってのその場面は，労働キャリアの1つのステップであるが，使用者にとっては，企業経営のキャリアの1つのステップである。また，小規模企業のように経営者と労働者の相互交替が頻繁である場面では，この長期的展望は1人の当事者の中で複合化していくことにもなる。中期的あるいは短期的には，景気や企業の業績の高低，労働市場のあり方，家族その他の個人的生活上の諸事情などによって，紛争が発生する場面は様々な制約を当事者が抱く紛争の意味世界に課している。中期的あるいは短期的事情はそれ自体の展望の中で把握されるだけではなく，当事者は，それぞれの長期的構造的諸展望の下でもそれらの中期的あるいは短期的展望を把握している。

事者の語りそのものが分析対象となることはないのである。

　本稿の分析は，このようにして通例的方法のもとでは分析対象になりえない，当事者の語りにも，有意義な情報が含まれていることを示唆するものである。このようにして，より十全な現象として把握し直されるならば，当事者の語りは実践的かつ理性的な形式的構造を持つ行為なのである。本稿の分析から，当事者による語り自体の持つ社会学的意義は，当事者による問題定義が，様々な現実の出来事の記述価値を付与する記述を含む説明であることから生じてくると示唆することができよう。当事者は，紛争の諸段階に応じ，自ら説明を構成することで，自己の判断や行動を決めているように思える。そこで，当事者の問題定義をより正面から分析することにより，紛争過程の社会学的解明はより有効に行えるといえよう[6]。

---

6) 紛争当事者の行う語りと当事者の意味世界の解明との間の関係に関する，本稿の基礎にある考え方については，樫村志郎「紛争行動と文化的説明——日本の労働争議における文化の使用法」藤倉皓一郎＝長尾龍一編・国際摩擦——その法文化的背景（1989）174〜202頁，同「司法過疎の現状と課題——地方社会における司法需要とサービス探索に即して」月報司法書士2009年7月号2〜10頁（2009）を参照。

第Ⅲ部
労働審判制度のこれからを考える(提言編)

労働審判手続に精通する実務家および労働法学・民事訴訟法学・労使関係論の研究者が，第Ⅱ部での分析結果を踏まえ，多面的な検討と具体的提言を行う。

提言編

第9章 労働審判制度の意義と課題
―労働法学の視点から

水町勇一郎
MIZUMACHI Yuichiro

● ABSTRACT ●

　労働審判制度利用者調査の結果分析によって，労働審判制度の利用者の視点から，同制度の意義と課題が明らかになった。本稿では，これらの分析結果を総合的にとらえつつ，①労働審判の申立ての経緯・背景，②労働審判制度のねらい（「迅速性」「専門性」「適正性」）についての利用者の認識と評価，③労働審判における解決金の水準，④労働審判の結果に対する利用者の評価，⑤労働審判における弁護士の役割の5つの問題群について，労働法学の視点から，労働審判制度の意義と課題を明らかにする。考察の結果，労働審判制度の運用上の課題とともに，中小企業の実態と労働法規範との乖離を埋めるための継続的な取組みの必要性，関係修復・問題予防解決を可能とする労使関係や法的紛争解決制度を構築する必要性などの課題が明らかになった。

I　はじめに――本稿で何を明らかにするか？

　労働審判制度については，最高裁判所が調査・集計しているデータがある。それによると，①制度開始当初の2006年（4月〜12月）には877件であった新受件数が，2011年（1月〜12月）には3586件になるなど，その利用者数は増加傾向にある，②事件全体の97.1%が3回以内の期日で終局し，全体の平均審理日数は2.4か月であるなど，迅速な手続の進行が実現されている，③事件全体の8割弱は調停成立（71.2%）か労働審判（異議申立てなし）（7.1%）で終局しており，事件解決率は比較的高いことなど[1]がわかる。これらの最高裁判所のデータからは，労働審判制度を創設する際に構想されていた目的・成果があ

る程度実現されていることがうかがえ，法曹関係者や労使団体等の間では本制度に対し一般に高い評価がなされてきた[2]。また，今回実施された労働審判制度利用者調査によって，本制度を利用した当事者からもおおむね高い評価が得られていることがわかった[3]。

しかし，今回の労働審判制度利用者調査から得られた結果を詳細に分析することによって，労働審判制度の意義とともに，同制度が直面している課題も浮き彫りとなる。本稿では，本書の他稿で展開された分析等も踏まえつつ，労働法学の視点から，今回の調査でわかった労働審判制度の意義と課題を整理し，今後の検討の方向性を示すことにする[4]。

II 労働審判の申立ての経緯・背景にはどのような特徴があるか？

労働審判のほとんどは労働者によって申し立てられている。その申立ての経緯や背景には，いくつかの特徴があることがわかった。

1 行政上の相談・あっせんとの関係

第1に，労働審判を申し立てる労働者は，「弁護士の法律相談」(62.0%)，「家族・親せき・個人的な知人」(59.7%)，「法テラス」(32.8%) 等に事前に相談していることが多いが，それと並んで，労働基準監督署 (19.8%)，労働局 (6.8%) 等の行政機関への相談を経ていることも多い[5]。しかし，本調査が行われ

---

[1] 最高裁判所事務総局行政局「平成23年度労働関係民事・行政事件の概況」曹時64巻8号45頁・60頁第11表 (2012) 参照。
[2] 「特集／労働審判制度1年」ジュリ1331号6頁以下 (2007)，「特集／労働審判制度の評価と課題」季労217号4頁以下 (2007)，菅野和夫ほか・労働審判制度〈第2版〉(2007)，菅野和夫監修・労働審判 (ジュリ増刊) (2008)，「特集／個別労働紛争の実際と法的処理の今後」ジュリ1408号8頁以下 (2010)，「特集／労働審判制度：開始からの5年間を振り返る」ひろば64巻6号4頁以下 (2011) など参照。
[3] 佐藤岩夫「『労働審判制度利用者調査』の概要」ジュリ1435号106頁以下 (2011)，本書第2章33頁IV，42頁V，47頁VI〔佐藤岩夫執筆〕参照。
[4] 本書第8章〔樫村志郎執筆〕は，本利用者調査（アンケート調査）に追加する形で実施されたインタビュー調査をもとに，労働審判紛争の当事者の語りから紛争の社会的構造を明らかにすることを試みている。

た2010年の数字でみると，労働局の総合労働相談コーナーへの相談件数は113万234件，労働局の民事上の個別労働紛争相談件数は24万6907件，労働局の紛争調整委員会によるあっせん（申請受理）件数は6390件である[6]のに対し，労働審判制度の新受件数は3375件となっており，行政における相談やあっせんと比較すると，労働審判の利用件数はなお少ないものにとどまっている。その要因としては，労働審判における費用の高さや手間・負担の大きさ[7]が，労働審判の利用を躊躇させている可能性があることがうかがえる[8]（この問題への対処法については本稿のⅥ2で検討する）。

2 利用者の属性

第2に，本手続を利用した労働者の属性（就業上の地位）を労働局紛争調整委員会あっせんの同年のデータと比較すると，労働審判（労働者側）では，「正規の職員・従業員」が74.4％，「契約社員・嘱託」が9.7％，「パート」が8.1％，「アルバイト」が5.5％，「派遣社員」が1.3％である[9]のに対し，労働局紛争調整委員会あっせんでは，「正社員」が49.4％，「パート・アルバイト」が20.2％，「期間契約社員」が16.3％，「派遣労働者」が5.5％となっている。そこからは，労働審判は正社員の利用が相対的に多いのに対し，労働局あっせんでは契約社員，パート，アルバイト，派遣などより不安定な非正規労働者の利用が相対的に多いという特徴が見出せる[10]。その要因としては，非正規労働者等の所得が低い層は弁護士費用がネックとなって労働審判の利用を躊躇し[11]，弁護士への依頼なしで利用しやすい労働局あっせんをより多く利用している可能性がある。これに加え，本稿のⅣ1で述べるように，労働局あっせんでは

---

5) 本書第2章28頁 *3*〔佐藤岩夫執筆〕参照。
6) 厚生労働省「平成22年度個別労働紛争解決制度施行状況」（年度単位での数値）。
7) 本書第2章35頁(2)〔佐藤岩夫執筆〕参照。
8) 野田進「個別的労働関係紛争解決システムの連携的運用」日本労働法学会誌120号53頁（2012）によると，同年度の労働局紛争調整委員会あっせんの不調事案のうち13.1％が労働審判の申立てに移行したとされている。
9) 東京大学社会科学研究所編・労働審判制度についての意識調査基本報告書（2011）94頁。
10) 労働政策研究・研修機構編・日本の雇用終了──労働局あっせん事例から（2012）25頁〔濱口桂一郎〕参照。
11) 本書第2章47頁 *2*〔佐藤岩夫執筆〕参照。

紛争解決のための解決金の水準が労働審判よりかなり低くなっている。これらのことから，労働局あっせんと労働審判との間には，所得格差に伴う利用機会の違いという不公平が内在している可能性がある。この問題を解消していくためには，①労働局あっせんと労働審判との制度的連携を図りつつ，あっせんの内容を法律上の権利義務により近いものにしていくこと[12]とともに，②労働審判を利用する上でのハードルを低くしていくこと（本稿Ⅵ2参照）が重要になる。

3 労働組合との関係

第3に，労働審判の利用と労働組合との関係をみてみると，「社内の労働組合」に相談して労働審判の申立てをした労働者は3.9％であるのに対し，「社外の労働組合」に相談した労働者は22.7％となっている[13]。このことは，社内に労働組合があり労使関係が円滑に展開されているところでは社内で紛争が解決され労働審判の利用に至ることが少ないのに対し，社内に労働組合がないなど社内で円滑な労使関係が構築されていないところでは社外の労働組合への相談などを経て労働審判が利用されることが多いという状況に起因するものと推測できる。また，労働審判では，結果として「会社で働く権利や地位（復職など）」を得たとの回答が少ない（労働者側4.0％，使用者側4.3％）のに対し，「解決金などの金銭の支払い」を得たとの回答が圧倒的に多い（労働者側95.0％，使用者側89.2％）[14]。これらのことから，労働審判では，労使関係が円滑に機能していないところで，解決金の支払いによる関係終了的な紛争解決に至っているという1つの典型的な姿が浮かび上がってくる。この典型は，金銭支払いによる紛争の簡易迅速な解決に資するという面をもつが，中長期的に労働関係を継続しながら関係の修復や問題の予防を図るという効率性や社会性の確保という面では労働審判は十分に機能しえていないという課題も映し出すものである。この課題に対処するために，関係修復や問題予防的な解決につながる労使関係の構築を促していくとともに，このような解決を可能とする法的な紛争解決制

---

12) 野田・前掲注8) 47頁以下，本書第5章112頁(1)〔高橋陽子執筆〕参照。
13) 本書第2章28頁(1)〔佐藤岩夫執筆〕参照。
14) 本書第2章44頁(1)〔佐藤岩夫執筆〕参照。

度の整備・構築を図ること[15]が，労働審判制度の次の重要な政策課題となる。

III 労働審判制度のねらいは実現されているか？

　労働審判制度は，労働関係に関する専門的な知識を有する労働審判員が参加する中で，紛争の実情に応じた迅速かつ適正な解決を図ることを目的として創設された（労審1条参照）[16]。本制度の利用者の視点からみて，これらのねらい（「迅速性」「専門性」「適正性」）は実現されているのか。

1 「迅速性」

　「迅速性」については，労使双方で，本手続にかかった時間は「短い」という回答が多く，かかった時間について「満足している」という回答が「満足していない」という回答を上回っている。また，「短い」と答えた利用者ほど「満足している」との回答が多く，審理の迅速性が利用者の満足度を高めていることがうかがえる[17]。また，労使双方の約7割が手続にかかる時間について「（ある程度は・はっきりと）予想がついていた」と回答している[18]。この時間の見通しのよさは，原則3回以内とする審理回数制限の効果の表れであり，労働審判の利用促進に大きく寄与していると考えられる[19]。ここであわせて注目される点は，審理の迅速さが手続の拙速さにつながり利用者の手続評価を低めているわけではなく，手続に対する利用者の評価も全体として高くなっている点である[20]。ここではとりわけ，代理人（弁護士）による書面のやりとり

---

15) 例えば，専門的な裁量をもつ独立の行政機関（現行法制度では労働委員会など）による将来に向けた公正な労働関係の構築を目指す紛争解決制度の整備・構築を図っていくことが，政策的な選択肢として考えられる。
16) 司法制度改革審議会の報告（2001年6月），司法制度改革推進本部労働検討会での議論等を経て，労働審判法が成立する（2004年4月）に至る経緯，および，その過程で本制度に込められた基本趣旨については，本書第1章3頁I〔菅野和夫執筆〕，菅野ほか・前掲注2）2頁以下など参照。
17) 本書第2章35頁(2)〔佐藤岩夫執筆〕参照。
18) 本書第4章81頁*1*〔佐藤岩夫執筆〕参照。
19) 本書第7章140頁(a)・141頁(b)・147頁*1*〔菅原郁夫執筆〕参照。
20) 本書第4章82頁*2*〔佐藤岩夫執筆〕，本書第7章142頁(4)〔菅原郁夫執筆〕参照。

に終始せず，当事者本人から直接口頭で事情を聞きつつわかりやすい言葉で説明するという口頭主義・直接主義に基づく運用が利用者の評価を高める効果をもたらしている[21]。審理が迅速に進められる中でも，当事者の声に耳を傾け，法律問題等をわかりやすい言葉で説明しようとする審判官・審判員の努力が利用者の評価を高めていることは，労働審判制度の重要な意義・機能の1つとして注目されるべき点である[22]。

2 「専門性」

「専門性」についても，利用者からおおむね良好な評価が得られている。「法律上の問題点を分かりやすく説明してくれた」という点では全般的に審判官（裁判官）の評価が高く，「法律以外のことでも，労働関係のことをよく分かっていた」という点では労使から選出された審判員の評価が高い。特に労働関係事件がさほど多くない規模の小さな裁判所では，労働関係についての理解が必ずしも十分でない審判官の弱点を，労働関係の実情に通じた審判員が補っていることがうかがえ，審判官と審判員とが専門的な知見を補いあう役割を果たしていることがわかる[23]。また，労働事件を集中して取り扱う専門部が置かれている大規模な裁判所では，審判官（裁判官）が法律関係だけでなく労働関係についてもよく理解しているとの評価を得ており，加えて，迅速性，手続のわかりやすさ等でも評価が高い[24]。専門的な知識・経験を生かして実効的な問題解決を図るという本制度創設の趣旨が，利用者からもおおむね肯定的に受け入れられていることがうかがえる[25]。

---

21) 本書第2章37頁 *2*・49頁Ⅶ〔佐藤岩夫執筆〕，第6章127頁 *2*〔今在慶一朗執筆〕，第3章64頁(3)〔飯田高執筆〕参照。
22) 本書第7章147頁 *1*・150頁 *2*〔菅原郁夫執筆〕参照。本書第10章192頁Ⅲ〔渡辺弘執筆〕は，本手続の利用者（当事者）と運営者（労働審判委員会）がともに時間的な目標（タイム・ターゲット）を設定して紛争解決という目標に向かっていることが，早期の紛争解決を可能とし，迅速性に高い評価を与える要因となっていると指摘している。
23) 本書第4章86頁 *1*〔佐藤岩夫執筆〕参照。
24) 本書第4章86頁 *1*・90頁 *3*〔佐藤岩夫執筆〕参照。
25) 本書第10章196頁Ⅴ〔渡辺弘執筆〕は，労働事件の専門性を過度に強調するのは適切ではなく，むしろ多くの比較的若い裁判官に労働専門・集中部で事件を経験してもらい，労働法の基本的知識や労働事件の勘どころを習得してもらうことが必要ではないかと述べている。

3 「適正性」

問題解決の「適正性」については，審判（裁定）機能と調停（調整）機能を結合させた本制度においては，当事者が「法的な権利義務をふまえた制度である」こと（権利義務に基づく裁定機能）を重視しているのか，「事件の実情や当事者の事情に応じた柔軟な解決」（実情に応じた利益調整機能）を重視しているのかが問題となる。調査結果をみると，労使ともに「法的な権利義務」を重要だとする回答が多いが，最も重要だと考える特徴としては，労働者側では「法的な権利義務」，使用者側では「実情に応じた解決」とする回答が相対的に多い[26]。また，労働審判制度の利用動機としては，労使ともに，真実を明らかにした上で白黒を明確にするという裁定機能への期待が大きい[27]。さらに，利用者が「法的な権利義務」や「実情に応じた解決」を重視する点は，調停成立で終結した事件でも，審判で終局した事件でも基本的に変わらない[28]。これに加え，利用者の結果への満足度には，「法的な権利義務」や「実情に応じた解決」という実体的要素とともに，審理の充実度といった手続的要素が重要な影響を及ぼしている[29]。これらの調査結果からすると，迅速な解決が求められ，またそれが審判ではなく調停での解決であったとしても，安易な利益調整的解決に走らず，当事者の声に耳を傾け，手続の進行についてわかりやすく説明するなど審理手続の充実を図りつつ，法的な権利義務を踏まえた裁定的解決を重んじる姿勢を維持することが重要であるといえる。

以上のように，利用者の視点からみても，労働審判制度の「迅速性」「専門性」「適正性」の要請はおおむね肯定的に評価されている。これらの意義・特長を十分に分析・認識した上で，民事訴訟一般など他の法領域への応用・拡充を検討することも，今後の重要な政策課題となろう[30]。

---

26) 本書第2章49頁Ⅶ〔佐藤岩夫執筆〕参照。なお，使用者側で「実情に応じた解決」を重視する声が多く，特に中小企業において労働審判の結果に対する満足度が低くなっている問題については，本稿のⅤで検討する。
27) 本書第3章60頁 *3*〔飯田高執筆〕参照。
28) 本書第4章94頁 *2*〔佐藤岩夫執筆〕参照。
29) 本書第4章96頁 *3*〔佐藤岩夫執筆〕参照。
30) 本書第7章150頁 *2*〔菅原郁夫執筆〕，第14章239頁〔山本和彦執筆〕参照。

Ⅳ 労働審判における解決水準は高いか低いか？

労働審判制度では，解雇・雇止め・退職勧奨など雇用終了に関する事件が約7割を占めており（労働者側69.3％，使用者側68.8％。複数回答），そのほとんどは「解決金などの金銭の支払い」によって解決されている[31]。ここでの解決金の額は，労働局紛争調整委員会あっせんや通常訴訟（裁判上の和解，判決）と比べてどのような水準にあるのか[32]。

1 労働局紛争調整委員会あっせんとの比較

労働審判（調停・審判）の雇用終了関係事件における解決金の水準は，中央値で100万円，月額請求（≒月給）の3.4か月分となっている。これに対し，労働局紛争調整委員会あっせん（雇用終了事件）における解決金の額は17.5万円であり[33]，労働審判における解決金の方が高水準となっている。その要因としては，①問題発生から解決までの期間が労働局あっせんでは短いこと[34]に加え，②労働審判には裁判官（審判官）が関与し，審判に異議を申し立てた場合には通常訴訟に自動的に移行する（労審22条）という点で，労働局あっせんより制度的強制力が強い分，相対的に高い水準での解決が図られている可能性がある。今後は，本稿Ⅱ2で述べたように，労働局あっせんと労働審判との制度的な連携を図ることにより，あっせんにおける解決水準の改善を図り，両制度利用者間の不公平を解消していくことが1つの政策課題となろう。

2 裁判上の和解・判決との比較

これに対し，労働審判における解決水準（中央値100万円）は，中央値で300

---

31) 本書第5章101頁Ⅰ〔高橋陽子執筆〕参照。
32) 以下，労働審判の解決金の水準の分析については，本書第5章102頁Ⅱ〔高橋陽子執筆〕参照。
33) 労働政策研究・研修機構編・前掲注10）参照。
34) 労働審判の雇用終了事件では問題発生から解決までの期間が6.4か月であるのに対し，労働局あっせんでは2.4か月（労働政策研究・研修機構統括研究員濱口桂一郎氏による特別集計）（いずれも中央値）となっている。

万円（月額請求の15.6か月分）となっている裁判上の和解の解決金や，中央値では0だが平均値では約610万円（月額請求の33.7か月分）となっている判決の認容額[35]と比べると，相対的に低くなっている。もっとも，この違いは，問題発生から解決までの期間の長さと関連している。これらの解決金・認容額の水準は，問題発生から解決までの期間の月額賃金総額におおむね0.4〜0.5を掛けた額となっており，解決までの期間が長い裁判上の和解や判決では高く，短い労働審判では低くなっているという傾向がうかがえる。その内容と妥当性について，規範的な観点からもう少し詳しく検討してみよう。

3 解決金の内容と規範的妥当性

濫用的な解雇を無効とする日本の現行法（労契16条）の下では，違法な解雇に対する救済利益としては，①解雇期間中の経済的損害の補償（賃金支払い），②違法な解雇に対する精神的損害等の補償（損害賠償の支払い），③労働関係に復帰させることによる自己実現や関係性の尊重（解雇無効＝労働契約上の地位確認）の大きく3つが考えられうる。

労働審判の解決金額の決定において，これらの諸点がいかに考慮されているのかを分析するために，まず，解雇後の状況の違いに応じて解決金の水準に違いがないかを検証してみたところ，復職者（46万円），他社再就職者（82.5万円），失業者（100万円）の順に解決金の額が大きくなっていることがわかった（中央値）[36]。このことは，解決金額の決定において，必ずしも，①過去の賃金支払いだけではなく，③退職扱いへの代償，②再就職していないことへの損害の賠償などの事情もあわせて考慮に入れられている可能性があることを示している。また，労働審判において，①賃金支払い以外の点（②損害賠償の支払い，③退職扱いへの代償）を考慮した部分が，裁判上の和解や判決に比べて大きいか小さいかを検証してみたところ，労働審判では，それに相当すると考えられる部分（解決金のうち月額賃金総額を超える部分）が相対的に小さいという特徴がみられた[37]。

これらの点を含めて全体としてみた場合，労働審判における解決金の水準は，

---

[35] 神林龍編・解雇規制の法と経済（2008）参照。
[36] 本書第5章107頁 *4*〔高橋陽子執筆〕参照。ただし，この分析のサンプルサイズは小さい。

第 9 章　労働審判制度の意義と課題

　前述のように，裁判上の和解や判決と比べて，問題解決までの期間が短い分，おおむね期間に比例して低いものとなっている。これは，上記の3つの救済利益のうち，①賃金支払いのみが問題となっている事案（例えば賃金以外の損害がなく職場復帰も認められた事案）では，規範的に妥当な解決であるといえる。早期解決の分だけ問題となる未払賃金額も比例的に小さくなるからである。しかし，解雇の態様が悪質であったり，労働者が雇用継続を望んでいるのに退職扱いにし金銭支払いで解決を図るという事案では，②損害賠償の支払いや③退職扱いへの代償といった点も考慮に入れて相応の解決（単に解雇から解決までの期間の長さから機械的に計算した解決ではなくこれらの個別の事情を考慮した救済）を行うべきである。本調査結果に基づく上記の分析によると，労働審判でもこれらの点（②・③）を考慮している可能性があるが，裁判上の和解や判決に比べてそれに相当する部分が相対的に小さいという特徴がみられた。

　このような現状に対し，労働審判においても，解決までの期間の長短のみにとらわれず，②悪質な解雇への損害賠償や③退職扱いへの代償などの個別の事情を考慮に入れて，相応の救済を行っていくことが規範的に求められる。このように，解決までの期間が短くても個別の事情に応じた相応の救済を図る対応が広く行われるようになれば，労働者側にとっては，通常訴訟で長期的に争わないと相応の救済を得られないことに伴う弊害（社会的コストや不公平さ）が小さくなり，労働審判による早期解決がより促されるようになる[38]。これに対し，使用者側にとっては，このような対応は，早期解決なのに相応の負担を負わなければならないことになり，早期解決のための使用者側の同意を引き出すことが難しくなってしまうおそれがある[39]。この点は，次節における問題とあわせて，労働審判制度全体にかかわる重要な課題として検討する必要がある。

---

37)　本書第5章107頁 *4*〔高橋陽子執筆〕参照。ただし，月額賃金総額を超える解決金・認容額の中には賞与が含まれており，解決までの期間が長い裁判上の和解や判決では賞与に相当する部分が相対的に大きい分，その違いが過大に現れている可能性がある。
38)　本書第5章112頁(2)〔高橋陽子執筆〕参照。
39)　これは，労働局紛争調整委員会あっせんの解決水準を高めていく（本稿Ⅱ *2*参照）際にも，同様に生じうる課題である。

V 労働審判の結果について利用者はどう評価しているか？

1 使用者側の評価の低さ

労働審判（調停・審判）の結果について，労働者側では肯定的な評価が多いのに対し，使用者側では評価が低くなっている。その中でも，従業員100人以上の規模の企業では労働審判の結果に対する評価は高いのに対し，100人未満の中小規模の企業では評価が低いという特徴がみられる[40]。

2 要　因

このように，使用者側，とりわけ中小規模の企業において，労働審判の結果に対する不利感や不満感が高くなっている要因としては，中小企業では，労働法のルールそのもの（労働法を適用するとどのような解決となるか）や，労働審判委員会において標準的な慣行として想定されている可能性がある大企業における労使関係の運用[41]等に対して，十分な認識や理解が広がっておらず，中小企業の実態と労働審判における規範との間にギャップが存在していることが考えられる。

3 問題解決のための方策

この実態と規範のギャップを解消し，使用者側の不利感や不満感を和らげていくことは，労働審判制度を中長期的に安定させ発展させていくための重要な鍵となる[42]。具体的な方策としては，①労働法の基本知識を労働者側のみな

---

[40] 髙橋陽子＝水町勇一郎「労働審判制度利用者調査の分析結果と制度的課題」日本労働法学会誌120号34頁以下（2012），本書第2章46頁 *5*〔佐藤岩夫執筆〕，第4章78頁Ⅱ・88頁 *2*〔佐藤岩夫執筆〕，第13章225頁〔仁田道夫執筆〕参照。

[41] 労働審判員については，労働組合が存在している大企業の労働組合役員経験者や大企業の人事労務部門経験者から労使団体が推薦していることが多く，この大企業を中心とした労使関係のルール・慣行と中小企業における人事の実態との間にギャップが存在していることが考えられる（本書第12章213頁(2)〔中山慈執筆〕参照）。労働審判員への満足度について，労働者側では肯定的評価が高いのに対し，使用者側では肯定的評価が低くなっている（本書第2章39頁 *4*〔佐藤岩夫執筆〕参照）ことも，このことを示唆している可能性がある（本書第13章230頁Ⅱ〔仁田道夫執筆〕参照）。

第 9 章　労働審判制度の意義と課題

らず使用者側にも広めていく努力を政策的に積み重ねることとともに，②労働審判の場でも，実情を反映していないという使用者側（特に中小企業）の不満に対処するために，使用者側の意見（実情説明）に真摯に耳を傾け，法的な権利義務に基づく解決についてわかりやすく丁寧に説明する努力をさらに重ねていくことが重要であろう[43]。また，③使用者側の代理人（弁護士）と依頼者（企業）との間で十分なコミュニケーションをとりながら手続を進めていくことも，使用者側の結果への不満を和らげる効果をもたらしうるであろう[44]。労働審判制度が労使双方の理解に基づく社会的な制度としてさらに発展していくためには，各方面でこのような地道な取組みを積み重ねていくことが重要である。

Ⅵ　労働審判制度において弁護士はどのような役割を担っているか？

1　弁護士への評価と費用の高さ

労働審判制度における弁護士依頼率は，最高裁判所行政局統計でも，本調査でも，労使ともに 8 割を超える高い数字となっている[45]。また，本調査結果によると，依頼した弁護士に対する評価や満足度は労使ともに高くなっている[46]。もっとも，労働審判にかかった費用については労使ともに「（非常に・やや）高い」との回答が多く[47]，弁護士費用の高さが労働審判制度の利用を（とりわけ所得の低い非正規労働者層等において）躊躇させている可能性があることも指摘されている（本稿Ⅱ 2 参照）。そこで，弁護士費用の高さの問題について，弁護士依頼

---

42)　本書第 14 章 249 頁 *6*〔山本和彦執筆〕参照。
43)　本書第 4 章 91 頁 *1*〔佐藤岩夫執筆〕参照。
44)　山川隆一「労働審判制度の実態と課題：シンポジウムの趣旨と総括」日本労働法学会誌 120 号 18 頁以下（2012）〔中山慈夫発言〕参照。本書第 13 章 233 頁Ⅲ〔仁田道夫執筆〕は，中小企業（未組織経営者）が紛争に直面したときに相談にのってもらい，また，紛争を踏まえた改善行動についての情報を共有する組織として，経営者団体が担う役割の重要性（その政策的助成の必要性）を指摘している。
45)　本書第 2 章 30 頁 *4*〔佐藤岩夫執筆〕，第 5 章 108 頁Ⅲ〔高橋陽子執筆〕参照。
46)　本書第 2 章 47 頁 *1*〔佐藤岩夫執筆〕参照。
47)　本書第 2 章 35 頁(2)〔佐藤岩夫執筆〕，第 5 章 108 頁Ⅲ〔高橋陽子執筆〕参照。

の効果（便益）の分析[48]と照らし合わせながら，より具体的に検討してみよう。

2　弁護士依頼の効果（労働者側）

　まず，労働者側の弁護士依頼については，相対的に複雑な事件（弁護士依頼の多い性質の事件）では，解決金を高める効果が大きく，当事者の手間や負担感も軽減させていることが確認された。ここでは，争点を整理し法的な主張・立証を行っていくという弁護士の役割が発揮されていることがうかがえる。もっともここでも，弁護士依頼の有無は，依頼者（労働者）の結果の有利・不利の認識や満足度には影響を与えていない。この点では，弁護士が果たしている役割について当事者が十分に認識していない可能性がある[49]。この認識ギャップを解消するために，相対的に複雑な事件で弁護士が果たしている役割（弁護士費用がかかったとしてもそれを上回る便益がもたらされる可能性があること）について労働者の認識を高めるような広報活動を弁護士会等が行っていくことが考えられよう[50]。

　これに対し，相対的に簡易な事件（弁護士依頼の少ない性質の事件）では，労働者側の弁護士依頼が解決金を高める効果は大きくなく，その他のメリット（手間・負担感の軽減など）についても有意な効果は表れていない。このことからすると，相対的に簡易な事件については，弁護士費用の高さが制度利用のハードルとならないように弁護士費用のあり方を検討する[51]と同時に，より低い費用で利用できる労働組合や労働問題と法的手続に造詣の深い特定社会保険労務士など，弁護士以外の代理人の活用の可能性について，諸外国のこれまでの経験等も踏まえつつ，制度的な検討を進めていくべきである[52]。

3　弁護士依頼の効果（使用者側）

　使用者側の弁護士依頼については，依頼者（使用者）が負担する解決金を高

48）　以下，弁護士依頼の効果の分析については，本書第5章108頁Ⅲ〔高橋陽子執筆〕参照。
49）　本書第6章128頁 *3*〔今在慶一朗執筆〕参照。
50）　本書第10章194頁Ⅳ〔渡辺弘執筆〕は，労働審判手続が最も相応しい性質の事件では，当事者が代理人弁護士を選任することの意味は非常に大きいとしている。
51）　本書第11章205頁Ⅴ〔宮里邦雄執筆〕では，労働組合による弁護士費用貸付制度が紹介されている。

め，依頼者の手間や負担感には影響を与えず，結果の満足度を低下させる効果があることが示された。この分析結果については，使用者側弁護士は，通常訴訟に移行した場合の時間や金銭面でのコスト等を考慮して，解決金を引き上げてでも調停による早期解決を図り，弁護士としては長期的にみて正しい選択・誘導をしている可能性があるが，依頼者（使用者）には通常訴訟に移行した場合の結果等が十分に予測できないため，依頼者の結果の満足度を低下させている可能性があるという解釈が可能である[53]。この点での使用者の認識ギャップを埋めていくためにも，本稿のⅤ3で述べたように，①労働法規範の周知，②労働審判の場での傾聴や丁寧な説明，③代理人と依頼者の間の意思疎通を図っていくことが重要であろう[54]。

Ⅶ　む　す　び——本稿で明らかになったことは何か？

最後に，本稿の考察から得られた示唆と課題のうち主要なものをまとめておこう。

①労働審判の利用者数は増加基調にあるが，行政上の相談やあっせんと比べると，弁護士費用の高さに起因する利用上のハードルがあり，所得が低い層ほど利用が困難になっているという不公平を生んでいる可能性がある（Ⅱ1・2）。

②労働局紛争調整委員会あっせんと労働審判の間の制度的連携を図りつつ，あっせんの解決水準の改善や労働審判の利用上の障害の解消（下記⑩参照）を図っていくことが求められる（Ⅱ2）。

③労働審判の典型は解決金による関係終了的な解決である。これと並んで，関係修復や問題予防的な解決を可能とする労使関係の構築や法的紛争解決制度の整備を図る必要がある（Ⅱ3）。

④迅速な紛争解決の中でも，当事者の声に耳を傾けわかりやすく説明しよう

---

[52] 本書第5章113頁(3)〔高橋陽子執筆〕，第11章206頁Ⅵ〔宮里邦雄執筆〕参照。とりわけ，労働審判員としての経験を蓄積した労働組合や使用者団体等が許可代理人（労審4条）として活動できる運用が広がれば，労働審判に期待されている法的ルールの労働現場へのフィードバック効果（本書第1章16頁*3*〔菅野和夫執筆〕参照）が高まることも期待される。

[53] 本書第5章111頁*3*〔高橋陽子執筆〕参照。

[54] 本書第5章113頁(4)〔高橋陽子執筆〕参照。

とする審判官・審判員の努力が利用者の評価を高めている。今後も口頭主義・直接主義の利点を生かした運用を心がけていくべきである（Ⅲ 1）。

⑤専門性を有する審判官と審判員の補完的機能が，利用者の肯定的評価につながっている。今後もその専門性を生かした取組みを継続していくべきである（Ⅲ 2）。

⑥審判だけでなく調停の局面でも，法的な権利義務に基づく裁定的解決を図ることが利用者から期待され評価されている。今後も安易な調整的解決に走らず，権利義務に基づいた裁定的解決を心がけていくことが重要である（Ⅲ 3）。

⑦これらの労働審判制度の特長（④・⑤・⑥）等を分析し，同様の制度を民事訴訟一般等の領域にも広げていくことが適切か検討する必要がある（Ⅲ）。

⑧労働審判（雇用終了関係事件）の解決金の水準は，裁判上の和解や判決と比べると，問題解決までの期間が短い分低くなっている。解雇紛争の救済利益は，期間に比例する賃金支払いのみではないため，期間の長短にかかわらない賃金以外の損害の補償や退職扱いへの代償等も考慮に入れて，個別の事情に応じた相応の救済を図っていくべきである（Ⅳ 2・3）。

⑨中小企業の実態と労働審判の規範との間にギャップが存在している可能性がある。この認識ギャップを解消していくために，労働法規範の周知，当事者の声の傾聴と丁寧な説明，代理人と依頼者間の意思疎通の充実を図っていくことが，労働審判制度の長期的な安定・発展に向けた鍵となる（Ⅴ）。

⑩労働者側弁護士は，相対的に複雑な事件では解決金の引上げや手間・負担感の軽減といった役割を果たしているが，簡易な事件では弁護士費用に見合った十分な役割を果たしていることが統計上確認できない。問題の性質に応じて弁護士費用の見直しや労働組合等の代理人としての活用の可能性を検討すべきである（Ⅵ 1・2）。

以上のように，今回の労働審判制度利用者調査から得られた分析結果は，今後の同制度の運用のあり方や制度改革に向けた示唆のみならず，日本の労使関係そのものや，労働審判以外の法的紛争解決制度のあり方にかかわる課題をも提起している。

本書で明らかにされたさまざまな示唆や課題を契機に，今後，幅広い議論が展開されることを期待したい。

第10章 労働審判制度の実務と可能性
――裁判官の立場から

提言編

渡辺　弘
WATANABE Hiroshi

● ABSTRACT ●

　本稿は，裁判官（労働審判官）として数多くの労働審判事件を担当した経験から，今回の「労働審判制度利用者調査」に接し，考察したことをまとめたものである。今回の利用者調査によれば，労働審判制度の高評価の要因として，「迅速性」，「理解容易性」および「判定機能性」が抽出できるが，手続選択として労働審判手続を利用するのは，どのような事件が相応しいのか，上記の3つの要因を満たすために，弁護士および裁判官（労働審判官）が，どのような役割を果たしているのか，また，果たすべきなのかを論じ，最後に今後の展望として，労働事件以外の民事事件にこの労働審判手続の審理方式を応用するには，今回の利用者調査から，どのような点に留意するべきかをコメントしている。

I　はじめに

　本稿では，筆者が，東京大学社会科学研究所「労働審判制度についての意識調査基本報告書」（2011年10月。以下，今回の調査を「利用者調査」と，上記の報告書を「報告書」と略称する）に接し，また，本書中の分析編にある論稿を参照した上で，かつて東京地裁労働部に属して，裁判官（労働審判官）として，労働審判事件を担当した経験を有する者として，今後の労働審判制度のあり方などについて，感想を述べるものである。もとより，本稿中での意見にわたる箇所は，筆者の個人的見解である。また，筆者は，他の裁判官と労働審判制度に関して意見交換をしたことはあるものの，他の裁判官が労働審判官として担当し

ている労働審判手続を傍聴した経験が全くないことから，本稿中での実務の経験として述べている点は，いずれも筆者の個人的な経験にすぎないものであることをお断りしておく。もっとも，筆者自身が担当した事件数は，機械的な順点による配点により，5年間で数百件単位のきわめて多様な労働審判事件と，数十件単位ではあるが，労働審判手続後に当事者が異議を申し立てて，労働事件の通常の民事訴訟事件になった事件であることから，筆者の経験も，一定の客観性があるものと考えている。

II 労働審判制度の高評価の要因

　労働審判制度は，制度発足以来，高い評価をもって迎えられ，多くの利用者からの支持を受けていると理解している。東京地裁労働部では，制度発足後には急激な事件増となった。ここ数年は，制度発足時のような急激な事件増加傾向は表われていないものの，事件数は高原状態で推移している[1]。このような傾向は，全国的にも同様である[2]。このような事件数の動向は，利用者，特に申立人側（圧倒的多数は，労働者側の当事者）の利用者からの大きな支持を意味していると理解できる。
　今回の利用者調査では，利用者の意識として，高評価の要因を分析している[3]。この数字を見ると，労働者側，使用者側を問わず，3つの要因が上位を占めている。その第1は，「今回の労働審判手続は，迅速に進められた」の項目であり，労働者側，使用者側とも一番大きい支持を得ている。利用者の意識としては，個別労働関係民事紛争の早期の解決が実現しているという「迅速性」が，労働審判制度の高い評価の最大の要因と理解されていることの表われであろう。第2の要因は，「労働審判の場で使われていた言葉は分かりやすかった」という要因であり，やはり，労働者側，使用者側を問わず，7割以上の回答を得ている。この「理解容易性」は，手続にかかわった労働審判委員会，双方の代理人である弁護士等の関与の仕方が，労働審判制度への高い評価の大きい要因であることを示していると考えられる。第3の要因は，「労働審判手

---

1) 白石哲ほか「労働審判制度に関する協議会第7回」判タ1315号5頁以下（2010）の統計資料。
2) 春名茂「全国の労働審判事件の動向と課題」ひろば64巻6号11頁（2011）。
3) 報告書54頁。

続の中で，自分の側の証拠を十分提出できた」という要因である。申立人（労働者側）の立場からは，71.2％に及んでいるし，現在の労働審判手続の運用下で，主張と証拠は，第1回労働審判期日よりも前（労働審判手続申立書が郵送されてから概ね1か月以内）に主張と証拠を提出することを余儀なくされている相手方（主として使用者側）でも，62.6％が，高評価の要因としてアンケートに回答している点が印象的である。この点は，現実の労働審判手続が，当事者の権利関係の有無についての判定機能を果たしており，その点を，労働者側，使用者側ともに，高く評価しているものと考えられるのであり，この「判定機能性」もまた，現在の労働審判手続の運用と利用者の意識からみて，重要な要因となっているものと考えられる[4]。

本稿では，この3要因を軸にして，第1に労働審判手続の特徴を最も活かすことのできる性質の事件とは，どのようなものかという点，第2に弁護士代理人の有用性，手続におけるあり方という点，第3に労働審判官としての裁判官のあり方という点，第4に他の民事訴訟事件でも，労働審判に類似の手続を用いて，早期の解決を図るという取組みがなされているが，今回の利用者調査から，この運用を積極的に進めるには，どう考えればよいかを論じるものである。

---

[4] 労働審判制度については，判定的な機能を重視すべきであって，調停的な解決を目指すという運用に対して批判的な見解については，本書第4章94頁注35）〔佐藤岩夫執筆〕参照。調停という解決を目指すという運用は，労働審判法（1条・20条・21条）が前提とする運用であり，法解釈上は，否定される理由は全くない。もっとも，判定的機能を重視すべきであり，調停という解決を拒否しようと申立人（またはその代理人弁護士）が考えている事例でも，もとよりその申立ては違法でない。筆者の経験では，労働審判制度発足の初期の時期に，上記のような意図の当事者が，わずかながら存在した。そのような事件では，通常の労働審判の手続を行った上で，最終的に判定的な労働審判を出した事例（異議が出て，通常の民事訴訟事件に移行した），労働審判法24条1項により終了した事例があった。したがって，現実の運用としては，上記のような考え方に基づく申立てが拒否されることはなく，何が批判の対象なのか，いささか理解しがたいところではある。もっとも，判定的な労働審判を出しても，相手方から異議が出れば（もとより，当事者は，不服申立てを自由に行い得る），法律上，労働審判申立時に訴えが提起されたことが擬制される（労審22条1項）こと以外は，当該労働審判は，文字どおり雲散霧消してしまい，民事訴訟手続では，また，第1歩から主張，立証を行わなければならない。そうすると，実務的な感覚からすれば，上記のような考え方による申立ては，単に，迂遠な過程をたどっているように思われる。

Ⅲ　この利用者調査からみた労働審判手続に相応しい事件

　上記の迅速性および判定機能性に高い評価が得られた点からは，利用者が，現在の労働審判手続の運用，すなわち，当事者が提出した主張と証拠を踏まえて得られた心証を基とする話合いによる解決で進められていることを，高く評価していることが窺われる。基本的に現在の運用は，労働審判手続の過程では，調停成立による解決の見込みがある場合にはこれを試み（労審1条），調停が成立しない場合に労働審判を行っている（同20条1項）。また，労働審判に対して異議の申立てがなく確定したときの法律効果が，裁判上の和解と同一の効力である（同21条4項）ことから，労働審判の主文は，労働審判委員会が審理の過程で示した調停案と同一のものである等，調停的な中身の主文となっている事例が圧倒的に多い（同20条2項もそれを前提としている）[5]。東京地裁労働部の統計によると，労働審判手続申立てがなされた事件のうちの約80％が，調停成立または労働審判の確定によって，労働審判手続の中で最終的に紛争が終了しており，しかも，労働審判手続の平均審理期間が70日前後と，最終的な紛争解決が早期であることから，利用者にも高く評価されているものと思われる。

　そして，今回の利用者調査によると，労働審判手続が始まった段階で，どれくらいの時間がかかるか事前に予想がついたかどうかの質問に対して，労働者側，使用者側を問わず，約7割の当事者が，ある程度以上予想がついていた旨の回答をしていること[6]が注目される。労働審判手続は，原則として3回以内の手続であること[7]や，平均審理期間が70日前後であることが，労働審判手続を利用する当事者双方ともに浸透していることから，両当事者とも，当該事件の紛争解決に向けての時間的な目標（タイム・ターゲット）を設定して，申立てを行ったり，手続に参加していることが窺われる。もとより，裁判官をはじめとする労働審判委員会も，原則として3回以内の手続の中で，どのように手続を運営して紛争解決に向けていくかを考えているところである。このような，

---

[5]　山口幸雄＝三代川三千代＝難波孝一編・労働事件審理ノート〈第3版〉(2011) 202頁。
[6]　報告書51頁。
[7]　報告書88頁によると，労働審判手続の特徴として，3回以内の期日であることを挙げている利用者が，労働者側，使用者側を問わず，7割以上である。

手続を運営する側，利用する側ともに，タイム・ターゲットを設定して，個別労働関係民事紛争の解決という目標に向かっていることが，早期の紛争解決を可能にし，迅速性に高い評価が与えられる要因になっていると考えられる。
　次に，現在の実務では，労働審判委員会が，労働審判手続の過程で，両当事者に示す調停案または調停案とほぼ同一内容の労働審判は，双方の当事者が提出した主張と書証に基づいて，当事者本人なり，関係者から，話を聞く手続を行った上で，労働審判委員会が得た心証に基づいて作成している。そして，労働審判委員会は，労働審判手続の中で，調停案の考え方，つまり，当該事件における法律構成，事実認定，法的評価についての考え方や心証を示しながら，両当事者を説得しているのである[8]。上記のとおり，この利用者調査において，判定機能性，つまり，「証拠を十分に提出できた」という項目に，労働者側，使用者側がともに高い評価を与えていることは，実際に行われている実務において，自分が提出した証拠に基づいて労働審判手続が運営され，それに基づく個別労働関係民事紛争の解決（調停案や労働審判に自分の立証活動が反映しているとの手応えを感じていること）が行われていることを裏付けるものであるということができる。
　このような利用者の意識，特に労働審判を利用して成果を上げたという当事者の意識を分析すれば，労働審判手続を利用するのが適切な事件は，どのようなものであるかについての解答を導くことができると思われる。
　まず第1に，両当事者ともに，タイム・ターゲットを設定して，当該個別労働関係民事紛争を終結しようという意思があることが重要である。もとより，労働事件は，双方当事者の言い分の違いが大きいし，第三者的な判定機関が話合いをするように勧試しても，双方ともに自分の主張に固執し，話合いがまとまるのは，困難なようにもみえることが多い。しかし，労働事件の中で最も多い類型である解雇無効を争うような地位確認の事件では，紛争を早期に解決しないと，時間の経過に応じて双方当事者ともに傷口が広がっていき，次第に回復が困難となる危険性をはらんでいる。その意味で，現実の事件では，双方当事者の弁護士も交えて，紛争の解決が長引いた場合のリスクの説明を行い，それを受け入れることのできる当事者でないと，タイム・ターゲットを設定した

---

[8] 深見敏正「労働審判事件における審理の実情と課題」判タ1364号12頁以下（2012）参照。

上での紛争解決を図ることは，そもそも不可能になるのである。

　第2に，話合いによる個別労働関係民事紛争の解決を図るために，労働審判手続の判定機能性を発揮して，公正な公的機関による判定を行う必要があるような性質の事件である。最終的には，両当事者ともに，タイム・ターゲットを設定して話合いによる紛争解決をする意思はあるにしても，双方の言い分の開きが大きい場合には，当事者のみで話合いによる解決を図ろうとしても，話合いの具体的な内容（和解条件）に，大きな開きがある場合が少なくない。そこで，公正な公的機関[9]により，双方当事者のなした立証を踏まえた解決案を提示することが，個別労働関係民事紛争の解決に資することになるのである。

　上記の2つの条件を満たしている事件こそが，労働審判手続を利用するのに，もっとも相応しい事件であるということができる。そして，第1の点，つまり，「両当事者ともに，タイム・ターゲットを設定して，話合いによって当該個別労働関係民事紛争を終結しようという意思がある」という要素を欠く事件は，労働審判手続を選択するのは適切ではなく，訴訟手続を選択するのが合理的であるということになる。そして，第2の点，つまり，「労働審判手続の判定機能性を発揮して，公正な公的機関による判定を行う必要がある」という要素を欠く事件は，労働審判手続を選択するのは，やはり適切ではなく，例えば，簡易裁判所の民事調停手続を選択するのが合理的である。双方の言い分なり，和解条件の開きがそれほどない事件では，労働審判手続は大袈裟に過ぎるのであり，より簡易な手続である民事調停手続を選択する方が合理的であるということになると思われる。

IV　代理人である弁護士の果たす役割

　この利用者調査では，自分側に立つ代理人である弁護士について，その肯定

---

[9] 報告書44頁以下によると，労働審判手続を利用した理由という設問に対して，「公正な解決を得たかった」という項目が，労働者側，使用者側を問わず，9割以上の回答である。そして，労働審判手続の特徴のうち，とくに重要と思われる項目として，「裁判所で行われる手続であること」に高い割合の回答が得られている。裁判所内部で久しく働いている筆者としても面映く感じられるのであるが，利用者から，裁判所で行われる手続が公正であるとの信頼を得ていることを，喜ばしく思うと同時に，その責任を痛感するところである。

的な評価が，労働者側，使用者側を問わず，8割以上という非常に高い結果が出ている[10]。その一方で，同時に手続に必要な費用のうち，弁護士費用が非常に高いという評価が，労働者票で37.5％，使用者票では49.2％であって，当事者としては，弁護士費用に対して，非常に強く負担感を持っているようである[11]。

　実務で労働審判手続を担当する者としては，上記のような労働審判手続が最も相応しい性質の事件では，当事者が代理人弁護士を選任することの意味は非常に大きい。迅速性の点についていえば，紛争が長期化して時間がかかるにつれて，どれだけ傷口が広がり，リスクが生じるかを的確に計って，労働審判委員会による解決策を受け入れることとの利害得失をアドバイスできる代理人弁護士の存在は，労働審判手続による紛争解決にとっては，非常に大きい存在となる。そして，判定機能性についていえば，裁判官を構成員とする労働審判委員会に対して，自己の側にとって有利な解決案を提示するための立証活動を行うのに最も相応しいのは，代理人弁護士であるということになる。このように，上記の，今回の利用者調査の分析からも，代理人弁護士が選任されることによる重要性が，浮かび上がってくるように思われる。

　そして，当事者が，弁護士を利用することのコストの高さを感じていることもまた事実ではある。しかし，筆者は，労働審判に対する異議が出された後の通常の裁判の手続過程，それから第1審判決が出た後の控訴審における手続過程を見ている者であるため，その経験に照らしていえば，この点は，早期の話合いによる個別労働関係民事紛争の解決が実現しないで，紛争が長期化し，双方当事者の傷口が広がり，敗訴のリスクが生じた場合との比較において，そのコストの高低は判断される必要があると痛感するものである。

　前述のとおり，労働審判制度に対する高評価の要因として，理解容易性があがっている。そして，この利用者調査における自分側弁護士の全般的評価として，「法律上の問題点をわかりやすく説明した」，「進行経過や今後の見込みを十分説明した」という項目について，労働者側，使用者側を問わず，8割以上というきわめて高い評価がなされていること[12]からして，利用者は事前に，

---

10) 報告書71頁。
11) 報告書49頁。
12) 報告書70頁。

または労働審判手続中に，自分側の弁護士から十分な法律上の問題点に関する説明を受け，手続経過の説明を受けている事例がきわめて多いことが窺われ，そのような実体，手続両説の説明の理解を基として，労働審判の手続での説明を受けることによって，理解容易性の評価が高くなっているものと思われる。したがって，この点からいっても，労働審判手続に代理人弁護士が選任されることの意味は，非常に大きいものがある。

その意味からも今後は，弁護士会の取組み（最近は，労働事件に関する弁護士会の研修に，東京地裁労働部の裁判官が講師となる場合が非常に多くなった）や，裁判所と弁護士会の協議の中で，個々の弁護士が，労働法の理解をさらに十分なものにして，それを的確に分かりやすく，利用者である国民に伝えることができるような工夫を図ることが，司法制度全体の信頼につながるものと思われる。

V　裁判官（労働審判官）の果たす役割

今回の利用者調査では，労働審判官である裁判官に対する印象として，利用者から，とても高い評価を得られたが，これは，審判官として労働審判に関与してきた筆者にとっては，非常に意を強くする結果であった。特に，質問項目のうちで，「あなたに対してていねいに接してくれた」，「中立的な立場で審理を行った」，「手続を適切に進めてくれていた」および「信頼できる人物であった」という項目については，労働者側，使用者側を問わず，5割〜7割の肯定的評価を得ている。これらの質問事項は，裁判官（裁判所）の公正さに対する評価を問う質問事項であるととらえれば，利用者の目から見ても，多くの裁判官が，国民の期待に応えるようなかたちで手続運営をしていたことが，この利用者調査の結果からも窺えるところである。労働審判制度が，好評をもって利用者に受け入れられた要因の1つである理解容易性が，このような裁判官に対する国民の信頼から生じたものであれば，労働審判事件を多く担当した者としては，頼もしく思っているところである。

もう1つの要因として注目したいのは，労働事件について専門・集中部制度をとっている地裁[13]で行われた労働審判についての，労働審判官に対する評

---

13)　本書第4章86頁〔佐藤岩夫執筆〕参照。

価が，迅速性，理解容易性のほかにも，「法律上の問題点を分かりやすく説明してくれた」，「法律以外のことでも，労働関係のことをよく分かっていた」，「その審判官は，審理のために十分な準備をしていた」の質問事項についての肯定的評価が有意に多かった点である。筆者は，裁判官としての労働事件の専門性については，例えば，知的財産事件と比較すれば，それほどの高度な専門性が必要であるとは考えていない。また，労働法には，判例法理から発達した権利濫用法理（解雇権濫用法理，配転無効の濫用法理等）が律する場面が多いことから，この権利濫用の有無を的確に検討するためには，裁判官が，常に新しい視点を持って，経済情勢，雇用情勢を分析して，これに適応する判断をすることが必須であると考えるので，むしろ，広く多くの裁判官が，労働事件に接することが必要であると考えている。実際問題としても，労働事件は，労働者・使用者の関係がある限り，全国津々浦々で起こり得る事件類型であることからすれば，過度に労働事件の専門性を強調するのが適切であるとはいえない。むしろ，東京地裁の労働専門部で，比較的長く労働事件を担当した者としては，比較的若い裁判官に労働専門・集中部での事件を経験してもらい，労働法の基本的な知識を身に付け，労働事件を担当する上での勘どころをも習得し，その後も各地方での労働事件を担当する裁判官の中核になってもらうことが必要なのではないかと考えている。実際に，労働事件全体の増加と労働審判事件の増加から，東京地裁労働部では，次第に裁判官の増員が続いているし，2011（平成23）年4月からは，さいたま地方裁判所でも労働集中部が設置される等，若い裁判官が，多く労働専門・集中部で，数多くの労働審判事件を含む労働事件を担当しているのが現状である。これらの裁判官が，各地方で労働事件担当の中核になることによって，より一層の利用者の信頼を得ていくことを期待している。

Ⅵ 労働事件以外の民事事件への労働審判的審理方式の応用

労働審判事件において，比較的短期間に，多くの労働事件で話合いによる紛争解決が実現していることから，最近，労働事件以外の民事事件類型でも，労働審判方式の審理方式の試みを行っている旨の実務報告が集まりつつある[14)15)]。実際，筆者も，東京地裁労働部に在籍していた当時は，労働事件の通常事件や

労働保全事件（労働者の地位保全を求める仮処分事件）において、裁判所が一定の手続を経ることによって和解案を示すことを約束した（いわばタイム・ターゲットを設定した）上で、関係者の出席を求めて、提出された準備書面、書証を前提として事情を聴くという労働審判手続における審尋に類似した手続を行い、その上で得られた心証を当事者に説明した上で和解案を示した事件を数件経験した。そして、幸い、そのすべての事件で、和解案に対する当事者の理解を得ることができ、比較的早期に和解による紛争解決ができたという経験がある（東京地裁労働部では、やり方はまちまちであったものの、同じような経験をした裁判官が他にも多数いたようである）。このような実務的な訴訟運営の動きに対しても、今回の利用者調査は、多くの示唆を与えているものと考えられる。

　今回の利用者調査において、前述のとおり、迅速性、特に、タイム・ターゲットが設定されていることの重要性が明らかになったことの意味は大きい。話合いの結果、経済的負担を負う立場の使用者側からの回答でも、迅速性に肯定的な評価がなされていることは、民事紛争の解決にとって、このような意味での迅速性が非常に重要なことを物語っている。あわせて、紛争解決の納得を得るためには、前述の判定機能性があること、つまり、そのタイム・ターゲットの中で、当事者が満足するだけの主張、立証を行い、公的判断機関に判定を受けたという実感が必要であることが分かる。

　ここには、労働審判類似の方式を用いることによって、早期の紛争解決を図ることができるのは、どのような事件で、どのような手続過程をとる必要があるかを考えるヒントが隠されているように思われる。

　まず、このような方式が機能する事件の性質としては、当事者双方が、紛争の早期解決を望んでいるものの、当事者間では、なかなかそのための糸口が見つからず、当該紛争にとって必要な裁判所という公的立場からの、心証に応じた紛争解決を図ることによって、紛争が解決できるという性質の事件である必要がある。個別労働関係紛争というのは、前述のとおり、解決が遅くなること

---

14) 例えば、定塚誠「労働審判制度にみる『民事紛争解決制度』の将来」判タ1253号50頁（2008）、浅見宣義「労働審判方式を取り入れた民事紛争解決方式（L方式）について」判時2095号3頁（2011）、和久田斉「労働審判の経験を踏まえた自庁調停」判タ1357号18頁（2011）。
15) 論理的には立法論までも考え得るところであるが、この論考では、そこまでは踏み込まない。

による傷口の深さ，リスクを考えると，まさしくそのような性質の事件の典型であったということができるのである。

　そして，実際に紛争が早期に解決されるために必要な手続的な要因として考えられることは，①いつまでに紛争が解決するかについてのタイム・ターゲットを設定すること，②紛争に巻き込まれた当事者として，当該紛争に関する主張や，そのための証拠を提出し，必要に応じて口頭でそれを判断者（裁判官）の前で説明することができるという手続的な仕組みを設定することが必要であると考えられる。

　実務的な運用によって，労働審判類似の審理方式を行うとすれば，通常に配点された事件を担当する裁判官が，両当事者（前述のとおり，双方に代理人である弁護士が選任されることが原則であると思う）との間で，自らが行う労働審判類似の手続によって，タイム・ターゲットを設定し，必要な主張・立証をいつまでにどのように行うか，どのようなやり方で，両当事者の関係者から口頭で事情を聴く審尋手続類似の手続を行うかについて，十分な協議を行うことが必要となると思われる。その過程で，事件を担当する裁判官としては，労働審判類似の審理方式によって，早期の紛争解決につながり得る事件であるか，両当事者の紛争解決に向けての意向を見極めた上で，事件を選定することが必要になると思われる。そして，労働審判制度の運用は，第1回労働審判手続の段階で，両当事者が，通常の訴訟手続でいう集中証拠調べの直前段階の準備が必要であると説明しているが，この点は，両当事者と協議する過程で，どの段階でどのような主張，立証を行うかを協議することができ，むしろ，柔軟な対応をすることが可能になるのではないかと思われる。

　さらに，事件類型によっては，公的判断機関の構成としては，裁判官以外の専門家の意見を聴くことが，当事者の納得という意味から，より適切な場合も多くあるように思われる。その際には，民事調停手続のいわゆる自庁調停（民調20条）を活用して，その事件類型に関する専門家である調停委員を選任するという工夫をするのが適切な場合が多いと思われる。

第11章 労働審判制度の実務と課題
——労働者側弁護士の立場から

提言編

宮里邦雄
MIYAZATO Kunio

● ABSTRACT ●

　労使紛争解決制度に限らず，新しい制度については，制度趣旨が生かされた運用がなされているか，運用上の問題は生じていないか，改善すべき課題は何か，といった点について，たえず検証することが必要である。
　労働審判制度利用者調査は，制度運用から，5年目という時宜に適ったものであり，利用者の立場から，労働審判制度に対する評価と課題を実証的に明らかにする大変貴重な素材を提供している。
　本稿では，調査結果の分析を手がかりに，労働審判に労働者側代理人として関与してきた弁護士の立場から，労働審判の運用のあり方について，いくつかの実務的・実践的な提言をしたい。

I　労働審判制度の周知

　2006年4月に開始した労働審判制度は，現在かなり労働者においても知られるようになった。
　とはいえ，まだ十分その制度の意義や運用の実情が知られるに至っているとまではいえない。
　労働者にとって，働く者の権利や労働条件に関わる法が「生きた法」となるためには，法についての知識・権利についての認知が不可欠であることはいうまでもないが，労働者がその権利を侵害されたと考えた場合，どのような方法で迅速に救済が得られるかという救済システムについての知識も欠かせない。

労働審判制度は，個別労使紛争についての迅速で実効的な解決制度として期待されて発足した。今日までの運用実績をみると，概ね高い評価を受けているといえる。

従来，労働民事訴訟による解決が長時間を要したこと，それが労働者にとって，経済面・生活面でも多くの困難をもたらし，そのことの故に時に泣き寝入りを強いられることになっていたことからすると，申立てから約70日で申立事件の8割が解決するという労働審判制度を利用した場合に得られる迅速かつ高い解決率は，この制度の大きなメリットである。筆者の経験でも，労働審判制度ができたことによって，使用者の解雇等の措置は，法的に争いうるから，納得できなければ争ってみてはどうか，早期に解決できる可能性もある，という助言がとてもしやすくなったことを実感しているし，ならばと，労働審判申立てを決意する労働者が増えている。とはいえ，実際に生起していると思われる労働紛争に比して労働審判の現在の申立件数は，少ないといわざるを得ない。

ちなみに，労働審判事件の新受件数は，平成20年2052件，平成21年3468件，平成22年3375件，平成23年3586件と推移している。一方，都道府県労働局における総合相談件数についてみると，平成20年107万5021件，平成21年114万1006件，平成22年113万234件，平成23年110万9454件，民事上の労働紛争相談件数では，平成20年23万6993件，平成21年24万7302件，平成22年24万6907件，平成23年25万6343件となっている。上記の相談のうち，少なくとも，民事上の労働紛争相談件数の多くは，労働審判申立てになじむ事件と思われる。

労働審判制度の意義やその果たしている機能について，行政，弁護士会，使用者団体，労働組合（特にナショナルセンターやその地域組織）が適切な情報を提供し，周知・宣伝にいっそう力を注ぐことが求められている。

Ⅱ　申立事件の選択と労働審判の窓口

個別労働関係民事紛争を解決するシステムが多様に存在する中で，当該事案について，どのシステムを選択するのが適切かという判断が必要となる。

労働審判手続が原則3日の期日で迅速な紛争解決を図る制度であることを考えると，労働審判が適切に機能するためには，法的争点が比較的少なく，事実

関係があまり複雑でない事案が，労働審判に適した事件ということになる。労働審判法24条は「事案の性質に照らし，労働審判手続を行うことが紛争の迅速かつ適正な解決のために適当でないと認めるときは，労働審判事件を終了させることができる」としており，労働審判申立てにあたっては，事案内容の吟味が肝要である。

統計によると，24条終了は約3%，取下げは約8%であり，申立ては概ね労働審判に適した案件についてなされているように思われる。

本人申立ての場合はともかく，少なくとも弁護士が代理人として申し立てる事案については，当該事案が労働審判になじむかどうかのスクーリングを適切に行う必要があろう。個別的労働紛争が増大する中で，若い弁護士が労働紛争に携わる機会が増えており，弁護士会における労働法研修にも若い弁護士が多数参加する傾向がみられる。労働審判の活用の仕方など，弁護士のスキルアップを図るため，経験豊富な弁護士によるレクチャーが必要である。

労働審判の対象は，個別労働関係民事紛争であるとされるが，ここでいう民事紛争は，労働契約から生じるものすべてを広く包含するものとして，柔軟にとらえ，申立ての窓口は広く開かれるべきである。これまでのところ，筆者が知る限り，24条終了扱いとしたことが不当ではないかと思われる事案の報告はないが，今後とも，アクセスしやすい制度として，窓口を広く開いておくべきである。

III 調停と事件の審理・権利関係の判断

労働審判を利用する動機と期待を分析した本書第3章（飯田高執筆）によると，労働審判の利用動機で最も高いのは「公正解決」で，以下「白黒明確」，「事実解明」であると指摘されている（本書55頁 *1*）。このようなアンケート調査の結果は，事件を審理し，権利関係を踏まえて，迅速かつ適正な紛争解決を図るという労働審判手続の制度趣旨に合致するものといえる。

また，アンケート調査結果によると，労働審判制度で最も重要と思う点について，労使の考えが分かれたのは，「法的な権利関係をふまえた制度」（労働者側21.1%，使用者側10.4%），「裁判よりも柔軟な解決が可能」（労8.9%，使15.9%）であり，労働者側が，法的な権利関係の判断を重視しているのに対し，使用者

側は柔軟な解決を期待していることが窺える。この違いは労働審判制度の制度趣旨に関わるとらえ方と連動している。

　労働審判制度は，調停と審判という調停機能と判定機能を併せ持っているが，まずは，調停による解決を試み，調停が成立に至らない場合に審判を行うもので，第1次的には調停による解決を目指す制度である。もっとも，ここでいう調停は，事件を審理し，当事者間の権利関係を踏まえてなされる調停という点で，民事調停とは性格の異なる判定的調停である。

　労働審判の実際の運用においては，調停成立率70％が示すように調停による解決が中心となっている。筆者は，このような結果自体については，労働審判制度の趣旨からみても，当然であると考えているが，調停解決に対する評価は，事件を審理し，権利関係を踏まえた上での調停となっているか，に関わるし，これはまた調停内容の妥当性・適切性とも深く結びついている。

　労働審判手続はあくまでも事実を審理した上で，権利関係についての一定の判断を形成した上でなされる紛争解決手続であり，調停においても，この点は変わらない。早期の調停成立を重視するあまり，事件の審理や権利関係の判断がおろそかにされ，安易な調停偏重となれば，労働審判制度の根幹を揺るがすことになり，労働審判制度への信頼を損なうことになる。申立事件数が多い裁判所においては，事件数の増加に労働審判官の数が追いついていない状況もあって，迅速な解決を追求するあまり，ややもすると，事件の審理がきちっとなされないまま調停を急ぐ傾向がみられるという批判もある。結果オーライということではなく，手続過程を含めた当事者の納得性への配慮は，この制度にとって重要な要素であり，絶えず留意すべきことである。

Ⅳ　解雇紛争の解決のあり方

　解雇紛争の解決には，「退職型」（雇用終了・金銭解決型）と「復職型」の2つの方式があるが，労働審判においても，民事訴訟における和解の場合と同様，雇用終了・金銭解決型（解決金支払い）が圧倒的に多い。

　解決金について分析した本書第5章（高橋陽子執筆）は，解決金（和解金）の絶対額の多寡は，基本的には，解決までの時間の長さで決まる傾向であるとした上で，損害賠償等の要素を加味している可能性もあることを指摘し，その内

容としては，転職に伴う賃金の損失や失業の補償がなされている可能性がみてとれるとしている（本書104頁*2・3*，107頁*4*）。

「退職型」の解決において支払われる解決金（和解金）の水準が妥当かは，厳密には，ケースバイケースで検討されるべきではあるが，現在の解決金水準は，一般的にいって，解雇が無効と判断されるべき労働者についてみると，適正・妥当な水準にあるとは言い難い。解決金の額が高くなれば，金銭を負担する使用者側が抵抗し，調停成立が困難となり，また審判に対して異議が申し立てられる可能性が強くなることから，審判委員会において，解決可能性という視点から金額調整がなされていることが推測されるが，解決金において，重視されるべき点は解雇によって労働契約上の地位を奪われた当該労働者に対する補償という考え方であるべきである。解雇事件の解決金を解雇補償金と考えた場合には，解決金の算定において考慮されるべき要素は①解雇から解決時までの賃金（未払賃金），②再就職の難易や再転職までの一定期間を想定しての失業補償，③転職に伴う賃金減少分の一定期間の補償，④解雇が与えた苦痛に対する慰謝料（解雇が不法行為にも該当するといえるような場合）などの点である。

解決金の算定にあたっては，事案ごとにこれらの考慮要素の有無・程度を検討し，適正・妥当な解決金のあり方を検討する必要があり，審判委員会は，どのような点を考慮して解決金を算定したかの判断根拠を，可能な限り当事者に示すべきである。

また，労働審判においても，「復職型」解決について，真剣に検討されるべきである。「復職型」解決については，使用者側の抵抗が非常に強いが，審判委員会としては，事案に応じ被解雇者の希望，復職を妨げる客観的条件の有無やその内容，使用者側への説得等を通じて，「復職型」の調停成立にも尽力すべきであろう。転職が容易でない現在の雇用情勢も考えれば，解雇の無効性が明白で，復職を拒む合理的理由がないような事案においては，復職こそ適切妥当な紛争解決であり，実際にも，「復職型」で解決された事例もある。

解雇について労働審判を申し立てる労働者の多くが，解雇は不当だが，職場に復帰することは現実的には困難であると考え，解雇の撤回，合意退職に応じていることは事実である。しかし，だからといって労働審判における解雇紛争の解決は，金銭解決が原則であるべきというのは妥当ではない。

解雇事件について労働審判申立てがあれば，それは金銭解決を求めるものと

とらえる見解や，金銭解決を求めるものでないとすれば，本訴や仮処分で争うべきであるとする見解が，使用者側から唱えられているが，労働審判手続を解雇の金銭的解決手続と解するかの如きこのような見解には賛成できない。

　復職型の解決は，時間が経過すればするほど困難になるものであって，迅速な解決を図る労働審判においてこそ，復職型の解決が図られるべきであるともいえる。労働審判における解雇紛争の解決として，「復職型」もあり得ることが，選択肢として排除されるべきではない。

V　弁護士依頼と弁護士費用

　労働審判においては，弁護士が代理人となって適切な主張・立証を行うことが迅速かつ適正な解決に資することになると考えられるし，弁護士代理が推奨されている。実際にも，労働審判における弁護士依頼率は高く，弁護士に対する評価も，労働者側，使用者側とも肯定的であり，満足度も高い。しかし，アンケート調査によると，弁護士費用が高いという評価が，労使ともにかなり多く，この結果は筆者もそうであるが，多くの労働側弁護士にとって，かなりショックであろうと思われる。労働事件に限らず，代理人弁護士に支払う弁護士費用が高いか低いかという問題は常に議論される問題ではあるが，多くの場合，弁護士費用をめぐる依頼人の不満の要因は，弁護士費用の算定のあり方についての弁護士と依頼者間の認識ギャップにある。

　しかし，いずれにせよ，弁護士依頼率が高い中で，弁護士費用が高いという評価については，弁護士側も謙虚に受け止めなければならないであろう。

　労働審判事件について，弁護士費用が高いと評価される要因には，労働審判を申し立てることによって得た申立人の利益とそのために弁護士に支払った費用という費用対効果の側面も大きいと思われるが，労働審判手続において弁護士が依頼人の権利・利益擁護のために，主張・立証などどのように努力したかという解決に至る過程における弁護士の役割評価によるところも少なくないであろう。自戒をこめていうならば，代理人たる弁護士は，受任から申立書の作成，主張・立証についての打合せや審判手続での対応，解決に向けての適切な助言など代理人として依頼人のために誠実に事件処理に取り組んだかが問われていることを改めて認識する必要がある。

弁護士費用との関係でいえば、法律相談の段階で簡単な事案については本人申立てでも十分やれるということを説明し、本人申立てを勧めていいだろう。この場合、弁護士の役割は労働審判制度の趣旨や手続を説明し、申立書の作成や提出すべき書証などについて適切な助言をすることにある。筆者が相談を受けたケースでも、解雇予告手当請求や単純な時間外労働手当請求などについては本人申立てで十分対応できた例も少なくない。

本書第2章（佐藤岩夫執筆）は、弁護士費用が当事者の費用面での負担を重くしている可能性があると指摘し、さらに、同じ労働者側であっても、収入の多寡や正規・非正規の違いによって弁護士依頼者に違いがみられるとし、年収が低い層や非正規の雇用の場合には弁護士を依頼しにくくなっている可能性が示唆されると指摘している（本書47頁Ⅵ）。収入の点が弁護士依頼を困難にさせている事情があるとすれば、その改善を図るための制度をつくることを検討しなければならない。

弁護士費用が支払えない場合については、法テラスの利用がひとつの解決策であるが、より簡便迅速に労働者を支援するという立場から、弁護士費用貸付制度を労働組合が設けるべきである。

筆者の知る限り、連合神奈川や連合東京がこのような貸付制度を設けている。例えば、連合東京の「連合東京・労働裁判支援基金」制度によれば、解雇された労働者が、解雇を不当として労働審判などにより争いたい場合、連合東京ユニオンに組合員として加入した上で、その申込みにより、弁護士費用などを1人当たり50万円を限度として貸し付けている。この制度の利用は、法テラスの場合よりも、ずっと簡単な申込みと簡単な審査によって行われている。

資金力のある労働組合が、個別労働紛争の解決のため、弁護士費用援助を行うことは、組織化という点からはもとより、労働組合の社会的役割を高めるという点からも意義あることである。

Ⅵ　許可代理の活用

平成20年から24年2月現在までの代理人選任状況をみると、申立人については代理人選任の割合が82.9%となっている。これは、弁護士以外の者を代理人とすることを許可しないとの裁判所の方針も影響していると思われる。

労働審判法4条1項但書は「裁判所は，当事者の権利利益の保護及び労働審判手続の円滑な進行のために必要かつ相当と認めるときは，弁護士でない者を代理人とすることを許可することができる」として「許可代理」を認めているのであり，制度発足から6年を経た現在，弁護士以外の者は一切許可しないという現在の基本方針には疑問がある。

　おそらく，これまでの不許可方針は，弁護士以外の者については代理人適格性に疑問があるとの考えに基づくものであると思われる。しかし，研修も重ね，多くの労働審判手続を経験した審判員経験者が多数輩出している現在，事案の内容によっては，例えば，これら審判員経験者を代理人として不適格とすべき理由はない。また，当該事案について労働相談を担当した組合役員や団体交渉に出席した組合役員も，代理人として適格である場合が少なくないであろう。労働審判が適正な紛争解決の機会となるためには，申立人の主張や立証が審判委員会において適確になされる必要があり，本人申立てではこれに不安があるとして，代理人許可を求めた場合，これを原則として認めないとする現在の方針は代理許可制度そのものを実質上否定するに等しく，結果として労働審判へのアクセスの途を閉ざすことにもなる。

　また，前述した弁護士費用との関係から，弁護士を代理人として選任しない場合もあることも考慮すべきである。

　裁判所としては，許可代理を認める基準を検討し，事案の内容に応じ，許可代理の適切な運用を図るべきである。

Ⅶ　関係者の同席

　労働審判手続は，非訟事件手続として非公開が原則であるが，労働審判委員会は相当と認める者の傍聴を許すことができるとしており（労審16条），労働側でいえば，申立人である組合員の所属する労働組合の役員など（特に，審判申立前に団体交渉が行われている場合など）の傍聴（同席）を求めたりすることがよくある。しかし，審判委員会は，傍聴を認めることに慎重で，多くの場合消極的である。

　これには，審判官の消極的考え方が大きく影響していると思われるが，組合員の場合，調停案受諾の判断をはじめ，労働組合の役員が同席していた方がは

るかに紛争解決につながりやすいことが多い。関係者の傍聴や発言を認めるなど，もっと柔軟に対処すべきである。

VIII　取扱い裁判所の拡大

2010年4月から東京地方裁判所立川支部と福岡地方裁判所小倉支部で労働審判が取り扱われるようになった。

しかし，2支部だけでは不十分であり，労働審判制度によりアクセスしやすくするために，中堅都市の支部など取り扱う支部をもっと増やすべきであるとの意見が労働側には強い。

あわせて，特に事件数の多い裁判所においては，事件数の増加に労働審判官・審判員が追いついていないという状況がみられつつある。審判官，審判員の人数を適切に確保する人的整備が不可欠であり，審判官・審判員の数の増大も，事件数の増加状況をみながら検討する必要がある。

IX　労働審判員の養成と教育

労働審判制度の専門性については全般的に肯定的に評価されているが，これは労使関係の実情や慣行に関する知識・経験を反映すべく努力している審判員の役割によるところが大きいのではないかと思われる。

労働審判制度の大きな特徴は，労働関係に関する専門的知識経験を有する労使の審判員が審判官たる裁判官と対等の立場で審判委員会を構成し，紛争解決を図るところにある。アンケート調査結果によると，労働審判員についての評価は概ね肯定的であるが，労働審判制度が調停にしろ，審判にしろ，紛争の実情に即した適正な解決を図る制度として評価されるかは，労働審判員が，どのようにその役割を果たすかに大きくかかっており，労働審判員には，労働関係に関する専門的知識経験を有する有能な人材が選任される必要がある。

審判員候補を推薦する立場にある労使団体には適任の審判員候補者を選び，また審判員候補者を研修・教育する責任がある。審判員には，労働契約の存否その他労働関係に関する労働法上の基本的知識（法令と判例）と労働審判の仕組みについての理解が求められる。現在，日本労使関係研究協会（日本学術会

議協力学術研究団体）の研修が行われ，研修参加者の中から審判員候補が選ばれているが，ナショナルセンターや多くの審判員を送り出している大きな産業別労働組合は，有能な審判員を供給するために，審判員候補者育成のためのプログラムを策定し，弁護士や研究者の協力を得て定期的に研修を行うなどの活動に取り組むべきである。

X 労働審判員のアンケート調査を

　今回のアンケート調査は，利用者の立場から回答するものであるが，労働審判制度の現在の問題点と課題を明らかにするためには，審判員のアンケート調査をする必要がある。多くの労働審判員を送り出している労働組合では，審判員の経験交流や勉強会を行っており，筆者も，参加した経験がある。そのような機会においては，審判制度をより充実させ，迅速かつ適正な解決を図るための努力が語られるとともに，手続の進め方や評議のあり方・評議の時間についての要望（例えば重要な書証は審判員にも送付して欲しい，初回前の評議に十分時間をかけて欲しい，審判員として質問をもっとしたいなど），解決金基準などについての貴重な見解が吐露されている。労働審判制度の要といえる審判員が制度の現状をどうとらえ，どのような問題意識を持っているか，改善して欲しいと考えている点は何かについて，最高裁は審判員および審判員経験者のアンケート調査を行い，その調査結果を踏まえて，制度のより望ましい運用に生かすべきである。

第12章 労働審判制度の実務と課題
―― 使用者側弁護士の立場から

提言編

中山慈夫
NAKAYAMA Shigeo

● ABSTRACT ●

　労働審判手続は非公開であることから，手続に直接関わった労使当事者の認識や評価を明らかにした今回の「労働審判制度利用者調査」（以下「利用者調査」という）は，労働審判制度とその運用および今後の課題を検討するための貴重な資料といえる[1]。本稿は，使用者側弁護士の実務経験を踏まえて，利用者調査の結果と労働審判制度の評価および今後のあり方についてコメントするものである[2]。

I　労働審判制度の特徴および実際の審判手続の評価について

　労働審判制度の特徴として，①裁判所に設けられた個別労働紛争に関する迅速かつ簡易な解決機関であること，②労使の専門的知識・経験を有する労働審判員が参加すること，③権利義務関係を踏まえた審判手続に当事者間の自主的解決を促進する調停がビルトインされていること，④審判に対する異議制度により訴訟との連携が図られていることなどが挙げられる[3]。

---

1) 利用者調査については，本書第2章21頁以下〔佐藤岩夫執筆〕。
2) 本稿執筆にあたり，2012年5月20日開催の日本労働法学会（第123回大会）のシンポジウム「労働審判制度の実態と課題」における各報告ならびに労働審判員の経験豊富な東京経営者協会の経営労務相談員である数井敬司氏および経営・労働部次長である海老澤大造氏から貴重なご教示をいただいた。
3) 菅野和夫ほか・労働審判制度〈第2版〉（2007）25頁等。

今回の利用者調査において，労使は労働審判制度のこうした特徴について認識し，肯定的な評価をしていることが明らかになり，労使のこうした評価が，労働審判制度施行（平成18年4月）後，申立件数が急増（平成21年から年間3000件超）した要因の1つであることも確認できるのではないかと考えられる。

使用者側からみても，裁判所に対する信頼は依然として高いので，簡略な手続とはいえ，判定機能を有する労働審判委員会からの調停案は，法的な権利義務関係と具体的妥当性を考慮したものとして，安易に拒否できないという意識が強く，これが調停による解決率の高さに結びつき，労働審判制度の評価を高めているというのが，実務経験上の実感である。

1 労働審判手続の特徴，重要性

労働審判制度の特徴については，労使とも肯定的な回答が多い。特に「裁判所で行われる手続」を重要とする点（労働者側92.5%，使用者側80.1%）は，労使共通して裁判所への信頼と期待を表わしているものと思われる。労働審判を申し立てられる使用者側の回答でみると，同じ裁判所での訴訟や仮処分と異なる労働審判の重要性について，「3回以内の期日で終了」(72%)，「専門的な審判員が手続きに参加」(66.1%)，「当事者本人が口頭で説明」(82%)，「裁判よりも柔軟な解決が可能」(71.1%) となっている。労働審判制度の特徴と重要性は，他の手続（都道府県労働局の個別労働紛争解決援助，裁判所の訴訟・仮処分，調停）との比較により明確化されると考えられるので，利用者調査の回答者の「過去の裁判・調停の経験の有無」をみると，使用者側の経験比率が大きく上回っている（労働者側「ある」15.7%，使用者側「ある」42.1%）ことから，上記の使用者側の数値はより積極的な意味を持つように思われる。

2 迅速性

(1) 時間の予測

労働審判手続開始時点の当事者の「時間の予測」については，労使とも「はっきり・ある程度予想がついた」が約7割となっているが，「まったく予想がつかなかった」が約3割（労働者側31.8%，使用者側28.1%）あった点にも着目すべきである。約3割という数値は低いようにも思えるが[4]，労働審判においても弁護士依頼率が極めて高い（労働者側81.2%，使用者側90.8%）ことからすれば，

弁護士の依頼者に対する時間の予測についての事前説明が不十分であることを示唆していると考える。いうまでもなく、労働審判の場合、原則 3 回の期日で調停成立または審判により終結し、審理期間も平均 72.8 日で、申立ての 7 割超が 3 か月以内で終結しているので、依頼された弁護士にとって、一般民事訴訟手続と比べれば時間の予測の具体的な説明は十分可能なはずだからである。

(2) 時間の評価、満足度

労働審判手続終了時点の「時間の評価」(労働審判手続にかかった時間) は、実際の手続を経験した当事者が、迅速性についてどの程度評価したのかという点を示す重要なポイントである。この点については、「非常に・やや短い」が労働者側 43.4％、使用者側 51.9％、「どちらともいえない」が労働者側 23％、使用者側 30.6％、一方「非常に・やや長い」が労働者側 33.7％、使用者側 17.5％となっている。さらに「時間の満足度」については、労働者側「満足」34％、「どちらともいえない」40.8％、「満足していない」25.2％、使用者側「満足」42.1％、「どちらともいえない」39.3％、「満足していない」18.6％となっており、使用者側において迅速性の評価が相対的に高い。

これらの数字から労使双方の認識としても実際の労働審判の迅速性が概ね確認できると思われるが[5]、時間の評価および満足度は、他の手続との比較においてより明確に認識されるはずであるから、上記のとおり、使用者側の「過去の裁判・調停」の経験比率が労働者側を大きく上回っているので、使用者側の評価がより高いという結果は、労働審判の迅速性をより明確に裏付けるものではないかと思われる。

---

4) 参考として、2006 年の民事訴訟についての調査では、「時間の予測」について、「全く予想がつかない」の回答が 6 割、「はっきりと・ある程度予想がついていた」の回答が 4 割となっている (民事訴訟制度研究会編・2006 年民事訴訟利用者調査〔2007〕42 頁)。

5) 本書第 4 章 81 頁 *1*〔佐藤岩夫執筆〕。ただし、鵜飼良昭弁護士は、労働者側の「短い」43.4％、「長い」33.7％ は予想外で、弁護士と労働者の時間感覚にかなりの隔絶があると指摘される (鵜飼良昭「労働委員会の役割と個別労使紛争——労働審判の実際との比較から」月刊労委労協 672 号 16 頁〔2012〕)。

3 専門性（審判官・労働審判員）について

(1) 審判官・労働審判員の評価

　労使とも，審判官および審判員の評価は概ね良好であるといえるが，その中で審判員については労使でやや評価が異なる。すなわち，審判官に対する全般的な満足度は，「満足している」の肯定的評価が労働者側で62.5％，使用者側で50.3％といずれも5割を超えているが，審判員に対する全般的な満足度は，「満足している」の肯定的評価が審判員Aについて労働者側で60.6％，使用者側で40.8％，審判員Bについて労働者側で52.9％，使用者側で37.3％となっており，ここでは使用者側の肯定的評価が相対的に低い。さらに子細にみると，実際の労働審判において，労働関係に関する専門的な知識・経験に関する印象・評価を問う質問である「審判員は法律以外の労働関係をよく理解しているか」について，「そう思う」が労働者側では51.6％，使用者側では36.6％となっており（審判員Aについて），労働者側の評価も思ったほど高くないが，使用者側ではさらに低い。

(2) 使用者側の審判員の評価

　労働審判は，職業裁判官である審判官とともに，労働関係の実務経験が豊富な審判員の参加により労働紛争解決の専門性が高められているのが特徴であるから，上記の数値から，当事者，特に使用者側は審判員の専門性を十分認めていないのではないかとの疑問も生じるが，この点については労働審判実務の観点からは次の事情も指摘できる。

　第1に，労働審判手続では，労使双方同席のときと，一方だけが呼ばれるとき（交互面接方式）があるが，いずれの場合も，審判指揮を行う審判官が当事者に対して主に発言し，調停に向けた説得を行い，審判員は審理においてあまり発言しない，あるいは当事者に対して質問だけをするということも実務経験上かなりある。このような場合は，当事者からすると労働関係の知識・経験度合いを観察し，理解する審判員の言動が審理において示されていないことになる。一方で，労働審判制度自体については，「専門的な審判員が手続きに参加」は「重要だと思う」が労働者側83.9％，使用者側でも66.1％となっているので，労働審判制度における審判員の役割と重要性については労使とも一定の認識を

していると思われるが，実際の審理において，審判員の言動が少ない場合，当事者の体験に基づく具体的な印象は審判官に比べて希薄であり，評価も相対的に低いということがあるのではないかと思われる。ただし，このような事情は使用者側特有の事情といえるのか，あるいは労働者側においても同様なのか判然としない。

第2に，使用者団体から推薦された労働審判員については，大企業，中堅企業出身者が多く，組織・人員もある程度整えられ，企業内の労使関係は良好で労働関係の規定の整備・運用においても問題の少ないところが多い。一方，労働審判を申し立てられる使用者は中小零細企業が多く[6]，大企業，中堅企業と比べて企業内の労使関係や労働関係の規定の整備・運用状況等はかなり異なっているケースも多いのではないかと推測される。労働審判委員会は，労働審判を申し立てられた使用者に労働法違反や誤った取扱いがあれば，これを指摘し，労働慣行や運用等の是正を求めて説得し，紛争の解決を求めるという機能があるので[7]，このような場面において，説得を受ける使用者側は審判員が中小企業の労働関係の実情を理解してくれないという印象を持つこともあるはずであり，こうした事情も影響しているのではないかと思われる。

II　労働審判の結果の評価について

1　労働審判の結果の有利・不利

労働審判手続の結果について，労働者側は「有利・やや有利」が61.2%，「不利・やや不利」が24.3%に対して，使用者側は「有利・やや有利」26.6%，「不利・やや不利」52.7%となっている。結果に対する満足度も，労働者側では約6割が結果に満足，使用者側は「あまり・まったく満足していない」の回答が52.5%となっている。一方で，使用者側も8割以上調停を成立させているので，使用者側で「不利」「満足していない」の回答が多いのはなぜかとい

---

[6]　企業規模について，利用者調査では，労働者側で従業員規模30人未満が約44%，100人未満の区切りでは全体の約66%，使用者側で従業員規模30人未満が約35%，100人未満の区切りでは全体の約55%となっている。

[7]　本書第4章88頁 *2*〔佐藤岩夫執筆〕。

う疑問がある。

　上記の有利・不利の数値については，「これをみると労働審判制度は労働者救済制度のように思えてしまいますが，考えてみれば当たり前のことです。明白に法違反や判例法理に反することが行われ，従来は泣き寝入りになっていたものが申し立てられるようになったのですから。それがアンケート結果に出ただけにすぎません。」という見方もある[8]。しかし，そのような事案もあるかもしれないが，使用者側で「不利」「満足していない」が約5割という数字の理由として一般的にいえるものとは考えがたい。むしろ，次のような要因があるのではないかと思われる。

(1)　使用者は，ほとんどの場合，解決金を支払う側であり，実際に金銭を支払う側の認識としては「とても・少し満足している」とまでの認識になりにくいと思われる。

(2)　佐藤岩夫教授が指摘されるように，労働法および大企業で支配的な労使慣行をスタンダードとする労働審判の結果と，当事者になることが多い中小零細企業の意識・慣行との間にギャップがあり，中小零細企業からみると，労働審判の解決結果が意に染まない，不満になっている可能性がある[9]。

(3)　労働審判委員会の調停に向けた説得は労使双方になされるが，実務的経験では，金銭を支払う使用者側の譲歩が調停成立のカギを握る場合が多く，それだけ使用者側に強く説得される認識があるのではないかと思われる。例えば，使用者が金額面で納得しかねる場合でも，審判官や審判員からの説得において，労働審判委員会の心証として「訴訟で勝つとは限らない」，あるいは「訴訟になれば立証活動の負担，時間，コストは大きい」，「長期の紛争は企業活動にとって大きな支障がある，信用にも影響する」，「調停であれば守秘義務条項や清算条項を付けることができる」といった調停のメリットやリスク回避の必要性を指摘され，紛争解決を優先して合意はするが，解決金額の支払いについて十分納得に至るとまではいえない例が比較的多いのではないかと思われる[10]。また，使用者側弁護士による調停に

---

8)　鵜飼・前掲注5) 21頁。
9)　本書第4章88頁2〔佐藤岩夫執筆〕。
10)　調停に向けた説得例につき，御舩正廣「審判実務の経験からみた実績と今後の課題」ジュリ

(4) 労働審判手続は，都道府県労働局のあっせん手続と異なり，訴訟とリンクしており，使用者は不服の場合（すなわち調停に応じない，あるいは審判に異議を出す場合）でも，手続から離脱できず，訴訟を覚悟せざるを得ないという立場にあるので，訴訟になる場合の負担（勝敗リスク，手間，時間，コスト）を考えて調停案に合意することもあるので，調停を成立させる場合でも，満足度は労働者側に比べ相対的に低いのではないかと思われる。もちろん，労働者側も訴訟の負担を考える点では同じだが，申立て取下げの選択肢がある上，もともと積極的に労働審判申立てをしているので訴訟負担・リスク等も織り込み済みともいえるので，この点で調停案を受けるかどうかの場面では使用者と置かれた立場が異なるといえる。

(5) 現在の企業では，多数従業員を組織する労働組合との集団的紛争は少なく，紛争があっても企業内の労使間で自主的解決の方針をとることが多い。一方で，実務経験上，企業内で解決できない個別労働紛争については，商取引上の紛争と同様，企業活動の中で起こるトラブルの1つであり，紛争の早期解決を求める傾向が顕著になっているように思われる。労働審判事件においても，担当する人事労務部門は紛争解決を優先し，仮に労働審判委員会から提示される解決金額に不満があっても調停成立を図る事案も多いと推測される。

以上の諸事情を踏まえると，一方で使用者側は，8割以上調停を成立させて紛争を解決している中で，労働審判の結果について「不利」「満足していない」が約5割の回答となっているのであり，使用者側弁護士の立場からすれば，意外ではなく，むしろ想定内の数値であると思われる。

2　調停・審判の結果の評価

調停・審判の結果について，公平なものであるか，法的な権利義務を踏まえているかなど9項目中の質問に対して，労働者側では8項目で「そう思う」の回答が5割を超え，特に「知人に労働審判手続を勧める」74.7％，「実現が大いに期待できる」および「再び労働審判手続で問題を解決しようと思う」は6

1331号76頁（2007）。

割を超えている。一方，使用者側では全般に「そう思う」の回答は少なく（2割から3割台），上位2項目（「今回の結果は法律上の権利・義務をふまえている」「裁判所における調停や審判の結果なので実現が大いに期待できる」）でも4割程度にとどまっている。

労働者側と比べ肯定的な評価が低いのは，使用者側は申し立てられる立場であり，上記*1*の諸事情も考慮すれば，それほど意外な数値ではないと思われる。この点については，使用者側において，「そう思う」という肯定的な評価と「どちらともいえない」という回答を合わせれば全項目で5割を超えているので，使用者として不満は残るものの紛争解決を優先したという意識がみてとれるのではないかと思われる。

III　労働審判申立てまでの使用者側の事情

1　行政的紛争解決制度の利用

労働審判申立て前に行政的紛争解決制度を利用したのは，労働者側では「労働局の相談窓口」48％，「労働局の助言・指導」25.2％，「労働局の紛争調整委員会」20.5％，「労働委員会の紛争解決手続」5％，「利用したことはなかった」36.4％となっており，労働者側では，行政的紛争解決制度を利用した上で，労働審判申立てに至るケースが多いことを示している。しかし，使用者側では，行政的紛争解決制度を経由したかどうかについて，「労働局の相談窓口経由」6.6％，「労働局の助言・指導経由」8.8％，「労働局の紛争調整委員会経由」13.2％，「労働委員会の紛争解決手続経由」1.6％，「経由したことはなかった」72.5％となっている。

したがって，使用者側回答者の約7割が，行政的紛争解決制度を経由しないまま直接労働審判申立てを受けていることになるが，これは使用者側において，労働審判申立てが予想外の不意打ちとなっていることまでは意味しないと思われる。

使用者側は労働審判申立ての相手方なので，行政的紛争解決制度を経由した場合は労働審判申立てを受ける可能性を予測できるが，経由しない場合でも，当事者間で解決に向けた交渉が行われることが多く[11]，交渉不調の場合には，

行政的紛争解決制度あるいは司法機関への申立てを受ける可能性を予測できるはずである。特に，解雇，セクハラ，パワハラ事案のように当事者の対立が鮮明になることの多いケースでは，交渉不調により労働審判申立てを受けても，使用者が予想外，不意打ちと感ずることは少ないのではないかと思われる。

2 労働審判手続に関する情報入手先

労働審判手続に関する情報について，使用者側は「相手方から申し立てがあるまで労働審判手続のことは知らなかった」という回答が 39.5% と多く，利用者調査の基本報告書において，労働審判手続の存在が使用者側に一般に周知されているとまではいえないと指摘されている。労働審判制度の施行から既に5年以上経過した時点で行われた利用者調査において，使用者側の約4割が労働審判手続について知らなかったということは問題であるが，このことは，特に労働審判申立てを受けることの多い中小零細企業においてより顕著ではないかと推測される。

使用者は，ほとんどの場合，各種紛争解決機関の申立ての相手方なので，申し立てられる前においては，紛争解決機関についての関心は低く，特に労働審判手続の経験がない使用者は，労働審判の申立てを受けて，初めてその手続についての情報を入手するということになるのであろう。しかし，労働者と比べて使用者が労働審判手続に関する情報入手の機会が乏しいとまではいえない。現在はインターネット，書籍，地方自治体等の無料法律相談などを利用すれば情報入手は容易である。問題は，事前に情報入手をしていないという点であるが，これは労働審判ゆえの問題というよりも，実際の経験がなければ，例えば裁判所の仮処分手続や都道府県労働局のあっせん手続についても同様ではないかと思われる。

---

11) 利用者調査でも，労働審判申立て前の相手方との交渉の有無について，使用者側の回答は，相手方との直接交渉が 47.2%，弁護士などを介しての交渉が 37.7% となっている。

Ⅳ　労働審判の解決金水準（雇用終了関係事件）

　高橋陽子氏の利用者調査に基づく分析では，労働審判（調停・審判）における雇用終了（解雇および有期契約期間満了による雇止め）事件については，解決金100万円，解決水準は月額請求の約3.4か月分（いずれも中央値）となっている。解決水準でみれば都道府県労働局の紛争調整委員会のあっせん，労働審判，裁判上の和解の順に解決金の水準が高くなっているが，特に労働審判および裁判上の解決金の多寡は解決までの期間の長さで決まる傾向があるという分析結果が出されている[12]。

　実務経験上も，解決に要する期間の長さは解決金額の重要な要素といえるので，この分析結果はその裏付けとなるものである。ただし，上記3つの解決機関に申し立てられる事件の事案は必ずしも同質とはいえない点に留意すべきであろう。例えば，当初から高額の金銭を求める事案や複雑な争点のある事案は，労働局のあっせんへ申し立てないであろうし，さらに労働審判，訴訟，仮処分の選択も，事案に応じてなされるものと思われる。どの解決機関に申し立てるかは，少なくとも当該事案の内容・勝敗に係る筋および本人の意向，事件終了までの想定される期間等を考慮して，依頼された弁護士により選択されるのが実情のように思われる[13]。あっせん，労働審判および裁判上の和解の3つの解決金の水準を比較するとしても，同質の事件が3つの解決機関に分かれているというよりも，上記の考慮要素と当該事件を依頼された弁護士の判断により，各解決機関のいずれかが選択されているというのが実感である。

　労働審判の解決水準については，上記の中央値は実務経験上の印象と隔たりはなく，特に低いという感じもない。解決金額については，労働審判委員会により事案ごとの心証を中心に調停の試みが行われる。もとより，労働審判委員

---

[12]　本書第5章102頁Ⅱ〔高橋陽子執筆〕。

[13]　紛争事案に適した解決機関の選択については渡辺弘・労働関係訴訟（2010）282頁，本書第10章192頁Ⅲ〔渡辺弘執筆〕。また，水口洋介弁護士は，労働審判に適切な事件を選択する重要性を指摘し，「権利義務に関して個別紛争解決を超えた深刻な対立があったり，事実認定に厳格さが求められるような事案で，当事者が妥協しにくいなどの事情がある場合には，労働審判手続ではなく労働訴訟による解決が相応しい場合もあろう。」（水口洋介「労働側代理人からみた労働審判制度の意義と課題」ひろば2011年6月号53頁）とされる。

会は，当事者の合意による自主的解決に向けて調停案を策定するので，両当事者の諸事情を踏まえて受入れ可能な金額の範囲か否かという点も考慮すると思われるが，労働審判委員会の調停案を当事者が受け入れない場合，審判でも同様の解決金が示されることが多いので，基本は事案の心証により解決金額が定まると考えられる[14]。使用者側の労働法違反や違法行為が明らかな場合は高い金額を労働審判委員会が提案し，逆に使用者側の対応にも合理性がある場合は，解決金額が月額請求の1か月分以下という提案もある。利用者調査の結果においても解決金額は広い範囲で分布している。したがって，申し立てられる各事案の内容，勝敗に係る筋を離れて，一般的に解決金水準の高い低いという評価はできないように思われる。

V　弁護士の役割について

弁護士依頼率は労使とも極めて高い（労働者側81.2％，使用者側90.8％）ので，労働審判手続における弁護士の役割も問題になる。

弁護士の役割は，労働審判手続における代理人としての役割だけでなく，依頼者との間の信頼関係の構築も重要である。労働審判手続においては，①労働審判は当事者の権利義務関係および審判手続の経過を踏まえたものであるから（労審20条），依頼者の正当な権利・利益に係る事実関係および法律判断を労働審判委員会に理解してもらうための的確な主張と迅速かつ効率的な立証活動のサポートおよび，②調停による早期解決に助力することの2つが弁護士の大きな役割であると考えるが，いずれも依頼者との信頼関係が前提となる。この意味で，今回の利用者調査において依頼者からみた弁護士の評価が示されたことは重要である。

1　弁護士の評価

依頼した自分側弁護士の評価は，労使ともに良好であった。全般的評価では，

---

[14]　渡辺・前掲注13）労働関係訴訟281頁は「労働審判委員会は，書証や審尋の結果から得た心証を基礎として，紛争の事案に即した調停案を双方に示していることから，調停が成立しなかった場合にも，労働審判委員会が出した調停案をベースにした労働審判をすることが多い。」とされる。

「とても・少し満足している」が，労使ともに8割を超えている。また，自分側弁護士の印象についても，「言い分を十分聞いてくれた」「進行経過や今後の見込みを十分説明」「手続を適正に進めようとしていた」などの項目で「そう思う」の肯定的評価が8割〜9割に達しており，労働審判手続における弁護士の実際の活動が依頼者に理解され，評価されていることが示されている。

しかし，弁護士の費用については問題である。労使ともに「弁護士に支払った金額」は「高い」という回答が多い（労働者側37.5％，使用者側49.2％）。さらに，回答中「支払わなかった・あてはまらない」と回答したものを除いて再集計すると，労働者側で「高い」は46.9％，「どちらともいえない」30.9％，「安い」22.2％となり，使用者側では順に53.3％，33.7％，13％となっている。使用者側では半数以上，労働者側でも半数近くが「高い」の評価になっている。

2 弁護士費用

弁護士費用が高いという点については，自営業の弁護士として耳の痛いところである。弁護士費用については，弁護士ごとに報酬額の決め方は異なるが，使用者側弁護士の場合，通常の訴訟事件と比べ労働審判事件の着手金を安くする，依頼者の意向を踏まえて金額を調整する，あるいは労働審判事件については訴額（経済的利益）等にかかわらず一律一定額と決めるなど工夫している例も多いと思われる。支払う立場の依頼者からすれば高いという印象を持つことも事実であろうが，弁護士の必要かつ適切な弁護活動上相応な一定額は必要といわざるをえない。

使用者の場合でいえば，弁護士を依頼する以上，相応な報酬（事業活動上のリスク管理コスト）を支払うつもりで依頼することが多いはずであるから，使用者側のほぼ5割が弁護士費用が高いと評価していることは，金額自体の高低の問題とともに，弁護士が事前に費用についての説明を十分に行い，できるだけ理解し，納得してもらう努力を行う必要性とも関係しているように思われる。弁護士費用についての説明と納得を得る努力を怠れば，弁護士費用についての不満が弁護士に対する不信感にもつながるおそれがあるので，弁護士費用の問題は極めて重要である。この意味では，利用者調査における「費用の予測」で使用者側が「まったく予想がつかなかった」42.2％というのは，弁護士にとって自戒すべき結果と考えるべきであろう。

VI 利用者調査と今後の労働審判制度について

　利用者調査により，当事者は労働審判手続の特徴を相当程度理解し，実際の運用においても肯定的評価をしていることが明らかとなった。労働審判手続に関わった使用者側弁護士の経験からしても，労働審判制度とその運用は，簡略な調整機能を有する行政の紛争解決手続と重厚な司法の訴訟手続のそれぞれのデメリットを補い，労使のニーズを迅速に調整する妙味を発揮しており，個別労働紛争解決の主役としての役割・機能を備えてきたように思われる[15]。ここでは，今後の労働審判の金銭解決機能および今回の利用者調査結果から使用者側の立場で考えるべき問題について述べておく。

1 労働審判と金銭解決機能

　労働審判は個別労働紛争の解決方法として主に金銭解決が用いられている。利用者調査においても，労働審判の調停ないし審判の結果，労働者側が得た権利・地位について，労使とも「解決金などの金銭の支払い」が圧倒的に多い（労働者側95％，使用者側89.2％）。これに対して，復職など同じ使用者の下で働く権利・地位を得たとの回答はほぼ4％（労働者側4％，使用者側4.3％）である。労働審判の金銭解決率の高さから，労働審判には金銭解決機能があると考えることができ，このような労働審判の機能的特徴は，他の手続との棲み分けを明確にし，かつ迅速な手続と相まって調停を誘導しやすいものにしているのではないかと思われる。

　使用者代理人の経験からすると，例えば労働審判申立てで最も多い解雇事件において，労働者（代理人弁護士）が労働審判申立てを選択した場合，解決方法として金銭解決（金銭による退職和解）を念頭に置いていると推測することが多い。仮に仮処分申立てを選択すれば，職場復帰も視野に入れた解雇の有効・

---

[15] 平成23年4月から一部の簡易裁判所において，個別労働紛争の民事調停が行われている。これは，司法機関において個別労働紛争専門の調整的な解決制度を試みるものであるが，行政のあっせん手続と労働審判手続に及ぼす影響が注目される。特に，調停申立てを行う労働者側の理由として，弁護士費用が挙げられているようである（水口洋介「簡易裁判所の個別労働関係調停事件について」月刊労委労協674号39頁〔2012〕）。

無効を明らかにすることを主眼としていると考えやすい。本案訴訟提起も同様である。一方で，労働審判の解雇事件においても，金銭解決ではなく，職場復帰の例もあるが極めて例外的である。各種の紛争解決制度がある中で，労働審判は迅速性・簡易性・専門性を有することに加え，金銭解決を中心とする制度であるという位置付けをより明確にすれば，今後の労働審判制度をより充実させることになるのではないかと考える。

2 弁護士の費用問題など

利用者調査では，上記のとおり，労使とも弁護士費用が高いという回答が多い。使用者の場合でいえば，金額自体の高低の問題とともに，弁護士が事前に費用についての説明を十分に行い，できるだけ理解し，納得してもらう努力が重要である。利用者調査では，弁護士の費用についての説明が不十分・不親切であるケースが相当数あることを示しており，弁護士として自戒し，改善すべき点である。

また，既に指摘したように，労働審判手続の「時間の予測」および「費用の予測」に関する弁護士の説明についても同様である。現在，労働紛争処理に関する弁護士の関心は高く，弁護士研修も以前に比べ弁護士会等においてかなり活発に行われているが，その内容は労働法の知識および解決プロセスに関する技術的なものが中心である。今回の利用者調査の結果を踏まえて，弁護士費用の工夫とともに依頼者に対する「時間の予測」および「費用の予測」などの説明についても意を用いるべきである。

なお，弁護士費用の問題に関連して，弁護士以外の者を代理人とする許可代理制度（労審4条1項但書）の運用も問題になる。費用の点からすれば，労使とも弁護士ではない者を代理人とできる範囲を緩和することも考えられるが（例えば使用者の人事労務関係者，労働者の加入する労働組合関係者），労働審判手続は，個別労働紛争について，短期間の審理で当事者双方が主張と立証を行い，争点整理を経て，私法上の権利義務関係を踏まえて調停および労働審判を行うものであるから，当事者の権利・利益の保護および迅速な手続進行のために代理人の法律的専門性が前提になっていると解されるので，弁護士費用の観点から許可代理の緩和を議論することは適当でないと考える。

3 労働審判手続の周知

　労働審判手続について，使用者側の事前の理解が不十分であるという問題は，使用者の人事労務担当者の学習とともに，経営者団体（都道府県の経営者協会，商工会議所など）や地方自治体などにより，労働審判手続についての情報提供および研修をより積極的に行うことが望まれる。

提言編

第13章 労働審判制度と日本の労使関係システム
──労使関係論の視点から

仁田 道夫
NITTA Michio

● ABSTRACT ●

　労使関係論の観点から，個別労働紛争解決システムとしての労働審判制度の意義を確認したうえで，残された課題を，労働審判制度利用者調査における労使評価差を手がかりに考察する。労働審判結果についての有利・不利判断における大きな労使評価差は，労働関係紛争に本来的な非対称的性格や，中小企業経営者の労働法秩序についての理解不十分の結果であると考えられる。そのうえで，使用者側の結果不利感の背景を分析することにより，多くの中小企業経営者が「未組織状態」のまま増加する個別労働紛争の波に直面していることの問題性を指摘する。

はじめに

　雇用関係は，雇う側（使用者），雇われる側（労働者）のいずれにとっても，きわめて重要な社会関係である。一定規模以上の企業・団体は，雇い入れた労働者の適切な働き抜きにその事業を遂行することはできない。労働者にとって，雇われて働くことは，生活の糧を得るほとんど唯一の方法であり，また，単に経済的な意味を超えて人生の重要な一部を構成する。そして，職場は，重要な人間関係形成の場でもある。このように重要な社会関係である一方，そこには，利害の衝突が内在しており，雇用関係に発する様々な問題や，紛争が生じることが避けられない。労使関係論が主要な考察対象とする労使関係システムは，そうした問題や紛争を解決し，あるいは予防するために長い時間をかけて作り

上げられてきた社会システムであり，一定の経済発展を遂げ，民主的政治・社会制度を持つ社会では，その具体的な制度・形式は異なるが，機能的には大枠において共通する（equivalent）仕組みが作り上げられてきた。それらの労使関係システムを，機能に着目して分類すれば，次の3つになる。

1) 労働条件の社会的決定システム：団体交渉・労働協約・労働基準法制などにより，社会に共通する標準的労働条件を定める。市場経済システムを補完しつつ，労働条件の決定に労働者の集団的交渉力を受け入れ，また，公正労働基準を確立することにより，公正競争を可能にする。
2) 企業・事業所における発言システム：雇用の量的・質的管理や労働給付と反対給付の管理など，雇用関係の実質を規定する重要な事項について，企業・事業所・職場における公式・非公式な労働者集団の発言を保障し，雇用関係を律するルールの作成・運用に参加させる。
3) 個別労働紛争解決システム：雇用関係から生ずる個々の労働者の不満・苦情・権利侵害の訴えを，企業内における職場の苦情処理システムや，企業外におけるあっせん・調停・仲裁・審判・裁判等により解決する。一つ一つの案件は個別・小規模なものであるが，それらが適切に解決・処理されることが健全な雇用関係の維持にとって重要である。

労働審判制度の発足は，上記 3) の新たな整備であり，これを日本社会の実情に沿った形で拡充する重要な事件であった。以下においては，労働審判制度利用者調査結果を利用して，その意味を明らかにし，また，今後の労使関係のあり方に示唆するものを探る。

I 日本の個別労働紛争解決システム

個別労働紛争のうち相当部分は，労働法の解釈・適用に関わってくる可能性が高い。したがって，司法がこれに関与する必要が生ずる。形式は様々であるが，どの国でも，個別労働紛争解決にあたって司法が果たす役割は，大きい。労働審判制度発足以前において，個別労働紛争の解決のために日本の司法が用意していたのは，裁判所における訴訟という道筋だったが，そのコストと時間的負担の大きさのために，労働者側にとっては使い勝手が悪く，なかなか利用が伸びない期間が続いた。国際的にみて，労働訴訟の数が少なかった（現在も

少ない）のは，決して潜在的な労使紛争，とりわけ個別労働紛争の火種が少なく，その必要がなかったためではない。そうした火種が，適切な回路が用意されていなかったために紛争として顕在化しなかっただけである。そのことは，労働審判をはじめとする個別労働紛争解決の仕組みが整備されると，そこに向かって多数の訴えがなされた事実が示すとおりである。

公的な労働紛争解決機関として，最も多くの個別労働紛争を受け付けている労働局では，年間 25 万件もの民事上の個別労働紛争案件（労働基準法違反などの相談は別）に関する相談が持ち込まれている。そのうち，労働局長の助言・指導が実施された案件は，1 万件弱，都道府県労働局に設けられている専門家による紛争調整委員会でのあっせんが行われた案件は，6000 件を超える（「平成 23 年度個別労働紛争解決制度施行状況」http://www.mhlw.go.jp/stf/houdou/2r9852000002bko3-att/2r9852000002bkpt.pdf）。

25 万件の相談案件のすべてが労働訴訟につながるような深刻な紛争案件とはいえないかもしれないが，とにもかくにも，当事者が馴染みのない役所に日頃の抵抗感を乗り越えて相談した事実は重い。ここに多くの個別労働紛争の火種があることは間違いない。

労働局の紛争調整委員会による個別労働紛争あっせん以外にも，労働委員会による個別労働紛争あっせんの仕組みがあり，こちらには，年間 400 件程度の新規案件が持ち込まれている（「中央労働委員会個別労働紛争取扱状況」http://www.mhlw.go.jp/churoi/assen/toukei.html）。

また，合同労組が個人加盟組合員のために自ら交渉し，あるいは，様々な公的紛争解決ルートを使って取り組む事実上の個別労働紛争も，相当数に上る[1]。本来，集団的労使紛争を扱う労働委員会の不当労働行為審査，あるいはあっせんや調停などの調整活動の中にも，これら合同労組により取り組まれる事実上の個別労働紛争がかなりの比率を占めることが指摘されている[2]。

ところで，個別労働紛争は，近年増加の傾向をたどっているといわれている。そのような主張の背景になっているのは，多くは，上に述べたような紛争解決システムの整備によって潜在化していた紛争が表に出てきた事実をとらえてい

---

[1] 呉学殊「労使紛争の現状と政策課題：合同労組の労使紛争解決を中心に」日本労働研究雑誌 2012 年特別号・近刊。
[2] 本書第 1 章 4 頁〔菅野和夫執筆〕。

るので，実際に雇用関係に由来する紛争そのものが増加したといえるのか，確実なことはいえない。確かに，職場における何らかの変化によって，あるいは，労働者の性向や意識の変化によって，紛争そのものが増大したとも考えられる徴候は，多々ある。例えば，1998年の金融危機から2002年にかけての経済危機の時代に，多数の人員整理が行われ，多くの労働者が雇用を失ったことが解雇問題をめぐる紛争を増やしただろうことは容易に推測できる。また，1990年代半ば以降の人事管理における「成果主義」の強調は，労働者個人の成果を追及する傾向をもたらすから，追及された労働者の中に，これに脅威を覚え，あるいは不満を抱くものがいたとしても不思議ではない。また，「成果主義」は，現場の管理・監督者の責任追及というメカニズムを強める傾向があるから，彼らの非公式な苦情処理活動や上意下達・下意上達の媒介機能を弱めたとしても不思議ではない。

　だが，こうした雇用関係の変動による個別労働紛争の増加を実証的に明らかにすることは容易ではない。1つのデータとして，この間一貫して存在してきた紛争解決システムである労働関係訴訟の新受件数推移をみると，1994年に1499件であったものが，10年後の2004年には2519件に増加した。そして，リーマンショックの翌年，2009年には3321件へと急増している（『裁判の迅速化に係る検証に関する報告書（第4回）』の「労働関係訴訟の概況」http://www.courts.go.jp/about/siryo/hokoku_04/index.html）。これは，時代背景を考えると，個別労働紛争そのものの増加傾向を示す指標として解釈することができるかもしれない。もっとも，これも，様々な司法制度改革の努力により，裁判に要する期間の短縮などが図られ，司法手続へのアクセスが改善されたことによる面が大きいとも考えられる。また，労働審判から裁判への移行など，労働審判制度が労働訴訟を増加させるメカニズムも働いていよう。実際に潜在的・顕在的な個別労働紛争がどれほど量的に増加したのかについては，なお検討の余地が残されているといえよう。

　本稿においては，職場における個別労働紛争の増加が労働審判や労働局での紛争調整などの増加に結びつく側面よりも，労働審判に代表される個別労働紛争解決に関わるシステムの整備が紛争の顕在化につながる側面に焦点を当てる。どの程度かは分からないが，そうした側面が存在し，かつ個別労働紛争解決システムに，予想を超えて多くの案件をもたらしている主要な要因の1つである

ことは間違いない。このような動きは，整備されたばかりの個別労働紛争解決システムに大きな負荷をかけ，システム運用当事者に困難を感じさせるに至っている。

　もともと，労使関係論では，紛争の発生そのものが社会にとっての脅威となるとか，社会システムの欠陥を示すとは考えない。雇用関係に利害対立が内在している以上，労使紛争の発生は避けられない。労使関係論にとっての課題は，そうした労使紛争を適切なチャネルを用意することによって解決していくことである。また，労使紛争が何らかのシステムの欠陥によって顕在化を妨げられるようなことがあれば，その方が問題である。国によっては，労働訴訟の数が多すぎ，濫訴を促す社会的メカニズム（例えば弁護士の営業活動）をコントロールするシステム修正が必要ではないかというような議論が行われているところもあるが，日本の現状は，それとは大きく異なり，むしろ，個別労働紛争の顕在化と，そのスムーズな解決を図るための一層のシステム整備こそが必要な段階にあるといえる。

　このような観点からすると，日本の個別労働紛争解決システム整備の動きの中で，2006年に労働審判制度が発足したことは，確かに画期的な出来事であった。非訟手続であるとはいえ，司法手続であり，労働審判に対して異議申立てを行った場合には，訴訟に移行すること，そして，訴えの相手方となる使用者を手続に参加させる強制力を有している点で，労働局あっせんなど，行政的手続とは異なっている。通常の訴訟と異なり，3回の期日で迅速に解決を図る仕組みであることが大きな誘因となり，労働審判新受件数は順調に増えて2011年には3586件に達した。このように利用が着実に伸びていることそのものが労働審判制度に対する利用者（特に大半の申立てを行う労働者側）の評価を示しているといえる。

　本調査結果をみても，他の諸章が明らかにしているように，回答した労働者側利用者の労働審判結果やその手続についての評価はおおむね高い。だが，そのことは，労働審判制度利用の現状に何の問題もないことを意味しない。様々な改善の余地があることは間違いないだろう。本稿では，関連システムを含めた個別労働紛争解決システム全般の整備という観点から，本調査結果から読み取れる課題について検討しよう。

第III部　労働審判制度のこれからを考える（提言編）

II　労使評価差からみえてくるもの

　本調査結果において際立っている事実の1つは，労働審判に関する労使の評価に大きな差があることである。例えば，図34-1・34-2（報告書83頁）をみると，労働審判結果が「有利」ないし「やや有利」と回答している者の割合は，労働者側61.2％であるのに，使用者側は26.6％にとどまる。逆に「不利」ないし「やや不利」という回答は，労働者側24.3％，使用者側52.7％である。労使で評価が反対となっており，その違いが大きい。

　この結果を文字どおり解釈すれば，労使双方とも，労働審判は，労働者に有利で，使用者に不利な結果をもたらしていると判断していることになる。労働審判委員会は，労働者に同情的で，偏りのある問題解決を行っているのだろうか。だが，厳正中立の立場に立つべき審判官（裁判官），労使それぞれから推薦された専門家が任命される審判員により構成される審判委員会が一概に労働者側に偏った判断をするということは，およそ考えにくいことである。

　もっとも，図30-3（報告書75頁）で，審判が出された場合の異議申立て状況をみると，「使用者側のみ申し立て」が労働者票で44.9％，使用者票で30.8％と多く，「労働者側のみが申し立て」のケースは，労働者票で22.4％，使用者票19.2％と少ない。和解が成立しなかった場合に，労働者側に有利な審判結果が示されている方が多いことは確かである。

　だが，終結形態は，80％以上が調停成立（図30-1・30-2：報告書74頁）であり，調停結果の90％（労働者票で95％，使用者票で89.2％〔図32：報告書78頁〕）が金銭解決である。しかも，解決金が高額となるケースは少ない。100万円未満が半分（労働者票48.9％，使用者票49.7％）に上り，200万円未満をとれば，8割近くになる（労働者票78.7％，使用者票79.1％）[3]。調停は労使双方が合意した場合に成り立つわけだから，本来，有利も不利もないはずである。嫌ならノーといえばよいのだ。

　1つ考えられることは，上に述べたように，審判が出された場合の結論が労働者側の言い分を認めるケースが多いとすると，調停成立に至ったケースの多

---
[3]　本書第2章45頁・図表14〔佐藤岩夫執筆〕。

くでも，審判官・審判員は労働者側有利の心証をもって調停に臨み，それを感じ取った使用者側とその代理人が不本意ながら調停に応じている可能性である。だが，そのような事情があったとしても，審判プロセスを取り仕切る審判官への満足度は，使用者側でもそれほど低くない。「とても満足」ないし「少し満足」が50.3％であり，「まったく満足しない」ないし「あまり満足しない」は31.3％である（図21-1・21-2：報告書59頁）。労働者側では，「とても満足」ないし「少し満足」が62.5％，「まったく満足しない」ないし「あまり満足しない」が28.4％だったのに比べれば満足度がやや低いが，それでも，「不利」な結果になったと思っている審判手続を主導した審判官への不満・不信が著しく募っているというわけではなさそうである。

　ここで興味深いのは，労使の専門家（多くは元組合幹部と元人事労務管理者）が任命される労働審判員への利用者の満足度を示すデータ（図23-1〜23-4：報告書65頁）である。労働審判手続では，三者構成を原則とする労働委員会などとは違って，審判員のいずれが労働側，使用者側の推薦を受けた者であるかは当事者に分からない仕組みとなっている。審判員も，あくまで審判官とともに中立的立場で手続に臨むこととなっており，実際にも審判員たちはそのように行動していると考えられる。興味深いのは，労働者側が2人の審判員いずれについても満足度が高いことである（「とても満足＋少し満足」が審判員Aについて60.6％，審判員Bについて52.9％，「全く満足しない＋あまり満足しない」がそれぞれについて20.9％と23.6％）。逆に，使用者側の審判員への評価は審判官に対するより低く，「とても満足＋少し満足」が審判員Aについて40.8％，審判員Bについて37.3％，「まったく満足しない＋あまり満足しない」が審判員Aについて33.1％，審判員Bについて32.0％と満足と不満足が拮抗するような結果になっている。このデータは，労働審判手続において，使用者側推薦になる人事労務専門家たちが，カギとなる役割を果たしていることを推測させる。すなわち，彼らが，労働法の知識や，長い人事労務畑の経験から培われた雇用関係についての良識的判断を背景に，労働法の知識においても，人事労務管理の経験においてもやや問題を残す使用者側当事者（その多くは中小企業の経営者・管理者である）を説得し，場合によってはたしなめることによって，調停による解決に向けて地ならしをしている姿が彷彿としてくるのである。

　結局，労働審判の制度・運用に労働者側有利のバイアスがあるわけではない

のだろう。中立公正に制度が運用されているにもかかわらず、その結果を、当事者たちは労働者に有利で使用者に不利と感じているのである。なぜなのだろうか。

1つには、労働関係紛争の非対称的性格が反映されている可能性がある。他の民事訴訟などと異なり、訴えるのは一方的に労働者側で、使用者側は訴えられる側である。そして調停で解決がされても、お金を払うのは使用者側で、労働者側ではない。いってみれば使用者側は専守防衛の立場であり、甚だしい損失を蒙らなければ、それが勝利だということになる。おそらくこれが労働審判でなく、労働訴訟であっても、同様の調査を行えば、同様の傾向が見出されると推測される。

ただ、それにしても、この労使評価差は、大きいように思える。これについては、もう1つの説明が必要であろう。すなわち、世間で通用している習慣的現実よりも、法律はより労働者の権利を守るべく制定されているのだが、これまでは、裁判のコストが高く、労働者が泣き寝入りしていたために自らの権利を行使することができずにいた。それが、労働審判という新たなチャネルが開かれたために労働者の権利行使行動が増加し、労働者は、いままでであれば取れなかった解決金が取れるようになったので、有利と感じる。逆に、使用者は、従来であれば、雇用関係がらみで裁判所に呼び出されるようなことは少なく、自らの人事労務管理に問題があったとしても、それを自覚する機会が乏しいまま自らの正当性を信じていたものが、突然に労働審判に呼び出され、正当に解雇したと思っていた労働者からの訴えに対応して、結局は金銭解決を余儀なくされたりする。当然、使用者側は不利と感じる。

この説明が妥当だとすると、労使評価差は、何ら異常な事態ではなく、システムが正常に機能した結果、当然に生ずべくして生じたものだと解釈することができる。いいかえれば、労働審判制度が所期の役割を果たしている証拠とみることができる。

では、この労使評価差に、何の問題も読み取る必要はないのだろうか。必ずしもそうとはいえない。それは、労働審判制度の認知プロセスに関する調査結果を検討することによって明らかになる。

III 労働審判認知プロセスと「未組織経営者」問題

　労使評価差にかかわって労働審判認知プロセスにおける問題の所在を端的に示すのは，図11-2（報告書43頁）である。申し立てられるまで労働審判のことを知らなかった使用者側当事者が39.5％もいる。この数字は，実は過小評価となっていると思われる。というのは，使用者側回答者における企業規模の偏りにより，小規模な企業で回答率が低くなっており，しかも，小規模企業ほど「労働審判を知らなかった」使用者の割合が高いからである。このことを確かめよう。

　図F-7（報告書98頁）は，労働者票（相手方企業・団体），使用者票（自社・自団体）の従業員規模構成を示したものである。従業員規模100人未満の割合は，労働者票では，65.9％に達し，ほぼ3分の2を占めるのに，使用者票では，54.6％にとどまっている。母集団においては当然両方の規模別構成は一致していなくてはならない。もちろん，労働者の規模認識と使用者の規模認識がずれるということはありうるが，500人規模の企業を50人の企業と見誤る労働者は少ないだろう。両者の規模別構成の違いは，それぞれにおける規模別回答率の違いによるところが大きいと考えられる。労働者側では，小規模企業に勤務していた人ほど回答が少なくなる顕著な理由は見当たらないから，概ね，実際の審判申立ての従業員規模別分布を反映しているのではないかと思われる反面，使用者側では，小規模企業の回答率が顕著に低かったのではないかと思われる。その理由としては，図表1（次頁）が参考になる。

　この表で，100人以上の企業では，3（どちらともいえない）に近い回答を示している使用者が多いのに，100人未満の企業では，2（やや不利）に近い回答をしているものが多いことが示されている。結果が不利と考えている使用者ほど労働審判手続の結果に不満を抱き，この調査に協力する気持ちにならなかったのではないかという推測が成り立つ。

　次に，図表2（次頁）をみると，申し立てられるまで労働審判を知らなかった使用者の割合は，100人未満企業の方が有意に高いことが分かる。以上から，もしこれら小規模企業の使用者側当事者がもっと調査に協力してくれていれば，労働審判を知らなかったとする使用者の割合は，一層高まり，おそらく50％

を超えていたであろうという推測が成り立つ。

考えてみると，それまで労働法の知識をあまり持っておらず，相手方に申し立てられて突然労働審判に呼び出された小規模企業の経営者が，たとえ調停で解決したとしても，労働審判手続は自分に不利な仕組みだと感じたとしても無理はないといえよう。確認のため，図表3をみてみると，労働審判を知っていた使用者では，結果の有利・不利判断について，3（どちらともいえない）に近い値をとっているが，労働審判を知らなかった使用者では，2（やや不利）と回答しているものが多いことが分かる。

図表1　規模別結果の有利・不利（平均値の差の検定）

	N	平均
100人以上	84	2.81
100人未満	100	2.25

t値＝2.73

図表2　規模別にみた労働審判を知らなかった企業の割合（平均値の差の検定）

	N	平均
100人以上	84	0.23
100人未満	101	0.53

t値＝－4.55

図表3　労働審判を知っていたか否かによる有利・不利判断の差（平均値の差の検定）

	N	平均
労働審判を知っていた	111	2.73
労働審判を知らなかった	73	2.16

t値＝2.69

要するに，労働審判に関する使用者側の強い不利感は，多くの中小企業経営者たちが十分な労働法の知識を欠いたまま雇用関係に対しており，予想もしていない審判申立てを受けて不意打ちで裁判所に呼び出され，短期間での対応を迫られている状況への反応を示している面が大きいと考えられる。このような状況を改善するにはどうしたらよいのだろうか。経済センサスによれば，100人未満の企業は全企業数の95％以上を占め，労働者数でみても半ば近くを占めているのであるから，これらの企業が労働審判やそれ以外の個別労働紛争手続に十分な対応ができない状況だとすると，問題である。

改善策を考える上での手がかりは，労働審判認知プロセスに関する調査結果図11-1・11-2（報告書43頁），また労働審判に関する事前相談についての調査結果図7-1・7-2（報告書35頁）に見出すことができる。まず，労働者側について考えてみよう。直接の質問は行われていないが，実際に労働審判に至るプロセス開始時において，労働者側が，使用者側と同様，労働審判手続について知識を持っていなかった可能性が高い。おそらく，使用者側以上に知らなかった

であろう。そうした状況で，ある労働者が何らかの理由で解雇されたとしよう。不満・怒りを抱いた労働者がまず相談する相手は，家族・親戚・個人的な知人など身近な人々であろう。60％近くの人が相談している（図7-1）。だが，これらの人々も，労働審判手続についての知識を持っていないことが多いのである。図11-1によれば，労働審判についての情報入手先として家族・親戚・個人的な知人を挙げている人は10.7％にすぎない。会社の同僚や知人に相談する人もいる（31.5％）が，彼らから労働審判についての情報を得ている人も少ない（4.2％）。いきなりインターネット検索におもむく人も，特に若い世代ではいるだろう。だが，インターネットを情報入手先として挙げた人は10.4％程度（その他の自由記入のアフターコードであるから，やや低めに出ている可能性はある）にとどまる。どうしても，専門的な知識を持つ組織や機関にアクセスすることが必要である。

　図7-1の相談先でも（62.0％），図11-1の情報入手先でも（48.1％），最も頻度が高いのは，弁護士である。中には，知人に勧められていきなり弁護士事務所にかけこんだ人もいるだろうが，一般の労働者は，顧問弁護士を持っているわけではなく，弁護士事務所の敷居は高いのが普通である。弁護士にたどり着くのは，労働審判申立てに至る直前の時期という場合が多いのではないか。そこで，重要なのは，それ以外の専門的組織・機関である。相談先として比較的多くの人が挙げているのは，法テラス（32.8％），地方自治体の無料法律相談（27.9％），社外の労働組合（22.7％），労働基準監督署（19.8％。自由記入のアフターコードのため，過小評価になっている可能性がある）などである。そして，実際に労働審判についての情報を入手している相手としては，労働局・労働基準監督署・労働委員会が多く（36.7％），ついで社外の労働組合（14.9％），法テラス（13.0％）の順になっている。

　労働行政サービスとして行われている相談・紛争調整の重要性は，図9（報告書37頁）からも明らかである。労働者側回答者のうち，労働局の相談窓口を利用している人は48.0％に達し，助言・指導（25.2％），紛争調整委員会（20.5％）も使っている。労働委員会の紛争解決手続を含めて，これら労働行政サービスを何らかの形で経由して労働審判申立てに至っている人が63.6％と3分の2近くに上っている。労働審判手続に関する情報入手先としても，第1次的な紛争解決手続としても，労働行政サービスが果たしている役割の大きさがう

かがわれる[4]。

　また,「社外の労働組合」の役割も注目に値する。1990年代後半以降,連合の地域組織拡充に向けた動きの中で,地域協議会の体制整備やコミュニティ・ユニオンの組織化が進められた[5]。その中で,地域ごとの電話労働相談窓口が整備されるなど,組合員以外でも雇用関係上の問題を抱える労働者の相談に対応する活動が行われている。こうした地域における労働組合運動の展開が,孤立した労働者が個別労働紛争解決手続の利用に向かう際の補完的システムとして機能していると考えられる。逆に,労働審判などの個別労働紛争解決システムが整備されたことが,地域の労働運動にとって1つの目標,ないし問題解決の糸口を提供するものとなり,その運動を活性化させる機能を持ったとも考えられる。

　このように,労働行政による個別労働紛争解決サービスの展開,地域における労働運動の新たな展開,そして法テラスなど法利用を促進するシステムの整備など関連するシステムの整備が進んだことが労働者による労働審判利用を助け,また促進する役割を果たしてきたことが重要である。これらのシステム整備抜きには,2006年以後の順調な労働審判利用の伸びはなかったであろう。これにひきかえ,使用者をめぐる状況はどうであろうか。

　図11-2をみても,図7-2をみても,使用者側の相談先,情報入手先は,圧倒的に弁護士,ないし社会保険労務士である。これは,労働審判被申立て後に急遽対応するという事態を想定すると,ある意味でやむを得ないことかもしれない。また,法テラスや地方自治体の無料相談に頼らなくとも,弁護士や社会保険労務士の有料サービスを受ける資力もそれなりにあるわけであるから,当然の結果ともいえるかもしれない。だが,多くの使用者が頼りとする顧問弁護士(50.8％が相談)は,必ずしも労働関係を専門にしておらず,労働紛争対応に経験を積んでいるとはいえない。また,中小企業では,顧問弁護士を持たないケースも多いだろう。その場合,どの弁護士を依頼すればよいのかという問題がある。また,労働者側の行政手続利用状況から分かるように,労働審判申立ては,実は,全くの不意打ちではない場合が相当ある。労働審判にいく以前

---

4) 労働政策研究・研修機構編・日本の雇用終了——労働局あっせんの事例から(2012)。
5) 中村圭介・地域を繋ぐ(2010)。

に，労働行政の紛争解決メカニズムが関与している場合がある。それにどう対応すべきか。例えば，紛争調整委員会での調整に応ずべきかどうか。この段階で適切な判断をしていれば，労働審判に至る以前に問題を解決できていたかもしれない。

　使用者側がこのような問題に直面したときに，労働者側が「社外の労働組合」などに相談するように，経験豊富な経営者団体の援助が受けられたらどうだろうか。問題解決の相場観，労働行政手続に乗るべきかどうか，経験ある弁護士の所在，あるいは，事件のタイプ別にみた弁護費用の相場観などに関する情報を提供してもらい，親身に相談にのってもらえたら，大いに助かるのではないか。だが，地域の労働問題に対応してきた経営者協会の組織率は低下する一方である。各地の商工会議所は，会員のために無料の経営相談窓口を開いており，その中で法律相談なども扱っているが，経営問題全般を扱うものであって，労働紛争の相談を専門的に扱っているわけではない。また，中小企業がすべて会員になっているわけでもない。

　現実には，図7-2に示されるとおり，経営者の団体・知人に相談した使用者側回答者は，9.3％にすぎない。団体だけに限れば，これより低い数字となろう。このような状況は，当該企業経営者に孤立した状況の下での対応を強いる結果となっている。さらに問題なのは，各企業経営者の労働審判に関する個別的経験を集積して今後の対応の指針を出すというような組織的プロセスが作動しないことである。確かに，弁護士は労働審判を経験する中で，そうした知識集積と問題対応のスキルを身につけていくだろう。だが，中小企業経営者が集団として，自らの経験に学び，これを蓄積していく機会は乏しい。このように経営者が未組織状態にとどまっていることは，当の経営者たちにとって問題であるだけでなく，労働者側にとっても必ずしも望ましい状況ではない。個々の経営者や代理人となった弁護士の対応が十分な経験的蓄積に裏打ちされたものとならず，ばらつくことになりがちである。相場観が形成されにくく，紛争の安定的な解決が困難になりがちとなる。

　さらに重要なことは，個別労働紛争の経験を踏まえた人事労務改善・経営改善が，個々の企業だけの対応にとどまってしまうことである。本調査結果からも，労働審判を経験した使用者のうち相当数は，そうした改善行動をとっている。例えば，労働審判手続終了後，就業規則の改訂などの人事管理制度の変更

を行った使用者は，24.6%，検討中とする使用者は40.8%に上る（図39-2：報告書92頁）。このような事後的改善行動は，個別労働紛争解決手続の重要な波及効果であり，当該企業・団体で働く人々にとっても大きな意味を持つ可能性がある。だが，そうした貴重な経験と，それに基づく改善行動も，現状では，当該企業・団体に限定され，他の類似の課題を抱える企業に波及することは期待できない。このような状況を改善することは，公共的意義を有する事柄である。必要に応じて，何らかの政策的対応，例えば経営者向け労働相談を実施する団体への助成措置などを考えるべきであろう。

結　び

　本稿においては，労使関係論の観点から，個別労働紛争解決システムとしての労働審判制度の意義を確認した上で，その利用が順調に伸びていることを評価しつつ，そこに残された課題を，労使評価差を手がかりに考察した。労働審判結果についての有利・不利判断における大きな労使評価差（労働者は有利とし，使用者は不利とする）は，システム運用者側の偏った対応によるものではなく，労働関係紛争に本来的な非対称的性格（労働者が訴え，使用者が対抗する）や，中小企業経営者の労働法秩序についての理解不十分の結果であり，基本的には，システムの正常な機能を示すものであるというのが本稿の立場である。しかし，使用者側の結果不利感の背景を分析していくと，多くの中小企業経営者が「未組織状態」のまま増加する個別労働紛争の波に直面していることの問題性が浮かびあがってくる。このような状況を改善するために，何らかの政策的対応を検討する必要があることを指摘して，本稿を閉じる。

提言編

第14章 労働審判制度から民事訴訟制度一般へ
——民事訴訟法の視点から

山本和彦
YAMAMOTO Kazuhiko

● ABSTRACT ●

　本稿は，今回行われた労働審判制度利用者調査の結果について，民事訴訟法の研究者の観点から若干のコメントを加え，労働審判制度や民事訴訟制度の将来に対して得られる示唆について論じるものである。筆者はかねてより民事訴訟の利用者の調査[1]等にも関心を持ち，若干の関与をしてきたものであるが，今回労働審判の分野でも同様の調査が行われたことは，民事訴訟法の観点からも大変興味深く，労多い作業に従事されて成果を上げられた関係者の方々に心より敬意を表したい。
　以下では，労働審判制度の意義・特徴や民事訴訟手続に与える示唆を検証した（Ⅰ）後，民事訴訟利用者調査の結果との対比を中心に今回の労働審判制度利用者調査の結果についてコメントし（Ⅱ），最後に，そのような結果が与える労働審判および民事訴訟の今後への示唆について述べる（Ⅲ）。

Ⅰ　民事訴訟法の視点からみた労働審判制度の意義と特徴

1　民事紛争処理の1つの範型としての労働審判

　さて，労働審判は民事紛争処理の1つの手続類型である。民事紛争処理の手続として大きくは，民事訴訟手続と非訟事件手続とがあるが，労働審判はこの

---

[1] これについては，民事訴訟制度研究会編・2006年民事訴訟利用者調査（2007），菅原郁夫ほか編・利用者が求める民事訴訟の実践（2010）参照。

2つの手続を連結・融合させた手続としてユニークな面をもつ。すなわち，労働審判においては，第1次的には調停が行われ，調停による解決が成功しなかった場合に審判がされるが，審判に対して当事者から異議が出されたときは訴訟に移行することになる。このうち，調停・審判の部分は非訟手続であり，移行後の訴訟手続と連続した形で手続が仕組まれている。

このように，調停（ADR）と訴訟ないし非訟（決定手続）と訴訟を連続させる制度はこれまでにもなかったわけではない。例えば，決定手続を前置してそれに異議がある場合に訴訟に移行する制度としては，倒産法上の様々な制度（否認請求制度，役員等責任査定制度，破産債権等査定制度など）が存在する。しかし，これらの制度は，判決手続による審理の遅延を回避して迅速な判断を可能にするスキームであり[2]，労働審判のように，それとともに柔軟な解決を可能にすることを目的とするものではない。労働審判に最も近いのは民事調停であり，調停に代わる決定（民調17条。いわゆる17条決定）を利用することにより，第1段階で調停を行い，それが失敗した場合には17条決定をして異議がある場合に訴訟に移行するという場合には，労働審判に近似することになる。ただ，民事調停の場合にはこれらが1つの独立した手続として仕組まれているわけではない点，とりわけ17条決定をするかどうかは裁判所の裁量的判断に委ねられている点において，労働審判とは決定的な相違があると考えられる。

以上のような意味で，労働審判制度は民事紛争解決手続の中で独自性を有した手続と考えられるが，立法の当初からその普遍化が議論されてきた。例えば，この制度の立案に関与された定塚判事は，口頭主義・直接主義という労働審判の審理の方式が民事訴訟の実務に取り入れられることを期待し，「近い将来，民事訴訟を労働審判方式でやってみようという動きが，心ある裁判官と弁護士らから発生し，うねりのように広がっていくであろうという胎動を感じる。そして，試行錯誤を重ね，様々な工夫が行われ，労働審判の良さが民事訴訟に取り入れられていくであろう」と予測されていた[3]。また，制度構成上，実際に労働審判を範型に新たな手続が創設された例として，損害賠償命令の制度があ

---

[2] 更に広くとらえて，当初に簡易な手続を用意してそれに異議がある場合に本格的な手続に移行するという制度としては，少額訴訟（民訴368条以下）や手形小切手訴訟（民訴350条以下）などもそれに該当しよう。

[3] 定塚誠「労働審判制度にみる『民事紛争解決制度』の将来」判タ1253号54頁（2008）参照。

る。これは，刑事裁判を前提とした迅速な被害者救済の手続（日本版附帯私訴）として構想されたもので，調停は前提とされておらず審判委員の関与もないなど労働審判との差異も大きいが，原則として4回以内の審理期日で裁判をしなければならず（犯罪被害保護24条3項），当事者の異議申立てにより訴訟に移行する（犯罪被害保護28条1項）など労働審判に類似した手続構成となっている[4]。

2 労働審判の特徴

(1) 迅 速 性──3期日審理の原則

労働審判の特徴として，第1に，その迅速性がある。すなわち，労働審判委員会は，速やかに当事者の陳述を聴いて争点・証拠の整理をしなければならないとされ（労審15条1項），何よりも，労働審判手続においては，特別の事情がある場合を除き，3回以内の期日において審理を終結しなければならないものとされる（同条2項）。いわゆる3期日審理の原則を定めたもので，このように原則的なものとしても，審理回数を制限する規律は極めて異例なものであり[5]，迅速な手続の観点からは強力な措置といえよう。実際にも，2010年の統計で，労働審判の平均審理期間は71.6日であり，3か月以内に終了している事件が全体の76.2%，また審理回数も3回以内に終了している事件が98.0%を占め，極めて迅速な解決が実現している[6]。

(2) ADRとの連続性──調停との融合

第2の特徴として，労働審判は，調停を前提としながらそれが不調に終わった場合に審判を行うという形で，調停＝ADRと，審判＝裁判とを融合した手続構成になっている点がある。すなわち，法律上も「事件を審理し，調停の成立による解決の見込みがある場合にはこれを試み，その解決に至らない場合に

---

[4] 民事訴訟法の観点からみた損害賠償命令手続の意義については，山本和彦「犯罪被害者の保護」伊藤眞＝山本和彦編・民事訴訟法の争点（2009）37頁参照。

[5] 他の類似の例としては，公職選挙法上の選挙関係訴訟に関する100日審理の努力義務（公選213条1項）などがあるにとどまる（人身保護法6条なども「速かに裁判しなければならない」とするだけで，数字的な限定は課していない）。ただ，簡易訴訟の類型については，手形小切手訴訟（民訴規214条）や少額訴訟（民訴370条）において一期日審理の原則が定められている。

[6] 最高裁判所事務総局編・裁判の迅速化に係る検証に関する報告書（概況編）平成23年7月（2011）104頁参照。

は，労働審判（中略）を行う手続」が労働審判手続と定義されている（労審1条）。もちろん通常の訴訟においても裁判所はいつでも和解を勧試することができるし（民訴89条），前述のように，調停に代わる決定を活用することで調停と訴訟とを連続させることはできるが，このように，制度上，調停と審判（裁判）が連携・融合されている点に，この手続の大きな特徴があるといえよう。実際にも，労働審判の手続では，調停の成立によって手続が終了する場合が多く，2010年の統計では70.8%が調停成立によっており[7]，このような調停との融合は大きな成果を上げている。

(3) 非訟手続との連続性——審判と異議による訴訟移行

第3の特徴として，労働審判事件自体は非訟事件とされているが[8]，異議申立てによって訴訟手続に移行することとされ，非訟事件手続と訴訟手続とが連続する形になっている。すなわち，労働審判自体は「当事者間の権利関係を踏まえつつ事案の実情に即した解決をするために必要な審判」（労審1条）として裁判所の裁量が広く認められる一方，労働審判に対して適法な異議申立てがあったときは，労働審判手続の申立ての時に訴え提起があったものとみなされる（労審22条1項）。これによって，法の適用に限られない柔軟な解決を可能にする一方で，当事者間に争いがあるときは，訴訟手続によって手続保障を図った法に基づく解決がされるという仕組みになっている。実際にも，2010年の統計で，労働審判に至った事件（全体の17.9%）のうち異議申立てがなく確定した割合が40.6%あることから，調停成立と併せて，全体の78.1%が訴訟に至らずに解決しており，大きな成果を上げている[9]。

3 労働審判をモデルとした民事訴訟改善の運用論・立法論

以上のような労働審判の成功を受けて，実際にも労働審判をモデルとした民事訴訟の改善の議論がされている。運用論の試みとして，例えば，浅見判事の

---

7) 最高裁判所事務総局編・前掲注6) 103頁参照。
8) 労働審判法29条1項は，労働審判事件に関して，特別の定めがある場合を除き，非訟事件手続法の規定を準用している。
9) 最高裁判所事務総局編・前掲注6) 103頁参照。

L方式がある[10]。これは，労働審判の利点である書面の一括提出主義および口頭主義を参考に，民事訴訟と民事調停の手続を並行して，訴訟における弁論準備手続と調停における審尋手続を行い，調停案を提示し，調停が成立しない場合には17条決定を行って，異議申立てがあれば訴訟手続を進行させるという運用である[11]。これにより，現行法の下でも労働審判と同様の運用が可能であることが示されている[12]。さらに，同様の試みとして，福岡地方裁判所の迅速トラックの運用もある[13]。これも，「一般民事訴訟事件について，訴訟の早期段階で調停手続に付し，訴訟事件の担当裁判官がそのまま調停手続を担当しながら，原則3回以内の期日で，集中的に争点整理，審尋等を行い，調停成立または民事調停法17条が定める決定による迅速な解決を目指すもの」とされる。やはり労働審判と類似した効果を得ようとする試みといえる。

　さらに，以上のような運用を踏まえて，立法論も展開されている。例えば，日本弁護士連合会は，近時，民事審判の制度を提案している。第24回司法シンポジウム（2010年9月11日）において提示された「民事審判制度要綱」によれば，原則として3回以内の審理で終結し，当事者に異議があれば訴訟に移行する制度として構想されている。適用対象事件としては，交通事故，貸金，売買代金，賃貸借，請負代金，近隣紛争が挙げられており，争点・証拠・審理の内容の定型化が可能な類型に限るものとされる。また，筆者自身も，そのような立法の可能性をかつて提言した。すなわち，一方では，訴訟手続のトラック方式（迅速訴訟手続）を用意するとともに，紛争ごとのニーズに応じて，第1次的に迅速簡易な手続を用意し，そこで異議がある場合に初めて本格的な手続保障を付与するという選択肢も検討に値すると考えている[14]。「レディーメイ

---

10)　浅見宣義「労働審判方式を取り入れた民事紛争解決方式（L方式）について」判時2095号3頁以下（2011）参照。
11)　浅見判事の言われるA類型（純粋型）による運営であるが，ほかにその一部を適用するB類型（変容型）も用意されている。
12)　浅見判事によれば，単独事件の3分の2程度でL方式の活用が可能であるという（浅見・前掲注10）13頁参照）。
13)　菊池浩也＝藤田正人「福岡地方裁判所における民事訴訟の運用改善に向けた取組」判タ1353号59頁以下（2011）参照。
14)　このような点については，山本和彦「民事訴訟法10年」判タ1261号100頁（2008），同「当事者主義的訴訟運営の在り方とその基盤整備について」民訴55号84頁（2009）など参照。

ドの手続メニューについても多様化を図ることで，個別のニーズに即した手続の多様化を現実的に図っていく方向性」である[15]。いずれにしてもカギとなるのは「当事者のニーズ」であり，その点で，本調査の結果は筆者にとっても興味深い点が多い。

II 労働審判制度利用者調査の結果に対するコメント
―― 民事訴訟利用者調査の結果との対比を中心に

1 コメントの視点

　以上のような筆者の関心から，今回の労働審判制度利用者調査の結果に対して若干のコメントをして，示唆を得たい。以下では，民事訴訟利用者調査の結果との対比を中心に，労働審判に対する利用者の評価が民事訴訟の場合とどのように異なるのか，そしてそこから労働審判の今後の運用や民事訴訟のあり方にどのような示唆が得られるのかを検討したい。その意味で，本書第7章（菅原郁夫執筆）と重なる部分もあると思われるが，筆者の観点は上記のような関心に基づく限定的なものであり，訴訟利用者調査との網羅的比較を目的とするものではない。また，以上のような実践的関心を前提とすれば，より重要と思われるのは第2次分析の結果であり，それに対する期待が大きい。すなわち，調査結果の原因がどこにあるのかがやはり重要であり，その点がまさに制度の改善への示唆に繋がっていくものと期待される。その意味で，以下の筆者の分析は，あくまでそのような第2次分析が出されるまでの暫定的な性格のものにとどまることをお許しいただきたい。

　そのような分析の前提として，労働審判の場合の利用者評価は民事訴訟の場合とかなり異なる点を含むように思われ，まずそのような留意すべき相違点を最初に確認しておきたい。第1に，紛争類型の特殊性である。労働者側と使用者側という構造的に利害が対立する当事者の間の紛争であり，このような労使紛争の対立性というものは，後述のように，様々なところでこの手続に影を落

---

15) 山本・前掲注14) 判タ1261号100頁参照。

としているようにみえる[16]。第2に，当事者構造の特殊性である。すなわち，労働審判では，ほぼ定型的に，申立人自然人・相手方法人という基本構造となっている。訴訟の場合には一般に，原告法人の満足度が一番高く，被告自然人の満足度が一番低いとされているが[17]，その両極の主体が事実上排除されていることになる。調査結果の評価に際しては，このような当事者構造の相違にも留意が必要であろう。

2 全体的印象──満足度の高さ

全体的に注目されるのは，やはり手続に対する満足度の全体的な高さである。例えば，審判官の全般的評価（図21-1・21-2〔報告書59頁〕）について，労働者側で満足62.5%・不満28.4%，使用者側で満足50.3%・不満31.3%となっているが，これは訴訟の場合における裁判官の全般的評価についての満足41.3%・不満30.2%[18]よりも，相当に肯定的な評価となっている[19]。さらに，その満足の具体的な内容として，「知人に労働審判手続を勧める」とする労働者（申立人）側の割合が74.7%に上っており（図35-1 ⑨〔報告書85頁〕），民事訴訟の場合の45.5%[20]を大幅に上回っている。このような他者推奨は，制度に対する満足ないし信頼を最も反映するものとされるところ，その比率の際立った高さは注目されてよい。

このような手続に対する満足度の高さの原因がどこにあるかは，現段階では推測にすぎず，その点は，前述のとおり，第2次分析の課題である。ただ，現段階の結果から若干の推測を試みてみたい。まず，結果の満足度（図36-1・36-2〔報告書86頁〕）について，労働者側の満足度59.5%，使用者側の満足度35.5

---

16) 一例を挙げれば，相手方の主張・立証を十分理解できたとする割合は，労働者で11.7%，使用者で16.9%にとどまり（図18-1 ③・18-2 ③〔報告書55頁〕），訴訟の場合の25.7%（民事訴訟制度研究会編・前掲注1）52頁図18）に比して低いし，相手方弁護士の印象も労使ともに訴訟の場合よりもかなり低くなっている（図29-1・29-2〔報告書73頁〕，民事訴訟制度研究会編・前掲注1）63頁図23）ことは，当事者間の対立性をよく示しているように思われる。
17) このような傾向については，例えば，民事訴訟制度研究会編・前掲注1）80頁参照。
18) 民事訴訟制度研究会編・前掲注1）55頁参照。
19) 特に不満率にそれほど大きな違いがないものの，満足率が大幅に高くなっていることは注目される。
20) 民事訴訟制度研究会編・前掲注1）78頁図34参照。

％と大きな差異があるが（この点については6参照），訴訟の場合の49.1％とそれほど際立った違いはない。また，労働審判の最も大きな特徴である迅速性に関し，時間の評価（図17-1〔報告書52頁〕）について，労働者側において「短い」が43.4％，「長い」が33.7％，使用者側において「短い」が51.9％，「長い」が17.5％であり，特に時間の満足度（図17-2〔報告書53頁〕）について，労働者側の満足度が34.0％にとどまっている（不満が25.2％）のは，信じられない低さというほかない。前述のように，平均70日程度で終了しているという，民事手続の従来の常識からすれば驚異的な迅速さにかかわらず，満足度がそれほど高くないことは大変注目され[21]，その原因の分析が待たれるが，少なくともこの点が労働審判の利用者の満足度の規定要因となっていないこと[22]は重要であろう。

　それでは，労働審判の利用者は手続のどのあたりを評価しているのであろうか。この点において示唆的であるのは，手続の分かりやすさに対する評価の高さである。「進み方は分かりやすかった」とする割合は，労働者側で58.4％（図18-1④〔報告書55頁〕），使用者側で54.6％（図18-2④〔報告書55頁〕）であり，「言葉は分かりやすかった」とする割合は，労働者側で70.9％（図18-1⑤），使用者側で75.4％（図18-2⑤）である。訴訟の場合には，前者が43.1％，後者が56.6％であること[23]を考えると，10ポイント以上上回っている。その意味で，この「分かりやすさ」は利用者満足度を規定する重要な要素となっている可能性があると思われる。

3　利用しやすさ

　次に，本調査は，労働審判が当事者から利用しやすい手続として評価されている可能性があることを示している。例えば，問題発生から労働審判の申立てまでの期間について，労働者側が平均8.1か月，中央値4か月で，使用者側が

21）　もちろん訴訟の場合には「長い」とする回答が41.5％を占めており，それに比べれば評価は高いが，平均審理期間の差ほどの違いは生じていないと評価できよう。
22）　ただし，後述のように，手続の利用しやすさの要因となっている可能性はあろう。
23）　民事訴訟制度研究会編・前掲注1) 52頁図18参照。同図の④および⑤の数字は「わからない」を含んで集計しているが，ここでは，労働審判の場合の集計に合わせて，「わからない」を排除して計算した比率としている。

平均 6.7 か月，中央値 4 か月とされる（問 3）。訴訟の場合には，平均で 2.4 年を要しているし，職場関係の紛争に限定しても平均 2.2 年（異常値を切り捨てても 1.4 年）を要していること[24)]に鑑みれば，迅速な裁判所へのアクセスを表わしている。このような迅速なアクセスを可能にしているのは，労働審判の利用しやすさではないかと想像される。

それでは，そのような利用しやすさを規定している要因としてどのようなことが考えられるであろうか。まずはインテイクの成功，すなわち紛争が発生した場合に，それを労働審判に繋いでいくシステムの実効性が考えられる。この点で興味深いのは，労働者側の申立て前の相談先として，家族等の知人（59.7％）や弁護士の法律相談（62.0％）に次いで，法テラス（32.8％）が挙げられていることである（図 7-1〔報告書 35 頁〕）。約 3 分の 1 の労働者が法テラスの相談を経て労働審判を申し立てている事実は注目に値するものであり，司法制度改革の 1 つの大きな成果を示しているといえよう[25)]。

さらに，利用しやすさとの関係で注目されるデータは，費用および時間の予測可能性である。費用の予測可能性について，はっきりあるいはある程度予測がついていたとする割合は，労働者（申立人）側で 72.3％ である（図 13〔報告書 47 頁〕）のに対し，訴訟の原告側では 58.8％（自然人に限ると 51.3％）にとどまる[26)]。また，時間の予測可能性についても，予測がついたとする労働者側は 68.2％ である（図 16〔報告書 51 頁〕）のに対し，訴訟の原告側では 43.8％（自然人に限ると 35.8％）にとどまる[27)]。このような費用や時間の予測可能性は，とりわけ自然人である申立人にとって，手続の利用に踏み切る大きな要素となっていることは容易に想像できよう。第 2 次分析では，このような予測可能性がどのような要素でもたらされているのかについて詳細な分析を期待したい。

---

24) 民事訴訟制度研究会編・前掲注 1) 23 頁以下参照。
25) 法テラスの相談において労働問題が占める割合は，例えば，2010 年度のコールセンターの相談件数の統計で，2 万 5656 件（全体の 6.9％）となっている（法テラスの 2010 年度業務実績報告書資料 38 参照）。
26) 民事訴訟制度研究会編・前掲注 1) 40 頁参照。
27) 民事訴訟制度研究会編・前掲注 1) 42 頁参照。

4　弁護士の機能

次に注目されるのは，労働審判における弁護士の機能である。労働審判においては一般に弁護士代理の率が高いとされている。2010年の統計によれば，申立人に代理人がある率は83.4%に達している[28]。これは，本調査にも適切に反映されており，本調査における申立人の代理率も81.2%となっている（図10-1〔報告書38頁〕）。このような弁護士代理率の高さは，様々な面で間接的に手続への評価に反映している可能性があろう[29]。

以上のような弁護士の代理率の高さに加えて，注目されるのは，弁護士への相談時期の早さである。特に民事訴訟において1つの問題点と考えられているのは，訴訟において不意を突かれる被告側の弁護士への申立時期が遅れることによって，被告に不利になるとともに，手続の進行が円滑にいかないという点である。民事訴訟では，法人被告の弁護士への相談時期が裁判開始後になっている割合が53.5%を占めている[30]。これに対し，労働審判においては，使用者（被申立人）側についても，「労働審判手続申立月より後」の相談は僅かに9.4%にとどまっており（図10-4〔報告書41頁〕），使用者側も比較的早い段階で弁護士に相談している状況が窺われる。このような十分な準備が手続開始後の迅速な審理を支えているのではないかと思われ，そのような状況がどのような要因に基づくか，注目されるところである。

5　判断機能への期待

前述のように，労働審判の大きな特性として，調停（ADR）と審判（裁判）を結合させた手続であり，また非訟事件として柔軟な解決機能を果たすことができるという面がある。そして，実際の解決としても，多くが調停の成立によって解決されており，純粋の法的解決である訴訟手続に移行する割合は低いという結果になっている。

---

28) 最高裁判所事務総局編・前掲注6) 105頁参照。これに対し，民事訴訟の原告に訴訟代理人がいる率は，73.1%にとどまる（同30頁参照）。
29) 例えば，前述（*3*参照）の時間や費用の予測可能性の高さも，弁護士代理を1つの原因としている可能性があろう。
30) 民事訴訟制度研究会編・前掲注1) 34頁以下参照。

それでは，実際の制度利用者はこの手続にどのような期待を持っているのであろうか。「労働審判手続を利用した理由」（図12-1〔報告書45頁〕）として，（通常は申立人である）労働者側は，強制力のある解決（90.9％）や白黒をはっきりさせる（95.4％）などが高く，これは訴訟の利用者との比率でも著しく高い（訴訟では，前者が59.5％，後者が67.1％[31]）。他方で，話し合いの機会を理由とする割合は，53.4％にとどまっており，相対的に低い（訴訟の場合は38.7％であり，その乖離率は前述のような要素に比べて小さい）。これは，労働審判手続において，労働者はむしろ判断的要素を重視して制度を利用している可能性が大きいことを示唆しており，興味深い結果である。

また，「労働審判手続の特徴についての意見」（図37-3〔報告書89頁〕）として，労働者側では「法的な権利関係をふまえた制度」が多い（21.1％で第1位。使用者側では10.4％で第5位にとどまる）のに対し，使用者側では「裁判よりも柔軟な解決が可能」が多い（15.9％で第2位。労働者側では8.9％で第5位にとどまる）。これによれば，労働審判手続において，労働者側は法的な解決を重視し，使用者側は柔軟な解決を重視しているという傾向が認められる[32]。このような傾向は，調停・審判として一次的には柔軟な解決を目指しながら，不服申立てにより訴訟に移行して法的な解決を最終的に担保するというこの手続の構成が，結果として労使双方のニーズにそれぞれ合致した絶妙のバランスの手続となっており，その点が手続の成功の一因となっていることを示唆しているようにも思われる。

6　労働者側と使用者側の評価のアンバランス

前述のように（*1*参照），労働審判が対象とする紛争分野は当事者間の利害対立が定型的かつ尖鋭な分野であるといえる。このことは，様々な項目における労使双方の評価のアンバランスによく表われている。一般的にいって，労働者側の手続に対する評価や満足度が高いのに対し，使用者側は相対的に低いという傾向にある。

---

31)　民事訴訟制度研究会編・前掲注1）31頁参照。
32)　これに対し，時間（「3回以内の期日で終了」）や費用（「手数料が裁判の半額」）の要素は，労使いずれの側でも第1次的なものとしては重視されていない（もっとも，時間の要素は，労使ともに第3位に挙がっているものであり，それなりに重視されていることも否定できない）。

例えば，費用（総額）の評価（図14-3〔報告書49頁〕）について，高いとする割合は労働者側 40.3％ に対し使用者側は 50.0％ に達し，低いとする割合は労働者側の 22.4％ に対し使用者側は僅か 12.8％ にとどまっている。また，手続の進み方の公平・公正さの評価について，肯定的回答は労働者側の 63.1％ に対し，使用者側は 53.6％ にとどまり，最も大きな乖離率を示している（図18-1⑥・18-2⑥〔報告書55頁〕）。審判官の印象として，「中立的な立場で審理」（肯定は労働者 73.0％，使用者 61.2％）や「言い分を十分に聞いてくれた」（肯定は労働者 64.5％，使用者 56.5％）という項目の評価にも差が大きい（図20-1・20-2〔報告書58頁〕）。審判員の満足度についても同様の傾向である。審判員の満足度は，労働者側は 60.6％（審判員A）ないし 52.9％（同B）であるのに対し，使用者側は 40.8％（審判員A）ないし 37.3％（同B）にとどまる（図23-1～4〔報告書65頁〕）。さらに，調停に応じない理由として，使用者側の半数以上が「自分の側が正しいことをはっきりさせたい」（54.2％。労働者側は 23.9％）とか「事実関係をはっきりさせたい」（50.0％。労働者側は 17.4％）という点を挙げており，事実解明への強い期待，換言すれば実際の手続における事実解明への不満が示唆されている（図30-4〔報告書76頁〕）。

以上のような評価のアンバランスは，通常は申立人となる労働者側にとっては手続を利用するインセンティブとして機能し，制度の活用に寄与している可能性がある。ただ，他方では，制度の長期的展望を考えるに際しては，使用者側の不満には十分注意をしていく必要があるように思われる[33]。

---

[33] ただ，このような評価の差異には，結果の有利不利が影響している可能性を否定できない。すなわち，労働者側は有利 61.2％，不利 24.3％ で有利が 2.5 倍であるのに対し，使用者側は有利 26.6％，不利 52.7％ で不利が 2 倍ということになっており（図34-1・34-2〔報告書83頁〕），不利な結果になった使用者側が不満を抱くことはある意味では当然である。この点は，更なる分析（特に不利な結果になった労働者や有利な結果になった使用者の評価の分析）を必要としよう。

III　労働審判および民事訴訟の今後への示唆

1　労働審判制度への示唆

　今回の調査は，労働審判制度のあり方について，いくつかの示唆を与えるものであろう。筆者は，労働法関係の専門家ではないので，労働法的（実体的）な視点からみた労働審判制度の今後について論じることはできないが，民事手続法の専門家として，純粋に手続的な視点からみた問題について簡単に指摘しておきたい。

　まず，労働審判手続全体に対して一般的に非常に高い評価が与えられている。この点は，民事訴訟の利用者調査との単純な比較からも明らかであろう。その意味で，労働審判の成功が確認された点は今回の調査の大きな意義といえる。ただ，全く問題がないわけでもない。1つの課題として指摘できると思われるのは，労使の評価のアンバランス，とりわけ使用者側の評価が様々な点で労働者側に比して低い点がある（Ⅱ6参照）。このような使用者側の制度に対する不満に何らかの対応を図っていくことは，この制度を長期的に安定させる1つのカギとなりうるのではないかと思われる。定型的に対立している制度利用者の一方に不満が偏在することは，制度の不安定要因になりうるからである。例えば，使用者側の不満の要因として，審判員の信頼性や手続の公正性・中立性があるとすれば，そのような信頼性や公正・中立性の確保について，現在も相当の配慮がされていることとは思われるが，なお一層の努力が求められよう。ただ，労働審判の活性化がそれを利用する労働者側の満足によっていることも明らかであり，「水とともに赤子を流さない」ためには，労働者側の満足要因と抵触しない範囲で，使用者側の不満要因を解消する（少なくとも現在以上に拡大させない）試みが必要になるように思われる。そして，そのような試みのためには，今後，労働者側の満足要因と使用者側の不満要因について詳細な探求を行っていく作業が必要となろう。

　また，今回の調査で注目される点として，制度利用者（労働者側）の利用動機として，白黒をつけたいとか，法的な解決を図りたいという要請が意外に強いことがある（Ⅱ5参照）。利用者は，必ずしも話し合いではなく，裁判所の裁

判ないし法的解決を求めているということである。これは、審判を正面に出して調停（の延長）とは別個の制度にして、不服があれば訴訟手続に連続するような形で制度構成をしたことが利用者のニーズに合致し、成功へ導いた可能性を示している。仮にそうであるとすれば、今後の運用としても、過度に調停に傾斜したあり方は必ずしも利用者の期待に合致しない可能性もあり、注意を要しよう。

2 民事訴訟制度一般への示唆

前述のように、労働審判は民事訴訟に比べて利用者の満足度が一般的に高いとすれば、その原因を探ることは、民事訴訟制度のあり方にも示唆を与える可能性があろう。そのような観点からは、労働審判の満足度の理由を詳細に探求することは、民事訴訟法の観点からも切望されるところである。ただ、現段階で、（そのような詳細な探求への留保が必要であるものの）満足度の要素として、手続の分かりやすさ、利用しやすさがカギとなっている可能性がある（Ⅱ2・3参照）。仮にそうであるとすれば、それがなぜ労働審判では実現できており、民事訴訟では実現できていないのか、という点を考えていく必要がある。もちろんADRと連続した非訟手続である労働審判の手続をそのまま民事訴訟の中で実現していくことはできないが、訴訟に取り入れる工夫は十分に考えられよう。さらに、利用しやすさの要因として、費用・時間の予測可能性も考えられるとすれば、この点の工夫も重要であろう。

また、現在、労働審判に倣って民事訴訟のあり方に対する様々な工夫（Ⅰ3参照）を行っていく中で、付調停および調停に代わる決定を活用して、労働審判に類似した手続を構築しようとする動きがある。このような工夫は極めて興味深いものであるが、当事者のニーズが法的解決を求める点にあること[34]を前提にすれば、調停制度の延長という運用では、それを吸収できない可能性がある。したがって、労働審判に表われているような当事者のニーズをもし他の分野でも積極的に吸収していこうとするのであれば、（事実上はADR的解決が中心になるとしても）制度としては「裁判」を中心とした構成が求められる場面が

---

34) 民事訴訟制度研究会編・前掲注1) 31頁図8によれば、訴訟制度利用者においても、「事実関係を明らかにする（76.0％）」、「白黒をはっきりさせる（67.1％）」に対し、「相手方との話し合い（38.7％）」は低率にとどまる。

あるのではなかろうか。

　以上のような観点から，労働審判に類似した制度を他の民事紛争分野にも拡張していく余地は十分ありうると言えるが，問題はどのような分野に拡張するのがよいか，という点である。その点の検討のためには労働審判の成功要因の更なる探求が必要となる。その意味では，やはり第1次分析だけで論じうる範囲には制約が大きいが，以下では，若干の仮説に基づく検討を試みる。第1に，紛争の少額性への注目である。本調査では，「解決金などの金銭の支払い」という項目（問32付問〔報告書79頁〕）について，労使双方とも，中央値は100万円と回答している。この点が労働審判の成功要因として大きく作用している可能性はあり，もしそのような仮説が相当であるとすれば，他の民事紛争についても，同様の制度を少額紛争に限定して導入する可能性はあろう。すなわち，少額訴訟の延長線上で「少額審判」の制度を構想するものである。第2に，労使の格差への注目である。労働審判の満足要因はより大きく労働者（申立人）側に作用しており，つまり申立人と相手方の格差を前提にしながらそれを是正する制度・運用が申立人を満足させ，制度の活用を促している可能性がある。その結果，相手方（使用者側）に不満は残るが，制度全体としては吸収が可能となっているという見方である。もしそのような仮説に妥当性があるとすれば，同様の制度を原告・被告間に定型的な格差があるような紛争（消費者紛争等）に限定して導入する可能性もあるように思われる。いずれにしても第2次分析の結果が待ち遠しいところである。

巻末資料
調査項目表(略語表)

＊「労働審判制度利用者調査」の調査票で実際に用いられた質問文・回答を,「調査項目表(略語表)」として掲げ,実際に用いられた質問項目の文言がどのような内容であったかを示す。

＊本文中に掲載されている図表では,原則として,この調査項目表に記載の略語を用いている。

調査項目表（略語表）

*表中の「A票」は労働者票,「B票」は使用者票
*〔　〕内はB票の表現（ただし，適宜編集・省略した箇所がある）

名称（略語）	問番号	質問文・回答
事件類型	問1	今回の労働審判手続は、どのような問題に関するものでしたか。[複数回答]
整理解雇		1　会社都合の解雇（整理解雇）
懲戒解雇		2　懲戒処分の解雇（懲戒解雇）
その他解雇		3　それ以外（1,2以外）の解雇
退職強要・勧奨		4　退職強要〔退職勧奨〕
雇止め		5　雇止め（有期労働契約の更新拒否）
採用内定取消		6　採用内定取消
本採用拒否		7　試用期間中または試用期間満了時の本採用拒否
賃金		8　賃金（基本給、諸手当）不払い〔賃金（基本給、諸手当）〕
残業代		9　残業代不払い〔残業代〕
退職金		10　退職金不払い〔退職金〕
解雇予告手当		11　解雇予告手当不払い〔解雇予告手当〕
条件変更		12　賃金など労働条件の引き下げ〔賃金など労働条件の変更〕
配転・出向		13　配転・出向
セクハラ		14　セクシュアル・ハラスメント（セクハラ）
パワハラ		15　パワー・ハラスメント（パワハラ）
その他いやがらせ		16　それ以外（14,15以外）のいじめ・いやがらせ
その他		17　その他
問題発生時期	問1付問1	その問題が起こったのは、いつ頃でしたか。
当事者の立場	問2	今回の労働審判手続でのあなたのお立場は申し立てた側と申し立てられた側のどちらでしたか。
申立時期	問3	今回の労働審判手続を裁判所に申し立てた（申し立てられた）のは、いつ頃でしたか。
申立内容	問4	今回の労働審判手続で、あなたが申立時に請求した〔された〕金額はおおよそいくらでしたか。「1」「2」を選んだ場合は該当する欄に金額（万円）を記入してください。金額について回答に迷う場合は、申立書の「労働審判を求める事項の価額」をお答えください。[複数回答]
月額請求		1　月給（未払い分）など月当たりの請求
その他定額請求		2　その他の定額の請求（残業代、退職金、損害賠償など）
金銭請求なし		3　金銭の支払いは求めていない（求められていない）
わからない		4　わからない
申立当時の在職関係	A票問5	今回の労働審判手続の申し立ての当時、あなたは相手側の会社や団体に在職していましたか。
雇用関係に争い		1　雇用関係の有無について争っていた

調査項目表（略語表）

名称（略語）	問番号	質問文・回答
在職		2　（雇用関係の有無に争いはなく）在職していた
退職		3　（雇用関係の有無に争いはなく）退職していた
雇用関係不存在		4　そもそも雇用関係がなかった（派遣など）
相手側労働者の属性	B票問5	今回の労働審判手続の相手側（労働者側）の当事者についておたずねします。相手側の当事者が複数いる場合は、もっとも主要な相手側についてお答えください。
相手側労働者の雇用形態	B票問5A	今回の労働審判手続の原因となった問題が起こった当時、相手側（労働者）の働き方は何でしたか。
正規社員		1　正規の職員・従業員
パート		2　パート
アルバイト		3　アルバイト
契約社員		4　契約社員
嘱託		5　嘱託
派遣社員		6　派遣社員
その他		7　その他
相手側労働者の役職	B票問5B	その当時の相手側（労働者）の役職は何でしたか。
部長クラス		1　部長・次長クラスの管理職
課長クラス		2　課長クラスの管理職
係長クラス		3　係長クラスの管理職
現場監督職		4　職長、班長、組長などの現場監督職
無役職		5　役職にはついていない
その他		6　その他
相手側労働者の在職関係	B票問5C	今回の労働審判手続の申し立てがあった当時、相手側（労働者）はあなたの会社や団体に在職していましたか。
雇用関係に争い		1　雇用関係の有無について争っていた
在職		2　（雇用関係の有無に争いはなく）在職していた
退職		3　（雇用関係の有無に争いはなく）退職していた
雇用関係不存在		4　そもそも雇用関係がなかった（派遣など）
職場の相談環境	A票問6	今回の労働審判手続の相手側の会社や団体に在職中、あなたは、次の人たちに相談しやすい環境にありましたか。
上司・管理職	A票問6①	上司・管理職
社内労働組合	A票問6②	社内の労働組合
社内苦情相談窓口	A票問6③	社内（企業グループ内）の苦情相談窓口
問題発生時の労使コミュニケーション	B票問6	あなたの会社・団体では、今回の労働審判手続の原因となった問題が起こった当時、あなたの会社・団体と従業員との間のコミュニケーションの状態は良好でしたか。
申立前相談行動	A票問7	今回の労働審判手続を申し立てる（申し立てられる）前に、その問題を解決するために、次のような人や機関・専門家に相談したことはありましたか。［複数回答］　※11～16は、調査終了後の再コーディングで追加。
家族等		1　家族・親せき・個人的な知人に相談した
職場の同僚等		2　会社の同僚や知人に相談した
社内労働組合		3　社内の労働組合に相談した
社外労働組合		4　社外の労働組合に相談した
自治体法律相談		5　地方自治体の無料法律相談を利用した
弁護士		6　弁護士事務所または弁護士会の法律相談を利用した

調査項目表（略語表）

名称（略語）	問番号	質問文・回答
社労士		7 社会保険労務士（会）に相談した
法テラス		8 法テラスのコールセンターや法律相談を利用した
その他専門家		9 その他の機関や専門家に相談した
相談なし		10 以上の人や機関・専門家に相談したことはなかった
労基署		11 労働基準監督署に相談した
労働委員会		12 労働委員会に相談した
労働局		13 労働局に相談した
ハローワーク		14 ハローワーク・職安に相談した
労働総合相談センター		15 労働総合相談センター（都道府県・自治体の相談所等を含む）に相談した
その他労働関係行政機関		16 その他の労働関係行政機関に相談した
申立前相談行動	B票問7	今回の労働審判手続を申し立てられる（申し立てる）前に、その問題を解決するために、次のような人や機関・専門家に相談したことはありましたか。[複数回答]　※11～16は、調査終了後の再コーディングで追加。
家族等		1 家族・親せき・個人的な知人に相談した
経営者団体等		2 経営者の団体・知人に相談した
自治体法律相談		3 地方自治体の無料法律相談を利用した
顧問弁護士		4 顧問弁護士に相談した
顧問以外の弁護士		5 顧問弁護士以外の弁護士事務所または弁護士会の法律相談を利用した
社労士		6 社会保険労務士（会）に相談した
法テラス		7 法テラスのコールセンターや法律相談を利用した
その他専門家		8 その他の機関や専門家に相談した
相談なし		9 以上の人や機関・専門家に相談したことはなかった
労基署		11 労働基準監督署に相談した
労働委員会		12 労働委員会に相談した
労働局		13 労働局に相談した
ハローワーク		14 ハローワーク・職安に相談した
労働総合相談センター		15 労働総合相談センター（都道府県・自治体の相談所等を含む）に相談した
その他労働関係行政機関		16 その他の労働関係行政機関に相談した
申立前交渉	問8	今回の労働審判手続を申し立てる（申し立てられる）前に、その問題を解決するために、相手側と交渉しましたか。
直接交渉	問8A	あなた自身が直接、相手側と交渉しましたか
人介交渉	問8B	人や組織を介して、相手側と交渉しましたか
行政的紛争解決の利用・経由	問9	今回の労働審判手続を申し立てる（申し立てられる）前に、その問題を解決するために、労働局や労働委員会の制度や手続を利用〔経由〕したことはありましたか。[複数回答]
労働局相談窓口		1 労働局の行う相談窓口（「総合労働相談コーナー」など）を利用〔経由〕した
労働局助言・指導		2 労働局の助言・指導の制度を利用〔経由〕した
労働局あっせん		3 労働局の紛争調整委員会の制度（あっせん）を利用〔経由〕した
労働委員会		4 労働委員会の紛争解決手続を利用〔経由〕した
利用・経由なし		5 以上の制度や手続を利用〔経由〕したことはなかった
弁護士依頼	問10	今回の労働審判手続で、弁護士を依頼しましたか。
弁護士依頼時期	問10付問	その弁護士に初めて相談したのはいつですか。

調査項目表（略語表）

名称（略語）	問番号	質問文・回答
手続認知経路	A票問11	あなたはなにを通じて労働審判手続を知りましたか。[複数回答]　※13は，調査終了後の再コーディングで追加。
家族等		1　家族・親せき・個人的な知人
職場の同僚等		2　会社の同僚や知人
社内労働組合		3　社内の労働組合
社外労働組合		4　社外の労働組合
自治体法律相談		5　地方自治体の無料法律相談
弁護士		6　弁護士（会）
社労士		7　社会保険労務士（会）
法テラス		8　法テラス
労働局等		9　労働局，労働基準監督署，労働委員会
裁判所		10　裁判所
マスコミ		11　新聞・雑誌やテレビ
その他		12　その他
インターネット		13　インターネット
手続認知経路	B票問11	あなたの会社・団体はどこで労働審判手続を知りましたか。[複数回答]　※13は，調査終了後の再コーディングで追加。
家族等		1　家族・親せき・個人的な知人
経営者団体等		2　経営者の団体・知人
自治体法律相談		3　地方自治体の無料法律相談
顧問弁護士		4　顧問弁護士
顧問以外の弁護士		5　顧問弁護士以外の弁護士または弁護士会
社労士		6　社会保険労務士（会）
法テラス		7　法テラス
労働局等		8　労働局，労働基準監督署，労働委員会
裁判所		9　裁判所
マスコミ		10　新聞・雑誌やテレビ
その他		11　その他
申立まで不知		12　相手側から申し立てがあるまで労働審判手続のことは知らなかった
インターネット		13　インターネット
申立理由	問12	労働審判手続を申し立てた理由〔または申し立てられたとき，あなたが労働審判手続きに何を期待したか〕についておたずねします。次の理由〔期待〕について，どのくらい強くそう思いましたか。
名誉・自尊心	問12①	労働審判によって自分〔自分の会社・団体〕の社会的名誉や自尊心を守りたかった
経済的利益	問12②	労働審判によって金銭や財産など経済的な利益を守りたかった
自由・プライバシー	問12③	労働審判によって自分の個人的自由やプライバシー，健康など〔会社・団体の自由な活動やプライバシー〕を守りたかった
権利実現	問12④	労働審判によって自分〔自分の会社・団体〕の権利を実現し（あるいは守り）たかった
公正解決	問12⑤	労働審判によって公正な解決を得たかった
強制的解決	問12⑥	労働審判によって強制力のある解決を得たかった
事実解明	問12⑦	労働審判によって事実関係をはっきりさせたかった
白黒明確	問12⑧	労働審判によって白黒をはっきりさせたかった
公的議論	問12⑨	労働審判という公的な場で議論したかった

調査項目表（略語表）

名称（略語）	問番号	質問文・回答
審判官・審判員との対話	問12 ⑩	労働審判官（裁判官）や労働関係の専門家である労働審判員に話を聞いてもらいたかった
相手との対話機会	問12 ⑪	労働審判を通じて相手側と話し合いの機会を持ちたかった
社会的利益	問12 ⑫	労働審判を通じて、同じような問題をかかえている労働者〔会社・団体〕の立場や利益も守りたかった
訴訟より適切	問12 ⑬	訴訟（裁判）よりも労働審判のほうが適切な方法だと思った
仕方なかった	問12 ⑭〔B票のみ〕	相手側（労働者側）に申し立てられたので仕方なかった
最重要申立理由	問12 付問	①～⑬〔①～⑭〕のうちもっとも重要だと思ったものはどれですか。
費用予測	問13	今回の労働審判手続が始まった時点で、労働審判手続が終わるまでにどのくらいの費用がかかるか事前に予想はつきましたか。
費用評価	問14	今回の労働審判手続を終えて、かかった費用はあなたにとって高いものでしたか、安いものでしたか。次について、どのくらい強くそう思いましたか。
手数料	問14 ①	労働審判手続を申し立てるにあたって裁判所に納めた手数料
弁護士費用	問14 ②	弁護士に支払った金額
総額	問14 ③	労働審判手続にかかった費用の総額
手間・負担感	問15	今回の労働審判手続で直接かかった費用以外に、書類の準備や必要な連絡・相談などに要した手間や負担は、あなたにとってどの程度のものでしたか。
時間予測	問16	今回の労働審判手続が始まった時点で、労働審判手続が終わるまでにどのくらいの時間がかかるか事前に予想はつきましたか。
時間評価	問17	今回の労働審判手続を終えて、かかった時間をどのように思いますか。
時間満足度	問17 付問	問17でお答えいただいた時間の短さや長さについて、あなたは満足していますか。
過程評価	問18	今回の労働審判手続の過程や経過についておたずねします。次の①～⑧について、どのくらい強くそう思いましたか。
立場主張	問18 ①	労働審判手続の中で、自分の側の立場を十分に主張できた
証拠提出	問18 ②	労働審判手続の中で、自分の側の証拠を十分に提出できた
相手の主張理解	問18 ③	相手側の主張・立証について十分に理解できた
進行の分かりやすさ	問18 ④	労働審判手続の一連の進み方は分かりやすかった
言葉の分かりやすさ	問18 ⑤	労働審判の場で使われていた言葉は分かりやすかった
進行の公正・公平性	問18 ⑥	結果はともあれ、手続の進み方は公正・公平だった
進行の迅速性	問18 ⑦	今回の労働審判手続は、迅速に進められた
審理の充実性	問18 ⑧	今回の労働審判手続では、充実した審理が行なわれた
立会程度	問19	今回の労働審判手続では、あなた自身〔回答者自身または会社・団体のどなたか〕がどの程度立会いましたか。
審判官評価	問20	今回の労働審判手続を担当した審判官（裁判官）の印象についておたずねします。次の①～⑩について、どのくらい強くそう思いましたか。
（審判官）中立性	問20 ①	その審判官は、中立的な立場で審理を行なった

調査項目表（略語表）

名称（略語）	問番号	質問文・回答
（審判官）傾聴	問20②	その審判官は，あなたの言い分を十分に聞いてくれた
（審判官）信頼性	問20③	その審判官は，信頼できる人物だった
（審判官）権威性	問20④	その審判官は，権威的・威圧的だった
（審判官）ていねいさ	問20⑤	その審判官は，あなたに対してていねいに接してくれた
（審判官）法律説明	問20⑥	その審判官は，法律上の問題点をわかりやすく説明してくれた
（審判官）労働関係理解	問20⑦	その審判官は，法律以外のことでも，労働関係のことをよく分かっていた
（審判官）十分な準備	問20⑧	その審判官は，あなたの事件の審理のために十分な準備をしていた
（審判官）進行の適切性	問20⑨	その審判官は，手続を適切に進めていた
（審判官）チームワーク	問20⑩	その審判官は，審判員とよく協力していた
審判官満足度	問21	今回の労働審判手続で，その審判官に満足していますか。
審判員評価	問22	今回の労働審判手続を担当した2人の審判員（仮に審判員「A」と審判員「B」と呼ぶこととします。）の印象についてそれぞれおたずねします。次の①～⑨について，どのくらい強くそう思いましたか。
（審判員）中立性	問22AB①	その審判員は，中立的な立場で審理を行なった
（審判員）傾聴	問22AB②	その審判員は，あなたの言い分を十分に聞いてくれた
（審判員）信頼性	問22AB③	その審判員は，信頼できる人物だった
（審判員）権威性	問22AB④	その審判員は，権威的・威圧的だった
（審判員）ていねいさ	問22AB⑤	その審判員は，あなたに対してていねいに接してくれた
（審判員）法律説明	問22AB⑥	その審判員は，法律上の問題点をわかりやすく説明してくれた
（審判員）労働関係理解	問22AB⑦	その審判員は，法律以外のことでも，労働関係のことをよく分かっていた
（審判員）十分な準備	問22AB⑧	その審判員は，あなたの事件の審理のために十分な準備をしていた
（審判員）チームワーク	問22AB⑨	その審判員は，審判官やもう1人の審判員とよく協力していた
審判員A満足度	問23	今回の労働審判手続で，審判員Aに満足していますか。
審判員B満足度	問24	今回の労働審判手続で，審判員Bに満足していますか。
職員評価	問25	裁判所には，審判官・審判員以外の裁判所職員がいます。裁判所職員の印象についておたずねします。次の①～⑤について，どのくらい強くそう思いましたか。
（職員）中立性	問25①	裁判所職員は，中立的な立場で物事を処理していた
（職員）傾聴	問25②	裁判所職員は，あなたの話すことをきちんと聞いてくれた
（職員）ていねいさ	問25③	裁判所職員は，あなたに対してていねいに接してくれた
（職員）権威性	問25④	裁判所職員は，権威的・威圧的だった
（職員の）仕事の効率性	問25⑤	裁判所職員は，効率的に仕事をしていた
職員満足度	問26	今回の労働審判手続で，裁判所職員に満足していますか。
弁護士評価	問27	今回の労働審判手続で，あなたが依頼した弁護士に対する印象についておたずねします。次の①～⑪について，どのくらい強くそう思いましたか。
（弁護士）味方性	問27①	その弁護士は，あなたの味方になってくれた
（弁護士）傾聴	問27②	その弁護士は，あなたの言い分を十分に聞いてくれた

調査項目表(略語表)

名称(略語)	問番号	質問文・回答
(弁護士)信頼性	問27③	その弁護士は、信頼できる人物だった
(弁護士)権威性	問27④	その弁護士は、権威的・威圧的だった
(弁護士)ていねいさ	問27⑤	その弁護士は、あなたに対してていねいに接してくれた
(弁護士)法律説明	問27⑥	その弁護士は、法律上の問題点をわかりやすく説明してくれた
(弁護士)進行説明	問27⑦	その弁護士は、手続の進行経過や今後の見込みを十分説明してくれた
(弁護士)労働関係理解	問27⑧	その弁護士は、法律以外のことでも、労働関係のことをよく分かっていた
(弁護士)十分な準備	問27⑨	その弁護士は、あなたの事件のために十分な準備をしていた
(弁護士)進行の迅速性	問27⑩	その弁護士は、手続を迅速に進めようとしていた
(弁護士)進行の適正性	問27⑪	その弁護士は、手続を適正に進めようとしていた
弁護士満足度	問28	今回の労働審判手続で、その弁護士に満足していますか。
相手方弁護士評価	問29	相手側の弁護士に対する印象についておたずねします。次の①〜⑧について、どのくらい強くそう思いましたか。
(相手方弁護士)傾聴	問29①	相手側の弁護士は、あなた側の言い分を十分に聞いてくれた
(相手方弁護士)信頼性	問29②	相手側の弁護士は、信頼できる人物だった
(相手方弁護士)権威性	問29③	相手側の弁護士は、権威的・威圧的だった
(相手方弁護士)ていねいさ	問29④	相手側の弁護士は、あなたに対してていねいに接してくれた
(相手方弁護士)法律説明	問29⑤	相手側の弁護士は、法律上の問題点をわかりやすく説明していた
(相手方弁護士)労働関係理解	問29⑥	相手側の弁護士は、法律以外のことでも、労働関係のことをよく分かっていた
(相手方弁護士)進行の迅速性	問29⑦	相手側の弁護士は、手続を迅速に進めようとしていた
(相手方弁護士)進行の適正性	問29⑧	相手側の弁護士は、手続を適正に進めようとしていた
終局形態	問30	今回の労働審判手続は、どのような形で終わりましたか。
調停成立		1 調停が成立した
労働審判告知		2 労働審判が告知された
わからない		3 終わり方がどちらかわからない
異議申立て	問30 付問1	その労働審判に対して、異議申立てがありましたか。
自分側が異議		1 自分の側だけが申し立てた
相手側が異議		2 相手の側だけが申し立てた
双方が異議		3 双方が申し立てた
双方異議なし		4 双方とも申し立てなかった
わからない		5 わからない
調停非成立理由	問30 付問2	その労働審判手続が調停で解決しなかった理由についておたずねします。
内容不利		1 調停案が自分に不利だと思ったから
事実関係解明希望		2 事実関係をもっとはっきりさせたかったから
正当性確認希望		3 自分の側が正しいことをもっとはっきりさせたかったから
精査希望		4 審判官や審判員にもっと調べてもらいたかったから
公的判断希望		5 労働審判委員会(審判官・審判員)の公的な判断が欲しかったから
傾聴不十分		6 審判官や審判員が自分の話を十分に聞いてくれなかったから
進行不公正		7 調停の進め方が不公正・不公平だったから

調査項目表（略語表）

名称（略語）	問番号	質問文・回答
相手側拒絶 相手側不譲歩 その他		8 相手側が調停案を拒んだから 9 相手側が譲歩しなかったから 10 その他
結果理解度	問 31	あなたは，その調停ないし審判の内容を十分理解できていると思いますか。
労働者が得た権利・地位	A 票問 32	調停ないし審判の結果，あなたは，相手側から何かをしてもらう権利や地位などを得たり，認められたりしましたか。[複数回答]
解決金支払 復職 労働条件是正・回復 配転・出向の是正・撤回 ハラスメント対応 その他権利・地位 認められた権利・地位なし わからない		1 解決金などの金銭の支払い 2 その会社で働く権利や地位（復職など） 3 賃金など労働条件の引き下げの是正・回復 4 配転・出向などの命令の是正・撤回 5 セクハラ・パワハラやそれ以外のいじめ・いやがらせへの対応 6 その他の権利や地位 7 認められた権利や地位はない 8 わからない
労働者が得た権利・地位	B 票問 32	調停ないし審判の結果，相手側（労働者）は，あなたの会社・団体に対して，どのような権利や地位などを得たり，認められたりしましたか。[複数回答]
解決金支払 復職 労働条件是正・回復 配転・出向の是正・撤回 ハラスメント対応 その他権利・地位 認められた権利・地位なし わからない		1 解決金などの金銭の支払い 2 その会社で働く権利や地位（復職など） 3 賃金など労働条件の引き下げの是正・回復 4 配転・出向などの命令の是正・撤回 5 セクハラ・パワハラやそれ以外のいじめ・いやがらせへの対応 6 その他の権利や地位 7 相手側に認められた権利や地位はない 8 わからない
解決金額	問 32 付問 （A 票・B 票共通）	調停ないし審判の結果〔相手方（労働者）に〕認められた金額は，総額でおおよそいくらでしたか。差し支えのない範囲でお答えください。
金額 わからない 答えなくない		1 およそ XX 万円 （金額記入） 2 わからない 3 答えたくない
労働者が負った義務	A 票問 33	調停ないし審判の結果，あなたは，相手側に対して何かをしなければならない義務を負いましたか。[複数回答]
金銭支払以外の義務 金銭支払義務 その他の約束 負った義務なし わからない		1 何かの行為を行う義務 2 何かの金銭を支払う義務 3 その他の約束や措置 4 相手に対して負った義務はない 5 わからない
使用者が得た権利・地位	B 票問 33	調停ないし審判の結果，あなたの会社・団体は，どのような権利や地位を得たり，認められたりしましたか。[複数回答]
相手側退職 金銭支払義務なし		1 相手側（労働者）を退職扱いとすること 2 相手側（労働者）に金銭を支払う義務がないこと

調査項目表（略語表）

名称（略語）	問番号	質問文・回答
その他権利・義務 認められた権利・地位なし わからない		3　その他 4　自分の会社・団体に認められた権利や地位はない 5　わからない
結果の有利さ	問34	今回の調停ないし審判の結果は、全体として、あなたにとって有利なものでしたか、不利なものでしたか。
結果評価	問35	今回の調停ないし審判の結果について、次の①〜⑨を、どのくらい強くそう思いましたか。
公平性	問35①	今回の結果は公平なものである
実情反映	問35②	今回の結果は労働関係の実情をふまえている
法律反映	問35③	今回の結果は法律上の権利・義務をふまえている
不偏性	問35④	今回の結果は当事者双方の事情を偏らずに考慮している
不均衡是正	問35⑤	今回の結果は当事者間の力の不均衡を是正している
実現期待	問35⑥	裁判所における調停や審判の結果なので実現が大いに期待できる
適切性	問35⑦	今回の結果は具体的な事件の解決として適切である
再利用意思	問35⑧	将来、同じような問題状況をかかえた場合、再び労働審判手続で問題を解決しようと思う
他者推奨意思	問35⑨	同じような問題で困っている知人がいたら〔会社・団体等があったら〕、労働審判手続で問題を解決するように勧める
結果満足度	問36	今回の調停ないし審判の結果に満足していますか。
手続特徴	問37	労働審判手続は、次の①〜⑪にあげるような特徴を持つといわれています。今回の経験に照らして、①〜⑪はどのくらい重要だと思いますか。
裁判所手続	問37①	裁判所で行なわれる手続であること
法律反映	問37②	法的な権利関係をふまえた制度であること
迅速性	問37③	原則として3回以内の期日で終了すること
低廉性	問37④	手数料が裁判（訴訟）の半額程度であること
専門性	問37⑤	労使双方から選ばれた労働関係に関する専門的な知識や経験を有する審判員が手続に参加すること
非公開性	問37⑥	手続が原則として非公開であること
口頭性・直接性	問37⑦	当事者本人が口頭で事情を説明すること
双方同席	問37⑧	双方の関係者が、一つのテーブルを囲んで手続を進めること
調停解決	問37⑨	手続のなかで、適宜、調停による解決が試みられること
柔軟性	問37⑩	裁判（訴訟）の判決に比べて、事件の実情や当事者の事情に応じた柔軟な解決が可能であること
訴訟手続移行	問37⑪	労働審判に異議の申立てがあると裁判（訴訟）に移行する手続であること
最重要手続特徴	問37付問	①〜⑪のうちもっとも重要だと思うものはどれですか。
手続終了後の在職関係	A票問38	労働審判手続の終了後、あなたは相手側の会社・団体に在職していましたか。
雇用関係に争い 在職 退職 雇用関係不存在		1　雇用関係の有無について争っていた 2　（雇用関係の有無に争いはなく）在職していた 3　（雇用関係の有無に争いはなく）退職していた 4　そもそも雇用関係がなかった（派遣など）

調査項目表（略語表）

名称（略語）	問番号	質問文・回答
手続終了後の在職関係	B票問38	労働審判手続の終了後，相手側（労働者）はあなたの会社・団体に在職していましたか。※相手側が複数いる場合は，主要な相手側（問5の回答と同じ労働者）についてお答えください。
雇用関係に争い 　在職 　退職 　雇用関係不存在		1　雇用関係の有無について争っていた 　2　（雇用関係の有無に争いはなく）在職していた 　3　（雇用関係の有無に争いはなく）退職していた 　4　そもそも雇用関係がなかった（派遣など）
手続終了後の人事管理変化	問39	労働審判手続の終了後，あなたの職場や事業所で〔あなたの会社・団体の組織，人事管理に関して〕，どのような変化がありましたか。
コンプライアンス重視	問39①	労働時間管理の適正化などのコンプライアンス（法令遵守）の重視
就業規則改訂	問39②	就業規則の改訂などの人事管理制度の変更
関係者人事異動	問39③	関係する職場の管理職の異動などの人事異動
人事管理担当者配置	問39④	人事管理担当者の配置などの人事管理体制の整備
管理職研修	問39⑤	管理職への研修
職場コミュニケーション改善	問39⑥	現場の意向聴取，個人面接など，職場コミュニケーション施策
実施 　検討中 　未検討 　わからない		1　実施された 　2　検討中である 　3　とくに検討されていない 　4　わからない
性別	A票F1	あなたの性別をお答えください。
年齢	A票F2	お年はおいくつですか。
学歴	A票F3	あなたが最後に卒業された学校は，次のどれですか。
雇用形態	A票F4	今回の労働審判の原因となった問題が起こった当時のあなたの働き方は何でしたか。
正規社員 　パート 　アルバイト 　契約社員 　嘱託 　派遣社員 　その他		1　正規の職員・従業員 　2　パート 　3　アルバイト 　4　契約社員 　5　嘱託 　6　派遣社員 　7　その他
役職	A票F4付問1	あなたのその会社・団体での役職はなんでしたか。
部長クラス 　課長クラス 　係長クラス 　現場監督職 　無役職 　その他		1　部長・次長クラスの管理職 　2　課長クラスの管理職 　3　係長クラスの管理職 　4　職長，班長，組長などの現場監督職 　5　役職にはついていない 　6　その他
業種	A票F4付問2，B票F1	会社・団体の業種は何でしたか。
資本金規模	B票F2	あなたの会社の資本金はどの程度ですか。

調査項目表（略語表）

名称（略語）	問番号	質問文・回答
従業員規模	A票F4付問3, B票F3	その会社・団体で働いている人は，全体で何人くらいでしたか。〔会社・団体全体の企業規模はどの程度ですか。〕
社内労働組合の有無	A票F5, B票F4	今回の労働審判の原因となった問題が起こった当時，あなたが働いていた会社・団体には労働組合がありましたか。〔あなたの会社・団体には労働組合がありますか。〕
社内労働組合加入の有無	A票F5付問	あなたはその組合の組合員でしたか。
回答者部署	B票F5	あなた（回答者）のお立場または所属セクションはどちらですか。
経営者 総務 法務 人事 その他		1　経営者 2　総務 3　法務 4　人事 5　その他
回答者の役職	B票F5付問	あなた（回答者）の役職は次のどれにあてはまりますか。
部長クラス 課長クラス 係長クラス 現場監督職 無役職 その他		1　部長・次長クラスの管理職 2　課長クラスの管理職 3　係長クラスの管理職 4　職長，班長，組長などの現場監督職 5　役職にはついていない 6　その他
年収	A票F6	あなたの年収をおたずねします。
問題発生時の年収	A票F6①	労働審判手続の原因となった問題が生じる（直）前について，あなた個人の年収は，次のどれにあてはまりますか。
手続き終了後の年収	A票F6②	現在について，あなた個人の年収は，次のどれにあてはまりますか。
裁判経験の有無	A票F7, B票F6	あなた〔あなたの会社・団体〕は，今回の事件以外に，労働関係の紛争であるかどうかを問わず，裁判や調停の経験はありますか。
日本語以外の使用言語	A票F8	あなたは，日常生活で（仕事を除く），日本語のほかによく用いる言語がありますか。
調査票記入時期	A票F10, B票F8	このアンケート用紙を記入し終わったのは，労働審判手続が終了したとき（調停が成立したとき，または，審判が告知されたとき）から，おおよそどのくらい後ですか。
裁判所類型		
専門部設置庁（超大規模庁）		労働事件専門部が設けられている地裁（東京地裁本庁および大阪地裁）。
大規模庁		調査の前年である2009年の労働審判手続事件新受件数が50件以上の11地裁。
中規模庁		同じく20件以上50件未満の13地裁。
小規模庁		同じく20件未満の24地裁。このほか，2010年4月から新たに労働審判手続事件を取り扱うことになった東京地裁立川支部および福岡地裁小倉支部は，2009年の資料が存在しないため，便宜「小規模庁」に含めた。

さくいん

● あ ●

あっせん
　労働委員会による個別労働紛争の―― 227
　（労働局の）紛争調整委員会による――
　　29, 103, 112, 176, 181
一元配置分散分析　68, 70
意味世界　164, 171, 172
意味付け　155
因子　58
　一刀両断解決――　61, 63, 68, 70
　共通――　58
　議論の俎上――　61, 64, 68, 70, 73
　経済的利益――　62, 65, 69
　精神的・経済的利益――
　　64, 70, 73
　精神的利益――　62, 68
　独自――　58
因子得点　59, 68, 69, 70, 71, 72, 73, 74
因子負荷量　59
因子分析　55, 57, 58
インタビュー（調査）　26, 94, 113, 154
　――記録　155, 157, 158, 159
　――の回答　157
　――の語り　157
　――の要約・編集作業　159
L方式　243

● か ●

解決
　――の適正性　48, 76, 91
　――の適正性の規定要因　93
　解雇紛争の――　203
　強制的――　30, 140
　公正な――　30
　迅速な――　35
　当事者に満足度が高い紛争――　79
　労働紛争の――の難しさ　77
解決金　44, 102, 181, 203
　――の算定　204
　――（和解金）の水準　204
　標準化――　104
　労働審判の――（の）水準　219
解雇紛争の解決　203
回収率　25
外注業者　165
回答者の立場　27
語られた事態　157
語り　160
　――に関与した人々　156
　使用者による――　165
　当事者による――　154, 171
語り手　159
　単一の――　155
価値変化　164
過程の評価 → 手続・過程の評価
簡易な事件　109, 113
関係者の同席　207

267

さくいん

企業・事業所における発言システム　226
期　待　160
強制的解決　30, 140
行政的紛争解決制度の利用　28
共通因子　58
共分散構造分析　119, 121, 123
許可代理（人）　187, 206
「議論の俎上」因子　61, 64, 68, 70, 73
経営者協会　237
経営者団体　237
傾向スコア法　109
経済的利益　139
「経済的利益」因子　62, 65, 69
傾　聴　38, 39, 40, 41, 151
契約期間　162
契約社員　161
結　果
　　――（に対する）満足度　45, 146
　　――（に対する）満足の規定要因
　　　　96, 97
　　――の妥当性　→　妥当性
　　――の適正性　→　適正性
　　――（の）評価　71
　　――の評価・満足度　45
　　――の有利さ（有利・不利）　45, 92,
　　　　118, 119, 120, 123, 124, 126
権利関係の判断　202
公正な解決　30
合同労組　4, 227
公平かつ十分な発話機会の保障　85, 94
言葉の分かりやすさ　37, 142, 148
個別労働紛争
　　――解決システム　23, 226
　　――のあっせん　→　あっせん
　　――の司法的解決の課題　76
　　――の増加　3
　　事実上の――　227
　　民事上の――　227

　　労働委員会による――のあっせん
　　　　227
個別労働紛争解決促進法　7, 14
コミュニティ・ユニオン　236
顧問弁護士　28, 236
雇用関係の延長　161
雇用期間　160
雇用継続型紛争　18
雇用失業情勢　5
雇用終了型紛争　18

● さ ●

裁判官・審判員（の）評価　38, 79, 118, 144
裁判上の和解　104, 112, 182
再利用意思　46, 147
3回以内の期日　34, 136
時　間
　　――の効率性　142
　　――（の）評価　35, 140, 142
　　――（の）予測　34, 82, 141
　　――の予測可能性　34, 247
事件種別　27
事後的改善行動　238
自己の活動評価　118, 119, 120, 123, 124,
　　126, 129
　　結果の妥当性に対する――の影響
　　　　118, 127
事実解明　30, 31, 140
事実上の個別労働紛争　227
自然人当事者　136
自庁調停　199
失　業　107
実情反映　46, 92, 95, 97
質問者　156, 159
シフト表　169
司法制度改革　7
司法制度改革審議会　3, 23, 131
司法制度改革審議会最終意見書　22

さくいん

始末書　165, 168
社会的費用　112
社会的利益　31, 139
社外の労働組合　28, 29, 235, 236
社会保険　166, 170
社会保険労務士　28, 186
斜交回転　60
主因子法　60, 63
重回帰分析　84, 92, 96, 121
終局形態　42
集団的労使紛争　4
準社員　161
少額審判　253
試用期間　161, 162
使用者側の評価の低さ（不満）　19, 45, 46, 80, 89, 98, 184, 214, 216, 230, 238
消極的に評価されるべき出来事　164, 166
商工会議所　237
証拠提出　37, 84, 143, 151
使用者側の審判員の評価　42, 46, 213
使用者側の評価の低さ　46
使用者による語り　165
職場の苦情処理　226
助言・指導　235
白黒明確　31, 140
進　行
　　――の公正・公平性　37, 84, 143
　　――の迅速性　37, 80, 81, 82, 93, 96, 142, 148
　　――の分かりやすさ　37, 84, 142
迅速性　37, 76, 78, 81, 82, 93, 97, 178, 190
　　――と（審理の）充実性　82, 151
迅速トラックの運用　243
迅速な解決（処理）　35, 82
審判委員会　→　労働審判委員会
審判官　→　労働審判官
審判手続　→　労働審判手続
審理回数の制限　151

審理期間　35, 141
審理時間(の)予測　→　時間(の)予測
審理の充実(性)　37, 80, 81, 82, 83, 85, 97, 143, 151
正(規)社員　48, 162, 163
正規非正規　48
請求金額　32
「精神的・経済的利益」因子　64, 70, 73
「精神的利益」因子　62, 68
積極的に評価されるべき出来事　164, 166
潜在変数　58
専門性　76, 78, 86, 90, 179
　　法的――　86
　　労働関係――　41, 86
専門部　90
　　――の教育的機能　91
　　――の効果　90
相関係数　62, 64, 123, 124, 125, 126, 127, 129
総合的調査計画　133
総合労働相談コーナー　29, 176
訴訟制度へのアクセスの困難　76
訴訟より適切　31, 140
損害賠償　107

● た ●

大企業で支配的な労働慣行　89
退職届　169
退職に伴う義務違反　162
タイム・ターゲット　192
タイムカード　166
代理人の果たす役割　47, 153
他者推奨意思　46, 145
立場主張　37, 84, 143, 151
妥当性　115, 118, 119, 120, 123, 124, 125, 126, 127, 128, 129, 130
　　（結果の）――の分析モデル　118
単一の語り手　155

269

さくいん

単一発話者　158
短期雇用型　161, 162
地域協議会　236
逐語的引用　159
地方自治体の無料法律相談　28, 235
中小企業　47, 89, 98, 184
中小企業利用者の評価の低さ（不満）
　　→　使用者側の評価の低さ（不満）
長期雇用慣行　5
調　停　42
　　――機能と判定機能　99, 203
　　――成立率　108
　　――不成立の理由　42
　　――偏重　203
　　――優位の実務　94, 100
　　法律上の権利義務をふまえた――
　　　94
直交回転　60
追加インタヴュー（調査）　26, 94
適正性　48, 76, 78, 91, 180
　　解決の――の規定要因　93
　　不利に終わった当事者の――評価を高め
　　　るポイント　93
手続・過程の評価　37, 142
手続的構造　157
手間の評価　35
当事者に満足度が高い紛争解決　79
当事者による語り　154, 171
同席者　156
独自因子　58
都道府県労働局　→　労働局
トピック　157

● な ●

認容額　105
年次休暇　167
年俸規程　163
年俸制　164

● は ●

パート　161, 166
判　決　104, 182
判断者との対話　140
判定（判断）機能　99, 191, 248
非訟手続との連続性　242
非正規労働者　6, 7, 10, 48, 176
非短期継続型　162, 168
非短期有期型　161
費　用
　　――と時間　148
　　――(の)評価　35, 36, 140, 141, 142
　　――(の)予測　34, 140, 141
　　――の予測可能性　34, 247
評　価
　　結果(の)――　42, 45, 71
　　時間(の)――　35, 81, 140, 142
　　自己の活動の――　118
　　消極的に――されるべき出来事
　　　164, 166
　　使用者側の――の低さ　46, 89, 98
　　使用者側の労働審判員の――　41, 43,
　　　213
　　積極的に――されるべき出来事
　　　164, 166
　　中小企業利用者の――の低さ（不満）
　　　47, 89, 98
　　調停優位の実務(の)――　94, 100
　　手続・過程の――　37, 142
　　手間の――　35
　　費用の――　35, 36, 140, 141, 142
　　有利不利(の)――　45, 145
　　労使の――のアンバランス　249
　　労働審判員の――　39, 80, 81, 213
　　労働審判官の――　38, 80, 81, 90
標準化解決金　104
複雑な事件　109

さくいん

復職　44, 107
不法滞在　170
プロマックス回転　60
紛争解決に要したコスト　141
紛争調整委員会　29, 227, 235
　　——によるあっせん　29, 103, 112
弁護士　47
　　——の機能　248
　　——（の）評価　47, 118, 119, 120, 123, 124, 126
　　——の役割について　220
　　——への相談　28, 29
　　結果の妥当性に対する——評価の影響　118, 128
弁護士依頼　30, 185, 205
　　——をめぐる課題　47
弁護士費用　36, 47, 108, 110, 185, 205, 221
　　——の課題　47, 81
弁護士費用貸付制度　206
法人当事者　136
法的専門性　86
法テラス　28, 29, 175, 235, 247
法の影の下での交渉　100
法律反映　92, 93, 95, 97
本調査の学術的・方法的意義　51

● ま ●

満足度の高さの原因　96, 245
未払い金　167
民事上の個別労働紛争　227
民事審判　243
民事訴訟（制度）　23, 131, 239, 252
　　労働審判制度の——への示唆　23, 131, 197, 239, 252
民事訴訟制度研究会　132
民事訴訟（制度）利用者調査　22, 23, 65, 77, 131
　　——と労働審判制度利用者調査の結果の

比較　78
民事訴訟法の視点からみた労働審判制度　239
民事調停手続　194
名誉・自尊心　31, 139
申立時期　30, 137
申立事件の選択　201
申立理由　30, 138
問題定義　155, 160, 162, 163, 166, 171, 172
　　——の複合構築性　163
問題発生　160

● や ●

有利不利（の）評価　45, 145
要約的定義　164

● ら ●

理解容易性　190
リピート・プレーヤー　140
利用しやすさ　246
利用動機　30, 55, 139
労政事務所　3, 7
労働委員会　4, 235
　　——による個別労働紛争のあっせん　227
労働関係専門性　86
労働関係の継続性　170
「労働関係の実情・慣行」のスタンダード　88
労働関係紛争の非対称的性格　232
労働関係民事事件　4, 6
労働関係理解　86, 87, 90, 144
労働基準監督署　7, 28, 29, 235
労働行政サービス　235
労働局　9, 28, 29, 227, 235
　　——の紛争調整委員会によるあっせん　29, 176, 181
労働組合　28, 29, 177, 186

271

さくいん

　　社外の—— 28, 29, 235, 236
労働検討会　7
労働事件専門部の効果　90
労働事件の専門性　86, 197
労働者の権利行使行動　232
労働条件の社会的決定システム　226
労働審判
　　——に対する異議率　43
　　——認知プロセス　29, 233
　　——の解決金水準　219
　　——の主文　192
　　——の窓口　201
　　——をモデルとした民事訴訟改善　242
労働審判委員会　230
労働審判員　136, 152, 231
　　——のアンケート調査　209
　　——の教育　208
　　——の専門性　86
　　——の評価・満足度　39, 213
　　——の養成　208
労働審判官
　　——・労働審判員との対話　31, 139
　　——および労働審判員の役割分担　87
　　——と労働審判員の協力関係（チームワーク）　88
　　——の評価・満足度　38, 80, 81, 213
労働審判官・労働審判員評価　119, 120, 122, 123, 124, 125, 126
　　結果の妥当性に対する——の影響　118, 126
労働審判制度
　　——が民事訴訟に与える示唆　24
　　——の周知　29, 200
　　——の性格規定　99
　　——の特徴　210
　　——の判定機能と調整機能　99
　　民事訴訟法の視点からみた——　239
労働審判制度利用者調査　21
　　——の概要　21, 25
　　——の追加インタビュー調査　26, 154
労働審判手続
　　——の重要な特徴　49
　　——に関する情報入手先　29
　　——の申立て前の相談　28
　　——の申立理由　30
　　——評価　119, 120, 123, 124, 125, 126
　　結果の妥当性に対する——評価の影響　118, 126
労働審判紛争　154, 157, 162
　　——の類型化　160
労働審判法　14
労働審判類似の審理方式　197
労働専門部・集中部　90, 197
労働相談　3
労働紛争の解決の難しさ　77

● わ ●

和解金の水準　204
ワンストップ・サービス　4

労働審判制度の利用者調査──実証分析と提言
Research on User Experience of the Labor Tribunal System in Japan

2013年3月15日 初版第1刷発行

|編著者| 菅野 和夫
| | 仁田 道夫
| | 佐藤 岩夫
| | 水町 勇一郎

発行者 江草 貞治

発行所 株式会社 有斐閣
郵便番号 101-0051
東京都千代田区神田神保町2-17
電話　(03)3264-1314〔編集〕
　　　(03)3265-6811〔営業〕
http://www.yuhikaku.co.jp/

印刷・大日本法令印刷株式会社／製本・大口製本印刷株式会社
Ⓒ 2013, K. Sugeno, M. Nitta, I. Sato, Y. Mizumachi.
Printed in Japan
落丁・乱丁本はお取替えいたします。
★定価はカバーに表示してあります。
ISBN 978-4-641-14442-2

|JCOPY| 本書の無断複写（コピー）は、著作権法上での例外を除き、禁じられています。複写される場合は、そのつど事前に、(社)出版者著作権管理機構（電話03-3513-6969, FAX03-3513-6979, e-mail:info@jcopy.or.jp）の許諾を得てください。